Lisa Rademacher

Archäologieführer
Baden-Württemberg

Lisa Rademacher

Archäologieführer Baden-Württemberg

62 Ausflüge in die
Ur- und Frühgeschichte

Mit Beiträgen von
Dorothee Ade, Gerlinde Bigga,
Ewa Dutkiewicz, Marina Monz,
Reinhard Rademacher,
Andreas Willmy

THEISS

Für Moritz, Benjamin, Elias, Jonas, Marc und Antonia

Die Deutsche Nationalbibliothek verzeichnet diese Publikation in der Deutschen Nationalbibliografie; detaillierte bibliografische Daten sind im Internet über http://www.dnb.de abrufbar.

Das Werk ist in allen seinen Teilen urheberrechtlich geschützt. Jede Verwertung ist ohne Zustimmung des Verlags unzulässig. Das gilt insbesondere für Vervielfältigungen, Übersetzungen, Mikroverfilmungen und die Einspeicherung in und Verarbeitung durch elektronische Systeme.

Der Konrad Theiss Verlag ist ein Imprint der WBG.

© 2016 by WBG (Wissenschaftliche Buchgesellschaft), Darmstadt
Die Herausgabe des Werkes wurde durch die Vereinsmitglieder der WBG ermöglicht.
Lektorat: Claudia Grössl, Dossenheim
Layout, Satz und Prepress: schreiberVIS, Bickenbach
Einbandabbildung: Oben – Pfahlbausiedlung im Pfahlbaumuseum Unteruhldingen © picture alliance / dpa / Foto: Felix Kästle / dpa (zu lsw: Welterbetag). Unten – Rekonstruktion der Grabkammer des Keltenfürsten von Hochdorf (6. Jh. v. Chr.) im Keltenmuseum Hochdorf /Enz © Foto: Keltenmuseum
Einbandgestaltung: Jutta Schneider, Frankfurt am Main
Kartografie: Peter Palm, Berlin
Gedruckt auf säurefreiem und alterungsbeständigem Papier
Printed in Germany

Besuchen Sie uns im Internet: www.wbg-wissenverbindet.de

ISBN 978-3-8062-2853-3

Inhalt

Vorwort ... 8

Kapitel 1 Willkommen in der Altsteinzeit! ... 11

1. *Homo heidelbergensis* – Sandgrube Grafenrain bei Mauer ... 12
(Rhein-Neckar-Kreis)
2. *Homo steinheimensis* – Steinheim an der Murr (Kreis Ludwigsburg) ... 15
3. Große Grotte – Der perfekte Lager- und Siedlungsplatz ... 18
(Blautal, Alb-Donau-Kreis)
4. Bocksteinhöhle und Bocksteinschmiede (Öllingen, Alb-Donau-Kreis)) ... 22
5. Jagdlager Schussenquelle (Bad Schussenried, Kreis Biberach) ... 26
6. Die Rentierjäger am Petersfels und in der Gnirshöhle (Engen, Kreis Konstanz) ... 31
7. Archäopark Vogelherd – Kunst und Musik im Lonetal ... 35
(Niederstotzingen-Stetten, Kreis Heidenheim)
8. Der Hohlenstein-Stadel – Von Steinzeitkunst zum Steinzeitkrimi ... 37
(Asselfingen, Alb-Donau-Kreis)
9. Die Brillenhöhle – Jäger im Achtal (Blaubeuren, Alb-Donau-Kreis) ... 41
10. Das Geißenklösterle – Bison, Mammut und Höhlenbär ... 43
(Blaubeuren, Alb-Donau-Kreis)
11. Der Werkzeugkasten vom Sirgenstein ... 45
(Blaubeuren-Sotzenhausen, Alb-Donau-Kreis)
12. Der Hohle Fels – Schmuck, Frau und Musik (Schelklingen, Alb-Donau-Kreis) ... 46
13. Die Fohlenhaushöhle – Mit Pfeil und Bogen im Lonetal ... 49
(Bernstadt, Kreis Heidenheim)
14. Das Beuronien und die Jägerhaushöhle im Donautal ... 51
(Friedingen, Kreis Sigmaringen)

Kapitel 2 Neolithisierung – Der Beginn der Sesshaftwerdung ... 54

15. Frühe Siedler am Bodensee – Das Pfahlbaumuseum ... 57
Unteruhldingen (Bodenseekreis)
16. Wohnen auf wackligem Untergrund! Besuch im Federseemuseum ... 60
Bad Buchau (Kreis Biberach)
17. Der Isteiner Klotz – Vom Bergbau zum Militärbunker (Istein, Kreis Lörrach) ... 64
18. Rund um den Goldberg – Wegweiser der Siedlungsarchäologie (Ostalbkreis) ... 67
19. Der Heidenstein von Schwörstadt (Kreis Lörrach) ... 70

Kapitel 3 Vom Stein zur Bronze – Leben in der Bronzezeit ... 73

20. Der Kirchberg bei Reusten – Schutz auf dem Berg ... 76
(Ammerbuch, Kreis Tübingen)
21. Dolche für Weilheim oder Besuch aus Südtirol? – ... 78
Der Menhir von Weilheim (Kreis Tübingen)

22	**Die Tropfsteingräber in der Wimsener Höhle** (Hayingen, Kreis Reutlingen)	81
23	**Die Achalm – Vom Zeugenberg zur Höhenburg** (Kreis Reutlingen)	83
24	**Nordseeschnecken im Fürstlichen Park – Die Eremitage bei Inzigkofen** (Kreis Sigmaringen)	85

Kapitel 4 Die Eisenzeit – Ein neues Zeitalter zieht herauf ... 88

25	**Der Ipf – Ein frühkeltischer „Fürstensitz" mit Ausblick** (Bopfingen, Ostalbkreis)	90
26	**Das Industriezentrum der Eisenzeit – Keltische Eisengewinnung in Neuenbürg** (Enzkreis)	93
27	**Keltenmuseum Hochdorf/Enz – Über Stock und Stein zum „Keltenfürst"** (Hochdorf, Kreis Ludwigsburg)	95
28	**Im Sternbild des Grabhügels – Der Keltenpfad „Magdalenenberg"** (Villingen-Schwenningen, Schwarzwald-Baar-Kreis)	99
29	**Die Heuneburg – Ein „Fürstensitz" von wehrhafter Stattlichkeit** (Hundersingen, Kreis Sigmaringen)	102
30	**Tarodunum – Ein keltisches Oppidum gibt Rätsel auf** (Kreis Breisgau-Hochschwarzwald)	108
31	**Der Heidengraben – Die große Keltenfestung der Schwäbischen Alb** (Kreis Esslingen/Kreis Reutlingen)	112
32	**Von Grabhügeln und Riesenschanze – Geschichtlicher Lehrpfad „Federlesmahd"** (Kreis Esslingen)	117
33	**Finsterlohr-Burgstall – Und noch ein keltisches Oppidum!** (Main-Tauber-Kreis)	120
34	**Der Heiligenberg – Bis heute ein mystischer Ort** (Heidelberg, Rhein-Neckar-Kreis)	123

Kapitel 5 Die römische Kaiserzeit oder: Achtung, die Römer kommen! ... 127

35	**Die Römer auf der Schwäbischen Alb – Römischer Wanderweg Mengen-Ennetach** (Kreis Sigmaringen)	129
36	**Arae Flaviae – Rottweil, die älteste Stadt Baden-Württembergs** (Kreis Rottweil)	133
37	**Kastell Waldmössingen – Nicht ganz Bauplangerecht** (Kreis Rottweil)	136
38	**Grinario – Der Römerpark Köngen** (Kreis Esslingen)	138
39	**Die Römer im Rotenbachtal – Zwischen Teufelsmauer und Holzpalisaden** (Schwäbisch-Gmünd, Ost-Alb-Kreis)	142
40	**Obergermanischer Limes hautnah – Walldürn, Grenzschutz mit eigenem Bad** (Neckar-Odenwald-Kreis)	145
41	**Hoch über den Wipfeln – Der Wachturm bei Großerlach-Grab** (Rems-Murr-Kreis)	148
42	**Willkommen am Limes! Garnisonsort Welzheim** (Rems-Murr-Kreis)	150
43	**1000 Reiter für Aalen – Ein Besuch im Limesmuseum** (Ostalbkreis)	152

44	**Zu Besuch am Limes – Das Römermuseum Osterburken** (Neckar-Odenwald-Kreis)	156
45	**Ladenburg – Noch heute ganz im Zeichen der Römer** (Rhein-Neckar-Kreis)	160
46	**Güglingen – Römische Reihenhaussiedlung mit Marktcharakter** (Kreis Heilbronn)	164
47	**Die römische Latrine von Rottenburg – Stilles Örtchen gar nicht still!** (Kreis Tübingen)	167
48	**Baden, baden und nochmals baden – Die Thermen von Baden-Baden** (Kreis Baden-Baden)	170
49	**Angetreten zur Kur – Badenweiler, ein Kurort mit Tradition** (Kreis Freiburg)	173
50	**Zu Besuch bei der Straßenpolizei – Die Straßenstation Friesenheim** (Ortenaukreis)	177
51	**Raststätte für jedermann – Römische Herberge Hohberg-Niederschopfheim** (Ortenaukreis)	179
52	**Die ersten Winzer Baden-Württembergs – Römischer Weinbau in Lauffen** (Kreis Heilbronn)	181
53	**Der römische Gutshof von Hechingen-Stein** (Zollernalbkreis)	184
54	**Das Limestor bei Dalkingen – Letzter Prunk am Ende der römischen Herrschaft** (Ostalbkreis)	187

Kapitel 6 Die Alamannen kommen — 192

55	**Der Zähringer Burgberg – Herrschaftszentrum der Breisgau-Alamannen** (Kreis Freiburg-Hochschwarzwald)	194
56	**Die Sontheimer Höhle – Letzte Ruhe in der Tropfsteinhöhle** (Heroldstatt, Alb-Donau-Kreis)	198
57	**Der Runde Berg bei Bad Urach – Eine Siedlung zwischen den Fronten** (Kreis Reutlingen)	203
58	**Living history! Das Alamannen-Museum in Vörstetten** (Kreis Emmendingen)	207
59	**Das Alamannenmuseum Ellwangen – Leben im Frühmittelalter** (Ostalbkreis)	210
60	**Dornröschenschlaf im Untergrund – Die Krypta von Unterregenbach** (Kreis Schwäbisch Hall)	214
61	**Kloster Reichenau – Ein Kloster auf Konkurrenzkurs** (Kreis Konstanz)	216
62	**Eine Pilgerreise in Esslingens Vergangenheit – Die Stadtkirche St. Dionys** (Kreis Esslingen)	219

Museumslandschaft	222
Zum Weiterlesen	226
Danksagungen	227
Bildnachweis	228

Vorwort

Der Vielzahl an Archäologieführern einen weiteren hinzufügen – warum? Das war die Frage, mit der ich mich beschäftigte, als ich die Anfrage des Verlags erhielt. Archäologie ist in der öffentlichen Wahrnehmung immer dann präsent, wenn Medien über neue und sensationelle Funde berichten. Sonst führt sie zu Unrecht ein Nischendasein oder ist vermeintlich Experten und einem kleinen Kreis an Interessenten vorbehalten. Das kann ich aus eigener Anschauung widerlegen. Als Archäologin und gleichwohl auch noch Tochter zweier Archäologen wurde mir die Begeisterung für die Materie eigentlich schon in die Wiege gelegt und war und ist bis heute Bestandteil unseres Familienalltags. Am Beispiel meiner eigenen Kinder wie auch durch vielfältige museumspädagogische Arbeiten habe ich aber gelernt, erfahren und gesehen, dass die Archäologie jeden, egal ob groß oder klein, erreichen oder sollte ich sagen „infizieren" kann.

So ist denn auch die Auswahl der Geländedenkmäler nicht selten durch meine beiden Kinder beeinflusst, die tapfer all die vielen Fundstellen besuchten, dabei frustriert vor geschlossenen Höhlen standen, über Felsen und römische Mauerreste kraxelten und trotz so mancher Enttäuschungen auch viel gelernt, vor allem aber eine Menge Spaß hatten! Ziel dieses Führers soll sein, die spannenden Aspekte der archäologischen Forschung, überhaupt unserer Menschheitsgeschichte, angefangen vor rund 2,5 Millionen Jahren bis in die Zeit des frühen Mittelalters, hervorzuheben und auch für „Laien" und Kinder zugänglich zu machen.

Archäologie macht Spaß! Sie ist keine trockene Wissenschaft. Kinder können viel Freude dabei haben, für Familien ist es eine schöne Alternative zu Freizeitparks oder sonstigen Mode-Bespaßungen. In Baden-Württemberg gibt es viele lohnenswerte archäologische Ziele mit teilweise wirklich guten museumspädagogischen Konzepten. Denn auch die Museen haben dazugelernt und greifen immer tiefer in die Trick- oder besser gesagt Medienkiste. Es handelt sich schon lange nicht mehr um langweiliges „Vitrinengucken" sondern um detailgetreue Veranschaulichungen und die Wiederbelebung von Funden und Fundstellen. Sie sind wunderbare Ergänzungen der zahllosen Geländedenkmäler hier im „Ländle" und wurden in einer extra Museumsliste in diesem Buch aufgeführt.

Viele der Fundstellen sind mittlerweile konserviert oder detailgetreu wieder aufgebaut worden und bieten spannende Ausflugsziele. Baden-Württemberg mal anders, Geschichte hautnah und nicht nur im Lehrbuch erleben. Hier ist ganz bestimmt für jeden etwas dabei.

Gleichwohl soll dieses Buch nicht nur einen Überblick über sehenswerte archäologische Geländedenkmäler geben, sondern auch den Anspruch eines kleinen Reiseführers erfüllen. Es ist also kein reines Fachbuch und stellt auch nicht den Anspruch, einem solchen gerecht zu werden. Dennoch orientieren sich Texte und Fundstellenbeschreibungen selbstverständlich an den aktuellen Forschungsergebnissen. Dafür konnte eine Reihe erfahrener WissenschaftlerInnen und NachwuchswissenschaftlerInnen gewonnen werden, deren Expertise maßgeblich in die Übersichtstexte eingeflossen ist: Dr. Gerlinde Bigga und Ewa Dutciewicz M.A. (Altsteinzeit), Marina Monz M.A. (Jungsteinzeit, Bronzezeit), Andreas Willmy M.A. (Eisenzeit), Dr. Reinhard Rademacher (Römerzeit) und Dr. Dorothee Ade (Frühmittelalter). Dabei wurde versucht, unnötiges „Fachchinesisch" möglichst zu vermeiden und sinnvoll erscheinende Fachbegriffe verständlich zu machen, was uns hoffentlich gelungen ist. Die wenigen Ausnahmen bitte ich auch im Namen aller Co-Autoren hiermit zu entschuldigen. Dieses Buch ist eine Reise in fremde und vergangene Kulturen und Zeiten, die unsere Gegenwart bis heute prägen. Vor allem aber hoffe ich, dass es einen Anreiz bietet, die Region Baden-Württemberg einmal von einer anderen Seite kennenzulernen und vielleicht neue Perspektiven für einen schönen Ausflug zu schaffen. Neugierig geworden? Dann einfach loslesen und hinfahren, es lohnt sich!

Tübingen im Frühjahr 2016
Lisa Rademacher M.A.

Anmerkung der Autorin: Alle Angaben sind gewissenhaft geprüft. Die beschriebenen Ausflüge werden auf eigenes Risiko unternommen. Autoren und Verlag übernehmen keinerlei Haftung für eventuelle Fehler. Für die Wanderungen wird die Mitnahme von geeignetem Kartenmaterial empfohlen. Für weitere Auskünfte stehen die im Text angegebenen Links zur Verfügung. Da nicht alle archäologischen Denkmäler im Text aufgenommen werden konnten, wird diesbezüglich auf die weiterführende Denkmal-App des Landesamtes für Denkmalpflege Baden-Württemberg sowie u. a. der Römerstraße Neckar-Alb-Aare verwiesen. Diese stehen kostenfrei im Internet zur Verfügung.

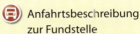 Anfahrtsbeschreibung zur Fundstelle
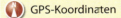 GPS-Koordinaten
 Dauer
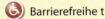 Barrierefreihet
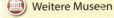 Weitere Museen
Zur Beachtung

1 Stein auf Stein – Werkzeugherstellung in der Steinzeit

Willkommen in der Altsteinzeit!

KAPITEL 1

Menschliche Evolution – Die lange Reise von Afrika bis nach Europa

Die Entwicklung des Menschen fand nach heutigem Wissensstand im Wesentlichen auf dem afrikanischen Kontinent statt. Besonders Ost- und Südafrika spielen in der menschlichen Evolution eine bedeutende Rolle. Dort finden wir eine gut dokumentierte Abfolge verschiedener Menschenfossilien von Vor- und Frühmenschenformen, wie die *Australopithecinen*. Die ersten Vertreter unserer Gattung Mensch (*Homo*) treten vor rund 2,5 bis 1,5 Millionen Jahren mit dem *Homo rudolfensis* und *Homo habilis* auf. Vor rund 1,9 Millionen Jahren entwickelt sich eine neue Menschenart, der *Homo ergaster*. Der darauf folgende *Homo erectus* (aufrechter Mensch) ist die erste Menschenart, die den afrikanischen Kontinent verlässt. Diesen Vorgang nennt man „Out of Africa I". Er breitet sich bis nach Südostasien aus und gelangt dann vor 600 000 Jahren auch nach Europa. Die ältesten menschlichen Überreste in Baden-Württemberg stammen aus Mauer bei Heidelberg. Am 21. Oktober 1907 stieß der Sandgräber Daniel Hartmann bei seiner Arbeit in einer Sandgrube mit seiner Schaufel auf einen menschlichen Unterkiefer. Am selben Abend erzählte er scherzhaft beim Kneipengespräch, er habe heute, so heißt es, „*de Adam g´funne*". Zwar handelte es sich keinesfalls um den Kiefer des ersten Menschen, es ahnte jedoch keiner, dass dieser Fund eine Bedeutung von Weltrang haben würde. Der Heidelberger Privatgelehrte Otto Schoetensack (1850–1912) untersuchte den Fund und stellte fest, dass er Merkmale aufwies, die weder dem klassischen *Homo erectus* noch dem modernen Menschen zuzuordnen waren. Daraufhin erhielt dieser den Namen *Homo heidelbergensis*.

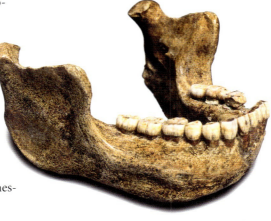

2 Unterkiefer von Mauer (Institut für Geowissenschaften, Heidelberg)

FUNDSTELLE 1

Homo heidelbergensis – Sandgrube Grafenrain bei Mauer

Rhein-Neckar-Kreis

3 Originalfundstelle Sandgrube Grafenrain

Ein Gedenkstein sowie Infotafeln geben Auskunft rund um die Geschichte des Unterkieferfundes sowie die Entwicklung der Menschheitsgeschichte. Darüber hinaus kann man sich im Infozentrum im Heid'schen Haus in Mauer genauer über die Fundgeschichte des *Homo heidelbergensis* informieren. Weitere Knochenfunde befinden sich im Urgeschichtlichen Museum im Rathaus Mauer.

Vom Infozentrum Heid'sches Haus in der Ortsmitte von Mauer führt uns der Weg zunächst zum Urgeschichtlichen Museum im Rathaus Mauer. Während man sich im Heid'schen Haus über das Alltagsleben des *Homo heidelbergensis* informieren kann, erzählt die Ausstellung im Museum mehr über die Entwicklung der Menschheitsgeschichte. Mit den hier anschaulich dargestellten Grundkenntnissen ausgestattet, geht es weiter auf dem „Zeitenpfad" in Richtung Ortsausgang von Mauer und weiter zur Fundstelle in der Sandgrube Grafenrain im Elsenztal. Auf rund 1,1 km kann man hier pro Schritt ca. 600 Jahre Menschheitsgeschichte zurücklegen. Im mittlerweile stillgelegten Gelände lässt eine 20 m hohe Sandwand die Dimensionen der Fundschichten von damals bis heute erahnen. Das Original des Unterkiefers von Mauer liegt heute im Geologisch-Paläontologischen Institut der Universität Heidelberg. Der Kiefer gehörte, wie man heute weiß, zu einem für die damalige Zeit „alten" Mann im Alter von 25 bis 30 Jahren. Dieser scheint vermutlich in der nahe der Fundstelle gelegenen alten Neckarschleife zu Tode gekommen zu sein. Zu dieser Annahme kamen die Forscher, da die typischen, durch den Transport im Wasser hervorgerufenen, sogenannten Abrollspuren am fossilen Kno-

Die Fundstelle des Unterkiefers von Mauer nahe Heidelberg befindet sich in der Sandgrube Grafenrain. Zu sehen gibt es hier leider nicht mehr viel. Ein Zeitenpfad führt jedoch vom Infozentrum und Museum zu den geologischen Aufschlüssen.

4 Urmenschen im Neckartal – Die Holstein-Warmzeit (415 000 bis 400 000 Jahre vor heute)

 Über die A 5 Karlsruhe-Heidelberg. Ausfahrt 5 Kreuz Heidelberg auf die B 37 nach Neckargemünd abfahren. Dann auf die B 45 bis Mauer. Hier erste Ausfahrt in die Heidelberger Str. und Richtung Ortsmitte nehmen. Am Kreisverkehr die Erste in die Bahnhofstr. abbiegen. Oder über die A 6 Heilbronn-Sinsheim, Ausfahrt 33 Sinsheim auf die B 292/B 45 Richtung Neckargemünd bis Mauer. Ausfahrt in Richtung Bahnhof. Dann rechts in Bahnhofstr. abbiegen.

 49°20'56.1"N, 8°47'58.4"E

 ca. 1 Stunde

 Weitestgehend barrierefrei

 Informationszentrum Heid'sches Haus, Verein *Homo heidelbergensis* von Mauer e.V., Bahnhofstr. 4, 69256 Mauer, Tel. 06226/971 9315, *mensch@homoheidelbergensis.de*, www.homoheidelbergensis.de. Im Sommerhalbjahr (ab April) werden an allen Sonntagen um 14 Uhr kostenlose öffentliche Führungen angeboten.

Urgeschichtliches Museum *Homo heidelbergensis*, Heidelberger Str. 34, 69256 Mauer, Tel. 06226/92200, *rathaus@gemeinde-mauer.de*, www.gemeinde-mauer.de, www.homoheidelbergensis.de. Das Museum ist während der Öffnungszeiten des Rathauses frei zugänglich: Mo.–Fr. 8–12 Uhr, Mo. 13:30–18 Uhr, Di.–Do. 13:30–16 Uhr; Sa. u. feiertags geschlossen.

chen fehlen. Der Kiefer selbst war erstaunlich gut erhalten, zerbrach allerdings beim Versuch, ihn von Sedimentresten zu lösen, in zwei Teile. Den Zweiten Weltkrieg überstand der Sensationsfund weitgehend unbeschadet in der Salzmine von Bad Friedrichshall, wohin man ihn zum Schutz vor Zerstörung und Plünderung gebracht hatte. Die einseitigen Abnutzungsspuren der gut erhaltenen Zähne scheinen, wie erst vor Kurzem entdeckt wurde, auf einen Bruch des linken Unterkiefers zurückgeführt werden zu können. Neueste Untersuchungen ergaben ein Alter des Fossils von mehr als 600 000 Jahren. Damit gehört der Fund zu einem der ältesten bekannten Vertreter der Gattung *Homo heidelbergensis*.

Flusspferde in den Neckarauen

Der *Homo erectus* war über ganz Süd- und Mitteleuropa verbreitet und passte sich über die Jahrhunderttausende immer weiter an das europäische Klima an. Zu dieser Zeit, also vor rund 600 000 Jahren, herrschte in unseren Breiten eine Warmzeit. Eiche, Linde, Ulme, Eibe, Stechpalme und Hasel sind typische Vertreter dieser warmen Klimabedingungen. Das milde Klima begünstigte auch eine reiche Tierwelt. Diese reichte vom Maulwurf, der Spitzmaus über Reh und Wildschwein, Rothirsch, Elch, Wildpferd und Bison, neben Raubtieren wie Luchs, Löwe, Bär und Säbelzahntiger bis zu Waldelefanten und Waldnashörnern. Dass es in der letzten Warmzeit sehr sommerlich war, belegen Funde von extrem wärmeliebenden Tieren wie Wasserbüffel und Flusspferd. Sie lebten in unseren Breiten. Ihre Lebensweise ist stark an Wasserläufe gebunden, so dass sie Hinweise darauf liefern, dass die Temperaturen in der letzten Warmzeit so mild waren, dass Gewässer im Winter nicht einfroren.

Der Schädelfund von Steinheim/Murr – Tod durch Hirntumor

Seit etwa 300 000 Jahren erscheinen in Europa Menschenformen, die sich von den vorherigen unterscheiden. Ein Fossil, welches diese Entwicklung dokumentiert, ist der Schädel aus Steinheim/Murr. Im Jahr 1933 meldete der Kiesgrubenbesitzer Karl Sigrist den Fund eines „affenähnlichen Schädels" aus seiner Kiesgrube. Fritz Berckheimer begutachtete den Fund vor Ort und stellte fest, dass es sich aufgrund der Formen und Maße des Schädels nicht um einen Affen handeln könne. Der Fund wurde gesäubert, gehärtet und eingegipst und in die Württembergische Naturaliensammlung (heute Staatliches Museum für Naturkunde in Stuttgart) gebracht. Der Schädel gehörte, wie man heute weiß, einer etwa 25 Jahre alten Frau. Die Forschung ist sich nicht einig, ob es sich hierbei um eine eigenständige Menschenform, *Homo steinheimensis*, oder um eine sehr frühe Form des Neandertalers handelt. Im Inneren des Schädels wurden Spuren eines Hirntumors gefunden. Es ist der älteste Nachweis dieser Erkrankung beim Menschen.

Schon gewusst?!
Schnupfen und Knochenbrüche

Das Leben als Jäger und Sammler barg verschiedenste Gefahren. Knochenbrüche oder Infektionskrankheiten setzten den Menschen zu. Verletzte oder kranke Gruppenmitglieder waren natürlich für die Nahrungsbeschaffung nicht mehr einsetzbar und mussten von der Gruppe versorgt werden. Dass dies bereits der Neandertaler tat, wissen wir anhand der gefundenen Skelette. Verheilte Knochenbrüche, Amputationen und Hinweise, dass kranke Personen von der Gemeinschaft gepflegt wurden, sind keine Seltenheit. Konnte man jedoch nichts mehr für ein Gruppenmitglied tun, belegen zahlreiche Bestattungen den liebevollen Umgang mit den Verstorbenen.

FUNDSTELLE 2

Homo steinheimensis – Steinheim an der Murr

Kreis Ludwigsburg

5 Gedenkstein an der Fundstelle des *Homo steinheimensis*

Wer die Fundstelle des *Homo steinheimensis* aufsuchen möchte, sollte zunächst das Urmenschmuseum in Steinheim/Murr besuchen. Hier wird auf anschauliche und faszinierende Weise nicht nur die Geschichte des *Homo steinheimensis*, sondern auch die der Tier- und Pflanzenwelt wiedergegeben. Vor allem die Rekonstruktion des großen Steppenelefanten ist bei Kindern sehr beliebt. Die Original-Fundstelle des *Homo steinheimensis* liegt nur wenige Meter vom Bottwartal-Radweg entfernt. So ist der Besuch ohne weiteres bei schönem Wetter mit einer Fahrradtour zu verbinden. Ein Hinweisschild führt vom Radweg aus nach links über eine Treppe direkt zur Fundstelle. Neben den Hinweistafeln laden zwei Sitzbänke zum Verweilen ein.

Ob zu Fuß oder mit dem Fahrrad, der Weg zur Fundstelle ist gut ausgeschildert. Vom Parkplatz aus gehen wir nach rechts in den Karl-Dietrich-

Adam-Weg. Hier befindet sich die Fundstelle gleich auf der rechten Seite.

Mit dem Fahrrad fährt man vom ehemaligen Bahndamm (Bahnweg) schräg links und trifft ebenfalls auf den Karl-Dietrich-Adam-Weg.

Die Fundstelle des *Homo steinheimensis* liegt in der ehemaligen Kiesgrube Sigrist. Die obersten Schichten, bestehend aus Löss und Lösslehm, sind heute noch mehrere Meter hoch zu sehen. Die tieferen Bereiche der Kiesgrube wurden nach und nach wieder aufgefüllt und 1984 als Baugebiet erschlossen. So liegt die Fundstelle heute zwischen den Wohnhäusern. Der hier angebrachte Gedenkstein befindet sich aufgrund der Auffüllung nahezu in Fundhöhe des Schädels.

Die Grube Sigrist wurde bereits 1905 gegründet. Wie auch die anderen, durch weitere urzeitliche Funde bekannt gewordenen Gruben, ist sie nach ihrem ehemaligen Besitzer benannt. Von 1890 bis in die zweite Hälfte des 20. Jahrhunderts dienten sie der gewerblichen Gewinnung von Kies und Sand.

1933 entdeckte man hier den weltberühmten Schädel des Steinheimer Urmenschen (*Homo steinheimensis*). Neben diesem sensationellen Fund fanden sich aber vor allen Dingen auch wichtige Nachweise der Tier- und Pflanzenwelt aus den verschiedenen Warm- und Kaltzeiten. Knochen von Wald- und Steppenelefanten, von Wald- und Riesenhirschen, Auerochsen und Wasserbüffeln sowie vielen kleineren Säugetieren ermöglichen den Forschern, Rückschlüsse über das Umfeld der frühen Urmenschen zu ziehen. Im Urmensch-Museum von Steinheim beleben Abgüsse der Originalknochen und -skelette diese Tier- und Pflanzenwelt wieder.

Der geschlagene Stein oder erste Geräte der Menschheit

Genau genommen ist die Steinzeit der längste Abschnitt unserer Menschheitsgeschichte. Der Fachbegriff für diese Epoche der Archäologie heißt Paläolithikum, was von den griechischen Wörtern παλαιός (palaios) „alt" und λίθος (lithos) „Stein" abgeleitet einfach „Altsteinzeit" bedeutet. Diese umfasst die gesamte Menschheitsevolution bis zur Sesshaftwerdung des Menschen. Oder anders gesagt, vom Beginn der Werkzeugnutzung bis zum Ende der letzten Eiszeit. Die darauffolgende Epoche ist das Neolithikum, was aus dem griechischen νέος (neos) „neu, jung" und λίθος (lithos) „Stein" abgeleitet „Jungsteinzeit" bedeutet. Dies ist die Zeit der sesshaften Ackerbauern und Viehzüchter. Diese beginnt vor rund 10 000 Jahren im Vorderen Orient und breitet sich in den folgenden Jahrtausenden nach Mitteleuropa aus. In Mitteleuropa wird zusätzlich zwischen dem Paläolithikum und dem Neolithikum das sogenannte Mesolithikum (mittlere Steinzeit) eingefügt. Diese Unterscheidung wird getroffen, weil die Menschen des Mesolithikums noch ganz nach Art des Paläolithikums als Jäger und Sammler gelebt ha-

---

- Über die A 81 Stuttgart-Freiberg/Neckar Ausfahrt 14 Pleidelsheim auf die L 1125 in Richtung Murr abfahren. Der Bietigheimer Str. bis Steinheim/Murr folgen. Nach der Überquerung der Murr links auf die L 1126, Murrer Str. abbiegen. Nach ca. 500 m geht es an der Kreuzung zur Ludwigsburger Str. links in die Höpfigheimer Str. Dann gleich die erste nach rechts in die Karl-Sigrist-Str. abbiegen. Hier gibt es Parkplätze.
- 48°58'06.5"N, 9°16'33.5"E
- Fundstelle in wenigen Minuten erreichbar!
- Weitgehend barrierefrei
- Urmensch-Museum Steinheim an der Murr, Am Kirchplatz 4, 71711 Steinheim an der Murr. Das Museum befindet sich direkt in der Stadtmitte, gleich neben Kirche und Rathaus, Tel. 07144/263-113, vorstand@foerderverein-urmensch-museum.de, www.foerderverein-urmensch-museum.de. Öffnungszeiten: Di.–Do. u. So. 10–12 Uhr u. 13–16 Uhr, Fr. u. Sa. 14–16 Uhr; während des Sommerhalbjahrs (April–September) Sa., So. u. feiertags bis 17 Uhr verlängert!
- Beim Eintritt ins Urmensch-Museum erhalten Kinder ein kostenloses Set mit zwölf Infokarten!

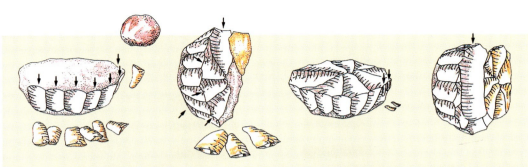

Schon gewusst?! Die Levalloistechnik – Know-how der mittleren Altsteinzeit

Sind Sie fähig, innerhalb von 15 bis 30 Min. aus einer einfachen Feuersteinknolle einen gezielten Abschlag und daraus ein Werkzeug herzustellen? Nein? Der Neandertaler schon, mehr noch, er war ein absoluter Fachmann (oder Fachfrau) auf diesem Gebiet. Die Erfindung, aus einem Geröll gezielte Abschläge und Werkzeuge herzustellen, war eine absolute Neuerung der mittleren Altsteinzeit. Benannt ist diese Technik der Geräteherstellung nach dem französischen Fundort Levallois-Perret nahe Paris. Kennzeichnend ist hierbei die aufwendige Präparation eines Feuersteinkerns in der Weise, dass man bereits im Voraus wissen konnte, wie das Endprodukt, also der gezielte Abschlag, aussehen würde. Nachteil dieser Methode ist vor allem die Tatsache, dass man oft genug nur einen einzigen Zielabschlag aus einem ganzen Kern erhielt. Das bedeutete eine hohe Verschwendung an Rohmaterialressourcen.

ben, aber die klimatischen Verhältnisse den heutigen entsprachen.

Das Paläolithikum wird in verschiedene Abschnitte unterteilt. Das Altpaläolithikum beschreibt den Zeitabschnitt als die Menschen vor rund 2,5 Millionen Jahren erstmals anfingen, Werkzeuge aus Stein herzustellen, und reicht bis 300 000 Jahre vor heute. Damit entspricht das europäische Altpaläolithikum in etwa der Zeit des *Homo heidelbergensis*, der ersten Menschenart, die nachweislich in Europa lebte. Im Laufe der Zeit entwickelten die Menschen eine neue Methode der Steinbearbeitung, die Levallois-Methode, benannt nach einem Fundort nahe Paris. Dieser Zeitabschnitt wird Mittelpaläolithikum genannt und ist in Europa die Zeit des Neandertalers.

6 Faustkeil – ältestes Werkzeug der Menschheit

FUNDSTELLE 3

Große Grotte – Der perfekte Lager- und Siedlungsplatz

Blautal, Alb-Donau-Kreis

7 Blick aus der Großen Grotte

Unterhalb der Ruine des Rusenschlosses liegt in der steil aufragenden Felswand die Große Grotte. Allein der Eingang mit einem Ausmaß von 17 m Höhe und 15 m Breite und der weite Blick über das Blautal lassen die Höhle als perfekten Siedlungs- und Lagerplatz für steinzeitliche Jäger und ihre Familien erscheinen. Die durch das Tal ziehenden Herden dürften für die Jäger von hier aus eine leichte und willkommene Beute gewesen sein. Dennoch gehörten auch weite Streifzüge durch die damalige Gras- und Kräutersteppe auf der Albhochfläche zum Alltag der Jäger und Sammler. Wer den Aufstieg hier hoch wagt, der fühlt sich schlagartig in die Zeit der Neandertaler zurückversetzt und genießt einen wunderbaren Ausblick auf Blaubeuren und dessen Umgebung.

Vom Parkplatz führt der Weg zunächst unter der Bahnbrücke hindurch. Der sogenannte Rusensteig überquert die zur Rechten liegende Blau. Danach halten wir uns links und folgen dem „Wanderweg 6" (WW6) nach rechts den Berg hinauf in Richtung Rusenschloss. Der Weg zur Großen Grotte zweigt bereits vor der Ruine linker Hand ab und führt steil, der Beschilderung „WW6/5" folgend, den Berg hinauf zur Höhle. Dort angekommen, gibt der Platz einen weiten Blick ins Blautal frei und entführt uns einige Jahrtausende zurück in die Zeit des Neandertalers.

Wir bewegen uns in einem Zeitraum von 100 000 bis 50 000 Jahren vor heute. Es ist die Zeit des Neandertalers. Denn trotz der an sich guten Höhlenlage, scheint sich der anatomisch moderne Mensch (*Homo sapiens sapiens*) hier nicht aufgehalten zu

haben. Zur bevorzugten Jagdbeute der Neandertaler gehörten Steinbock, gefolgt von Wildpferd, Rothirsch und Rentier sowie auch Fuchs und Hase und vereinzelt sogar Mammut, Fellnashorn und Bison. Weitere Knochenfunde von Höhlenbär und Hyäne sind Indizien natürlicher Höhlenbewohner.

Diverse Sondagen und Grabungen in den 1950er- und 60er-Jahren durch den Archäologen Gustav Riek brachten in einer 2,5 m tiefen Sedimentschicht insgesamt zehn gut trennbare Siedlungsschichten zu Tage. Diese gehören allesamt in die Zeit des Neandertalers, die sogenannte mittlere Altsteinzeit (Mittelpaläolithikum). Neben den vielen gefundenen Tierknochen kamen insgesamt 2000 Geräte und Abfallstücke aus Feuerstein zu Tage. Der „Werkzeugkasten" der Höhlenbewohner umfasst die für die Neandertaler typischen Feu-

> Über Ulm auf die B 28 in Richtung Blaubeuren. Noch vor Blaubeuren in Gerhausen die letzte Möglichkeit vor dem Ortsausgang rechts in den Riedweg abbiegen. Dem Riedweg bis zum Parkplatz direkt vor der Bahnbrücke folgen
>
> 48°24'22"N, 9°48'05"E
>
> Insgesamt 1 Stunde oder über das Rusenschloss als Rundweg 1 bis 1 ½ Stunden.
>
> Der Weg ist nicht barrierefrei und im Winter nicht empfehlenswert. Zudem ist die Höhle in der Vogelbrutzeit im Frühjahr gesperrt. Weitere Informationen sind über die Gemeinde Blaubeuren oder das Museum erhältlich.
>
> Besuchen Sie unbedingt das Urgeschichtsmuseum in Blaubeuren oder die Höhlenfundstellen im Achtal!

ersteingeräte, darunter Levallois-Spitzen, Schaber und Faustkeile sowie Keilmesser, Blattspitzen und einfache Abschläge. Bedeutend ist der Fund einer Geschossspitze aus Knochen. Werkzeuge aus tierischem Material sind bei den Neandertalern noch ausgesprochen selten und kommen in der Regel erst mit dem Auftreten des anatomisch modernen Menschen vor.

Darwin und der Mensch aus dem Neandertal

Die wohl bekannteste Urmenschenform ist der Neandertaler. Bei Steinbrucharbeiten zum Kalkabbau im Neandertal bei Düsseldorf entdeckten unbekannte Arbeiter im August 1856, als sie die Sedimentfüllung der Kleinen Feldhofer Grotte entfernten, ein Schädeldach sowie einige Knochen. Sie hielten die Knochen für die eines Höhlenbären und übergaben sie Johan Carl Fuhlrott (1803–1877), einem Lehrer und Naturforscher, der sich für fossile Knochen interessierte. Schnell erkannte er, dass es sich bei diesen Knochen um die Überreste eines frühen Menschen handelte. Im selben Jahr reiste Fuhlrott zu dem Bonner Anatom Herrmann Schaaffhausen (1816–1893), der ihm bestätigte, dass die Funde aus dem Neandertal einem unbekannten, urzeitlichen Menschen zuzuordnen wären. Die Vorstellung, dass es Menschenformen gegeben haben sollte, die vor dem heutigen Menschen existierten, war zu dieser Zeit unvorstellbar. Im Jahr 1859 – nur drei Jahre nach dem Fund im Neandertal – erschien Charles Darwins bahnbrechendes Werk „On the Origin of Species", in dem er die Evolutionstheorie darlegte. Darin verwarf er das bisher geltende Bild einer unveränderlichen Schöpfung der Arten. Doch es sollte noch viele Jahre dauern, bis sich diese Theorie durchsetzen konnte. Die Evolution, vor allem die des Menschen, erschien weitestgehend unvorstellbar. So wurde auch der Fund aus dem Neandertal heftig debattiert. Der berühmte Berliner Anatom Rudolf Virchow bestritt, dass es sich dabei um eine urtümliche Menschenform handelt. Er war der Auffassung, dies seien die Knochen „eines Rachitiskranken mit krummen Beinen" oder eines „Kosaken aus dem Russenheer als Verfolger Napoleons". Erst durch weitere Funde von Schädeln und Skelettresten mit den gleichen Merkmalen setzte sich die Ansicht durch, dass es sich um eine andere Menschenform handelt. Sie wurde 1864 durch den Geologen William King als *Homo neanderthalensis*, der Mensch aus dem Neandertal, bezeichnet.

8 Rekonstruktion eines Neandertalers

Wild oder doch ganz zivilisiert?

Lange Zeit galt der Neandertaler als grobschlächtiger Geselle, halb Affe, halb Mensch. Bereits Hermann Schaaffhausen, legte den Grundstein für dieses Bild. Ganz im Sinne seiner Zeit, stand für ihn der moderne Europäer an der Spitze der Entwicklung. „Primitive" Völker waren in der damaligen Geisteshaltung niedriger angesiedelt, und so musste der Neandertaler, der sich anatomisch vom *Homo sapiens sapiens* unterschied, viel primitiver, affenähnlicher sein. Schaaffhausen schreibt, sein Gesicht muss „dem menschlichen Antlitz einen ungemein wilden Ausdruck gegeben haben […]. Man darf diesen Ausdruck einen thierischen nennen." (Schaaffhausen 1858: 181). So wurde auch die erste Rekonstruktionszeichnung eines Neandertalers von dem Maler Philippart nach diesen Vorstellungen neu überarbeitet: das Erscheinungsbild wurde wilder, primitiver, äffischer. Dieses Bild hielt sich hartnäckig bis zum Ende des 21. Jahrhunderts. Seit einigen Jahrzehnten wird der Neandertaler mit anderen Augen gesehen. Er wird mit emotionalen Regungen ausgestattet: er lacht, er trauert oder schaut nachdenklich in die Ferne. Er geht aufrecht, trägt Kleidung und erscheint ganz und gar menschlich. Die heutige Forschung ist daran interessiert, die kulturellen Leistungen und die Menschlichkeit des Neandertalers in den Vordergrund zu stellen. Neueste Ergebnisse aus der Genetik bestätigen seine Nähe zu unserer Art. Bis zu 4 % unseres Erbguts verdanken wir ihm.

Die ältesten Nachweise für den Aufenthalt des Neandertalers in Baden-Württemberg finden sich in den Höhlen der Schwäbischen Alb. Die bedeutendsten Fundstellen sind die Bocksteinhöhle und der Vogelherd im Lonetal, sowie die Große Grotte im Achtal. Bereits aus der letzten Warmzeit, dem Eem, vor über 115 000 Jahren, sind seine Hinterlassenschaften im Vogelherd überliefert. Die Große Grotte wurde zu Beginn der letzten Eiszeit besiedelt. Aus ihr stammt eine der seltenen Knochenspitzen des Mittelpaläolithikums. Auch von den eigentlich eher jungaltsteinzeitlichen Fundstellen wie dem Geißenklösterle, dem Sirgenstein und dem Hohle Fels im Achtal sind weitere Siedlungsfunde aus der Zeit der Neandertaler bekannt geworden. Vom Hohlenstein im Lonetal stammt neben Siedlungsspuren auch der einzige erhaltene Knochen eines Neandertalers in unserer Region. Es handelt sich hierbei um einen Oberschenkelknochen, dessen Gelenkenden von Hyänen angenagt wurden.

> **Schon gewusst?!**
> **Was unterscheidet den Neandertaler vom modernen Menschen?**
>
> Es gibt zahlreiche Merkmale, welche der Neandertaler vom modernen Menschen unterscheiden. Einzigartig ist vor allem die Morphologie des Gesichtsskelettes beim Neandertaler. So sind die flache, fliehende Stirn und ein langgestreckter, relativ flacher Hirnschädel charakteristisch. Vor allem aber fallen bei der Betrachtung die hohen, gerundeten Augenhöhlen und die stark ausgeprägten Überaugenwülste im Bereich der Stirnpartie auf. Stirn- und Kieferhöhlen sind stark ausgeprägt. Überhaupt ist die Nasenöffnung deutlich größer und breiter, das Kinn dagegen sehr flach. Das Skelett unterhalb des Kopfes erscheint insgesamt stämmiger, der Knochenbau stärker ausgeprägt als beim modernen Menschen. Das Becken ist deutlich breiter und die Oberschenkel stärker nach vorne gebogen. Daher auch die einstige Annahme einer krankhaften Veränderung. In Wahrheit sehen wir aber einen etwas kleineren und kompakteren, dafür aber sehr kräftigen Menschen vor uns, der sehr gut an die äußeren Umwelteinflüsse und das Klima angepasst war.

FUNDSTELLE 4

Bocksteinhöhle und Bocksteinschmiede

Öllingen, Alb-Donau-Kreis

9 Die Bocksteinhöhle – ältester Lagerplatz der Region

Die Bocksteinhöhle zählt neben der Großen Grotte im Achtal zu den ältesten Lagerplätzen der Region und wird mit einem Fundalter von 70 000 bis 50 000 Jahren in die Zeit der Neandertaler datiert. Hier fand sich bei den Grabungen ein typisches Fundinventar der mittleren Altsteinzeit. Die Besonderheit: ein bis dahin unbekannter Messertyp aus Feuerstein, der seit seiner Entdeckung den Namen „Bocksteinmesser" trägt. Zwar nicht barrierefrei aber recht zügig für den interessierten Wanderer zu erreichen, sind die Bocksteinhöhlen. Ein Muss für jeden, der die Altsteinzeit besser kennenlernen will!

Vom Parkplatz folgen wir für ca. 200 m der Straße entlang in südlicher Richtung bis zum Hinweisschild „Bocksteinhöhle". Von hier führt ein Feldweg ca. weitere 100 m bis zum kurzen, aber steilen Aufstieg zur Bocksteinhöhle. Die 15 m tiefe und 9 m breite Höhle wurde als erste Höhle bereits 1881 und 1883/84 vollständig ausgegraben. Die Fundschichten reichen von der mittleren bis zur jüngeren Altsteinzeit. Die Fundschicht der mittleren Steinzeit ist geprägt durch die hierfür typischen Schaber. Dieser Werkzeugtyp tritt in verschiedenen Formen auf. Wie wir anhand von Gebrauchsspuren wissen, wurden Schaber zum Bearbeiten von Fellen, Schneiden von Fleisch oder auch Glätten von Holz eingesetzt. Bei den mittelpaläolithischen Funden der Bocksteinhöhle tritt besonders ein mandelförmiger Schaber hervor, welcher nur einseitig retuschiert, also bearbeitet ist. Durch eine 1 m dicke Lehmschicht getrennt, fanden sich die Schichten der jüngeren Altsteinzeit. Leider wurden bei den frühen Grabungen die Schichtabfolgen nur ungenügend berücksichtigt, so dass sich vor allem diese jüngeren Horizonte kaum noch trennen lassen. Funde zeigen, dass es sich um Besiedlungsschichten des Aurignacien (40 000 bis 29 000 Jahre vor heute) und des Magdalénien (etwa 16 000 bis 12 000 Jahre vor heute) handelt.

Der Höhlenvorplatz sowie der eigentliche Höhleneingang wurden erst durch weitere Grabungen in den 50er-Jahren des vergangenen Jahrhunderts freigelegt. Dabei konnten die Schichten dann klar getrennt werden. Besonders interessant ist auch der Fund einer steinzeitlichen Doppelbestattung einer Frau mit Säugling. Diese wurde lange Zeit für neuzeitlich gehalten. Moderne Radiocarbon-Datierungen erbrachten jedoch den Nachweis, dass es sich um eine Bestattung aus der mittleren Altsteinzeit handelt.

Etwas weiter unterhalb der Höhle befindet sich der Eingang zur zweiten Höhle, der sogenannten Bocksteinschmiede.

Wenige Artefakte verweisen auf kürzere Aufenthalte der jungpaläolithischen Jäger in der Bocksteinschmiede. Viel eher scheint diese Höhle am Bocksteinkomplex jedoch in der mittleren Altsteinzeit besiedelt worden zu sein. Die ältesten Funde aus der Zeit der Neandertaler erreichen ein Alter von 70 000 Jahren. Interessant sind vor allem die hierauf folgenden Schichten des nach der französischen Fundstelle „La Micoque" benannten Micoquien, auch als Keilmessergruppe bezeichnet. Diese Kulturgruppe gehört in den älteren Abschnitt der mittleren Altsteinzeit (ca. 60 000 bis 40 000 Jahre vor heute). Die hier auftretenden Faustkeile, das Universalwerkzeug der älteren und mittleren Altsteinzeit, haben nun die grobe Form eines recht dicken Messers (Keilmesser). Sie sind an der einen

> Über die A 7 Würzburg-Ulm, Ausfahrt 118 Niederstotzingen auf die L 1168 in Richtung Bissingen. Im Kreisverkehr die erste Ausfahrt auf die K 3022 nehmen und der Straße in Richtung Öllingen folgen. Nach 1,2 km befindet sich linker Hand der Straße ein Wanderparkplatz am Waldrand des Lonetals.
>
> 48°33'15"N, 10°09'17"E
>
> Ca. 1 Stunde
>
> Nicht barrierefrei und nur mit gutem Schuhwerk zu besuchen, da der Anstieg zur Fundstelle sehr steil ist. Im Winter ist der Besuch des Bocksteinmassivs nicht empfehlenswert.
>
> Besonders schön ist auch eine Lonetal-Höhlentour, bei der man Vogelherdhöhle, Hohlenstein und Bocksteinhöhle zu Fuß oder mit dem Fahrrad erkunden kann. Ganz in der Nähe befindet sich auch das Eselsburger Tal, das ebenfalls ur- und frühgeschichtliche Fundstellen aufweist und für einen wunderschönen Spaziergang geeignet ist.

Seite mit einer schneidenden Kante versehen, die andere Seite hingegen ist stumpf. Die fundstellentypische Form der Keilmesser am Bockstein trägt die Bezeichnung Bocksteinmesser.

Homo sapiens sapiens – Achtung Einwanderer!

Während sich in Europa der Neandertaler entwickelte, nahm die Evolution auf dem afrikanischen Kontinent einen anderen Weg. Die dort ansässigen *Homo erectus*-Populationen waren einem geringeren klimatischen Selektionsdruck ausgesetzt. Deshalb verlief die Entwicklung dort langsamer. Erst vor rund 200 000 Jahren betritt in Süd- und Ostafrika eine neue Menschenart die Bühne, die sich durch einen grazilen Körperbau und ein besonders großes, leistungsfähiges Gehirn auszeichnet. Sie entwickelt komplexe Sozialstrukturen und benutzt Symbole (Schmuck und Kunst) als Kommunikationsmedium. Bekannt wird sie unter dem Namen *Homo sapiens sapiens*. Sie verlässt vor

10 Karte „Out of Africa II"

rund 100 000 Jahren ebenfalls den afrikanischen Kontinent und breitet sich in letzter Konsequenz über die gesamte Welt aus. Man spricht von „Out of Africa II". Vor rund 45 000 Jahren erreicht der *Homo sapiens sapiens* über das Mittelmeer und die Donau Europa. Mit dem Vormarsch dieser anatomisch modernen Menschen ziehen sich die Neandertaler schrittweise zurück. Die bisher spätesten Neandertaler sind im Süden der Iberischen Halbinsel bis ca. 27 000 Jahre vor heute bekannt. Was genau sich zwischen den Ureinwohnern, also den Neandertalern, und den Einwanderern aus Afrika, hierzulande abgespielt haben mag, ist bislang ein Rätsel. Nach den neuen Forschungen, die bestätigen, dass unser Erbgut auch DNS des Neandertalers beinhaltet, scheinen sich beide Menschenarten entgegen aller bisherigen Forschungsmeinung auch vermischt zu haben.

Die Kulturen der jüngeren Altsteinzeit

Die Einwanderer breiteten sich rasch in ganz Mitteleuropa aus. Sie beherrschten wiederum eine neue, noch effektivere Steinbearbeitungstechnologie und begannen, neben Stein auch Knochen und Elfenbein als Rohmaterial zu nutzen, schmückten ihren Körper, erschufen Kunstwerke und die äl-

11 Klingenkern mit Abschlägen

testen Musikinstrumente der Welt. Dieser Zeitabschnitt wird Jungpaläolithikum genannt.

Das Aurignacien

Die älteste jungpaläolithische Kultur ist das Aurignacien. Es ist die Kultur, die mit der Einwanderung des anatomisch modernen Menschen nach Europa gleichgesetzt wird. Sie dauert von rund 40 000 bis 29 000 Jahre vor heute. Das Aurignacien ist gekennzeichnet durch das Aufkommen der sogenannten Klingentechnologie – eine neue Art der Steinwerkzeug-Herstellung, der Verwendung von Knochen, Geweih- und Elfenbeinwerkzeugen, Schmuck und Kunstobjekten sowie Musikinstrumenten. Diese Epoche ist besonders gut in den Höhlenfundstellen der Täler der Ach und der Lone im Gebiet der Schwäbischen Alb dokumentiert.

Das Gravettien

Das Gravettien (29 000 bis 22 000 vor heute) ist die Zeit der großen Mammutjägerkulturen. Aus dieser Zeit stammen die bisher ältesten gefundenen Speerschleudern, wobei nicht auszuschließen ist, dass sie bereits im Aurignacien verwendet wurden. Die Speerschleuder gilt neben der Klingentechnologie wohl als die wichtigste Errungenschaft dieser Zeit. Sie ist eine Verlängerung des Wurfarms. Der Speer wird hinten eingeklemmt und beim Abwurf durch die Speerschleuder weiter beschleunigt. Dadurch wird die Wurfdistanz und Durchschlagskraft verstärkt. Viele dieser aus Knochen oder Geweih gefertigten Jagdhilfen sind kunstvoll verziert und zeigen damit nicht zuletzt ihre Bedeutung für den jeweiligen Besitzer.

Schon gewusst?!
Klingenkerne oder „Ein Pfund Butter" bitte

Noch effektiver als die Levallois-Methode, welche einen hohen Verbrauch an Rohmaterial zu verzeichnen hatte, ist die Klingentechnologie. Hierfür wird ein bootsförmiger Kern einer Feuersteinknolle benötigt. Dieser Klingenkern wurde ursprünglich im Französischen auch „Livre de Beurre" genannt, was so viel heißt wie „ein Pfund Butter". Warum erhielt der Kern einen solchen Namen? Ganz einfach, weil er zur Zeit der Namensgebung stark an ein im Model gepresstes Stück Butter erinnerte. Diese Kerne wurden speziell präpariert, so dass es möglich war, große, lange Klingen oder auch Lamellen abzuschlagen. Diese Stücke wurden als Halbfabrikate gehandelt oder auch gleich zu Kleinwerkzeugen weiterverarbeitet. Kurzum, man sparte so an Rohmaterial und konnte die Halbfabrikate besser transportieren, handeln und je nach Bedarf erst später bearbeiten.

12 Die Speerschleuder – ein effektives Jagdgerät

Die Kunst aus der Zeit des Gravettien ist besonders durch Frauenfiguren charakterisiert. Auch wenn diese Kunstgattung zumindest für diese Kultur-Epoche nicht in Baden-Württemberg belegt ist, so sind diese, meist dickleibigen Frauenfiguren dennoch erwähnenswert. Denn sie finden sich von Südwestfrankreich bis nach Sibirien. Die berühmteste ist mit Sicherheit die Venus von Willendorf. Im Laufe der Zeit verändern sich diese Frauendarstellungen vom Figürlichen hin zum Stilisierten. Aus der „dicken Frau" wird ein stabförmiges Kunstobjekt, das nur noch im Bereich des Gesäßes und der Brust leichte Wölbungen erkennen lässt.

Das Magdalénien

Im Kältemaximum der letzten Eiszeit, vor rund 21 000 bis 18 000 Jahren, war Baden-Württemberg gänzlich entvölkert. Die eisigen Temperaturen machten ein dauerhaftes Überleben in dieser Region unmöglich. Die einzigen, spärlichen Hinweise auf menschliche Besiedelung stammen aus dem Rheintal. Am Ende der letzten Eiszeit, vor rund 15 000 Jahren, kehrten die Menschen mit den langsam steigenden Temperaturen wieder in unsere Gegend zurück. Die Fundstellen des Magdaléniens (etwa 16 000 bis 12 000 Jahre vor heute) sind auch in Südwestdeutschland weit verbreitet. Die Menschen scheinen sich auf bestimmtes Jagdwild spezialisiert zu haben, allen voran das Rentier. Zwei besonders wichtige Fundplätze sind die Schussenquelle in der Nähe des Federsees und der Petersfels bei Engen. Dort wurden Rentiere an günstigen Geländeengpässen zusammengetrieben und erlegt.

FUNDSTELLE 5
Jagdlager Schussenquelle
Bad Schussenried, Kreis Biberach

13 Findling an der Schussenquelle

Verschiedene Wanderwege führen vom ausgeschilderten Parkplatz auf direktem Wege zur Schussenquelle, einer der bekanntesten Fundstellen der ausgehenden Altsteinzeit. Hinweisschilder zu den archäologischen Funden und zur Geschichte der Schussenquelle informieren Besucher vor Ort über die archäologische und geologische Bedeutung der Fundstelle. Bänke und eine Grillstelle sind vorhanden und laden zum Verweilen ein. Wer mag, kann sich auch auf die Suche nach dem nahe der Quelle gelegenen Findling aus der Eiszeit begeben. Die Wanderwege im Umfeld der Schussenquelle sind gut ausgeschildert und beliebig kombinierbar.

Die Lage der Endmoräne, in der sich die sogenannte Schussenquelle befindet, ist nicht nur bekannt als Hauptwasserscheide Europas. Sie bildet auch das letzte Rudiment des einstigen Rheingletschers während der letzten Vereisung des Alpenvorlandes vor ca. 22 000 Jahren. Der ungefähr 2 km nördlich von Bad Schussenried entfernte

Quelltrichter der Schussen, welche von hier aus 56 km weiter zwischen Eriskirch und Langenargen in den Bodensee fließt, ist in seiner Form ein einzigartiges Naturdenkmal. Nicht nur ihrer geologischen Bedeutung wegen ist die heute in dichtem Laubwald gelegene Schussenquelle bekannt. Sie ist auch eine der bedeutendsten Fundstellen der Jäger- und Sammlerkulturen der letzten Eiszeit.

Ähnlich wie am Petersfels bei Engen, handelt es sich bei der Fundstelle Schussenquelle ebenfalls um ein magdalénienzeitliches Jagdlager, jedoch diesmal auf freiem Gelände. Solche sogenannten Freilandstationen sind sehr selten zu finden, da sie in der Regel durch Erosionsvorgänge oder die Landwirtschaft meist vollständig zerstört werden. Bei Arbeiten am Quelltopf stieß man bereits 1866 zufällig auf eine große Menge an Geweihresten und Tierknochen eiszeitlicher Rentiere. Die darauf folgenden Ausgrabungen erbrachten in kürzester Zeit auch Hinterlassenschaften menschlicher Herkunft. Die Bearbeitungsspuren belegten deutlich eine Gleichzeitigkeit von eiszeitlichen Tieren und Menschen und erbrachten somit endlich den Beweis für die Anwesenheit von frühen Menschen in der letzten Eiszeit, welche bis dahin in der Forschung noch umstritten war. Die Entdeckung der Funde der Schussenquelle ging in den Folgejahren um die Welt. Selbst auf der Weltausstellung in Paris wurden die Artefakte 1889 der Öffentlichkeit präsentiert. Heute sind die Fundstücke im Federseemuseum zu bestaunen und geben Auskunft über die Jagd- und Lebensgewohnheiten der späteiszeitlichen Jäger und Sammler, die hier vor ca. 14 000 Jahren mit kunstvoll verzierten Speerschleudern Rentierherden und Wildpferde jagten oder mit ihren Harpunen Fische aus der Schussen zogen.

Die letzte Eiszeit – Klima und Umwelt

Das Eiszeitalter, das sogenannte Pleistozän, ist geprägt durch starke Schwankungen des Klimas. Heute leben wir in einer Warmzeit, welche die Geologen Holozän, das Zeitalter der Sonne, genannt haben. Sie gingen davon aus, dass die Kaltzeiten beendet seien, und nun eine Periode stetiger Wärme einsetze. Heute wissen wir, dass dieser Zyklus nicht beendet ist. Die Neigung der Erdachse und die Form der Umlaufbahn der Erde um die Sonne sind zyklischen Schwankungen unterworfen. Diese führen zu langen Kälteperioden, den sogenannten Eiszeiten, die von kürzeren Warmphasen unterbrochen werden. Die letzte Eiszeit, die Würm-Eiszeit, begann vor rund 115 000 Jahren und endete vor rund 10 000 Jahren. Während die Verhältnisse innerhalb einer Warmzeit mit den heutigen zu vergleichen sind, können wir uns die Bedingungen in einer Eiszeit schwerer vorstellen. Die Temperaturen waren im Sommer ca. 10 °C niedriger als heute, im Winter sogar bis zu 20 °C. Die skandinavischen Gletscher reichten weit über Norddeutschland hinweg, im Kältemaximum sogar bis südlich von Berlin. Die Alpengletscher dehnten sich bis zur Donau hin aus. Unvorstellbare Mengen an Wasser waren in diesen Kilometer dicken Eisschilden gebunden.

> Über die B 32 Sigmaringen-Bad Saulgau. In Herbertingen auf die L 282 Richtung Kanzach abfahren. In Kanzach geht es dann über die L 275 Richtung Bad Schussenried. Noch vor dem Ortseingang von Bad Schussenried fährt man an der großen Kreuzung links ab „Am Reutle" und an der nächsten Kreuzung wieder links in die Straße „Zum Schussensprung". Oder über die A 96 Friedrichshafen-Memmingen, Ausfahrt 9 Leutkirch-West auf die B 465 Richtung Bad Wurzach-Hochdorf. In Oberessendorf auf die L 306 nach Ingoldingen und über die L 283 nach Bad Schussenried. Der Parkplatz zur Schussenquelle ist über Kleinwinnaden erreichbar.
>
> 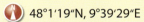 48°1'19"N, 9°39'29"E
>
> Für Eilige auf direktem Wege vom Parkplatz bis zum Quelltopf 5 Min. Gehzeit.
>
> Nicht barrierefrei
>
> Ansonsten sind verschiedene Touren rund um die landschaftlich schön gelegene Schussenquelle möglich.

14 Mammuts – Giganten der Eiszeitsteppe

Der Meeresspiegel sank deshalb bis über 100 m unter das heutige Niveau. Die Britischen Inseln waren an das Festland angeschlossen, die Adria war ebenfalls Festland. Bei den niedrigen Temperaturen verdunstete kaum Wasser und ein extrem niederschlagsarmes Klima herrschte vor. Trockene, kalte Winde fegten ungebremst über die offene Landschaft und trugen feinste Staubpartikel mit. Diese wurden in dünenartigen Verwehungen abgelagert und bildeten die heutigen fruchtbaren Lössflächen. Die anhaltende Kälte sorgte dafür, dass der Boden in unseren Breiten ganzjährig gefroren war. Dieser sogenannte Permafrostboden, gemeinsam mit Kälte und Trockenheit, verhinderte die Ausbreitung von Bäumen. Nur in besonders günstigen Lagen wuchsen kälteresistente Sträucher und Zwergwuchsformen von Birken, Kiefern und Weiden. Auch wenn das Klima der Eiszeit in Mitteleuropa von extremer Kälte geprägt war, war die Intensität der Sonneneinstrahlung genauso wie heute. Dies führte dazu, dass im Sommer die Temperaturen durchaus auf heutiges Niveau steigen konnten, allerdings nur für einige Wochen im Jahr. Während dieser Zeit taute der Permafrostboden oberflächlich auf, setzte viel Wasser frei und verwandelte die Landschaft in ein üppiges Blumenmeer. Die typischen Pflanzen waren Gräser, Kräuter, Moose und Flechten. Diese Pflanzen boten ausreichend Nahrung für eine Vielzahl kälteresistenter Tiere.

Die Bewohner der Mammutsteppe

Der prominenteste Bewohner der Eiszeit war mit Sicherheit das Mammut. Nach ihm wird dieses Ökosystem auch Mammutsteppe genannt. Mit einer Schulterhöhe von max. 3,75 m ist es kleiner als heutige afrikanische Elefanten. Sein Aussehen und seine Lebensweise kennen wir durch Skelette, Eismumien und paläolithische Darstellungen. Mammuts besaßen eine dichte Unterwolle, über der ein meterlanges Deckhaar lag. Zusätzlich dazu wärmten eine dicke Haut und eine dicke Fettschicht. Da das Mammut keine Talgdrüsen besaß, war es extrem nässeempfindlich. Die Stoßzähne waren bis zu vier Meter lang und stark gekrümmt. Abnutzungsspuren belegen, dass die Tiere die Stoßzähne über den Boden schoben, um ihre Nahrung von Schnee und Eis zu befreien.

Das Wollnashorn war mit einem massigen Körper und dem dichten Fell ein imposanter Bewohner der Mammutsteppe. Es besaß zwei Hörner, wobei das vordere eine Länge von über einem Meter erreichen konnte. Vermutlich nutzten die Tiere ihr Horn ebenfalls für die Nahrungssuche in Schnee und Eis.

An Raubtieren gab es die imposanten Höhlenlöwen und Höhlenhyänen. Neben dem Menschen waren sie die gefährlichsten Jäger der Mammutsteppe. Der Höhlenbär war nicht, wie man vermuten könnte, ein Raubtier, sondern ernährte sich vorwiegend vegetarisch. Seine Knochen finden sich massenhaft in Höhlen. Diese stammen von im Winterschlaf verendeten Tieren und sammelten sich über die Jahrtausende an. An den Höhlenwänden findet man häufig den sogenannten Bärenschliff. Dort haben die Tiere durch Reiben des Fells ihre Duftspuren hinterlassen. Mit der Zeit wurde der Kalkstein so glatt geschliffen.

Das Rentier gehörte neben dem Wildpferd zur beliebtesten Beute der Eiszeitjäger. So sind beide Tiere immer wieder in der Kunst des Paläolithikums dargestellt. Am Beginn des Holozäns, dem jüngsten bis heute andauernden Zeitabschnitt der Erdgeschichte, zog sich das Wildpferd in die Steppen Zentralasiens zurück. Als domestiziertes Tier fand es vor etwa 3500 Jahren den Weg zurück nach Europa.

Der Steppenbison war in der Eiszeit ein sehr weit verbreitetes Herdentier und bestens an die offene, kalte Steppenlandschaft angepasst. Gemeinsam mit den Wildpferden zählt er zur am häufigsten dargestellten Tierart der paläolithischen Kunst.

Eine weitere charakteristische Tierart der letzten Eiszeit war der Riesenhirsch. Auch er beherrschte die Mammutsteppe der Schwäbischen Alb.

Jagen und Sammeln – Überleben in der Steinzeit

Bevor die Menschen vor rund 10 000 Jahren zu Ackerbau und Viehzucht übergingen, entnahmen sie alles, was sie zum Leben brauchten, der Natur. Man ging auf die Jagd und sammelte Pflanzen, Eier, Honig, Schnecken und was sonst an Essbarem den Weg der Menschen kreuzte. Gesellschaften, die auf diese Weise ihren Lebensunterhalt bestreiten, nennt man Jäger und Sammler oder auch Wildbeuter.

Die Jagd lieferte fast alles, was man zum Überleben brauchte. Das Fleisch und das nahrhafte Fett waren besonders begehrt. Aus den Häuten ließen sich Leder und Pelze gewinnen, die zu Kleidung verarbeitet wurden und besonders in den kalten Wintermonaten überlebensnotwendig waren. Die Sehnen dienten als Schnüre und die Knochen und Geweihe als Rohmaterial für Werkzeuge. Aus dem Talg konnten Lampen oder Salben hergestellt werden. Ein erlegtes Tier lieferte somit die Bausteine des Überlebens: Nahrung, Kleidung, Baumaterial und Werkzeuge. Fische als Nahrungsquelle wurden regelmäßig erst vom modernen Menschen genutzt. Das Sammeln von Pflanzen, Eiern, kleinen Tieren, Honig und Pilzen war an der Tagesordnung. Pflanzen fanden als Nahrung, Rohmaterial und Medizin Verwendung. Pflanzliche Nährstoffe sind besonders wichtig für eine ausgewogene Ernährung, da beispielsweise Vitamin C nur in Pflanzen vorkommt. Darüber hinaus haben viele Pflanzen einen medizinischen Wert. Ein schönes Beispiel hierfür liefert die Weide, die den Wirkstoff Acetylsalicylsäure enthält, der im menschlichen Körper schmerzstillend und fiebersenkend wirkt. Dieser Wirkstoff bildet heute die Basis von Aspirin.

Holz spielte eine wichtige Rolle als Baumaterial für Behausungen, in der Werkzeug- und Waffenherstellung und als Brennmaterial. In den Kaltzeiten aber war Holz Mangelware und deshalb sehr begehrt. Tierknochen dienten daher häufig als Ersatzmaterial. Der hohe Fettanteil mancher Knochen machte sie zu einem guten Brennstoff. Aus Russland kennen wir sogar Hütten, die ganz aus

15 Rentierjagd im Brudertal

Mammutknochen aufgebaut waren. In der Vogelherdhöhle wurde ein wandartiger Einbau aus Mammutknochen gefunden. Man interpretiert diesen Knochenhaufen als Mauer, die den Eingang schützte. Sie stammt aus der Zeit vor rund 40 000 Jahren und ist der älteste Nachweis von Bauten aus Mammutknochen.

Die Uhr der Eiszeitjäger

Die Abhängigkeit von in der Natur vorkommenden Ressourcen führt dazu, dass man flexibel auf die Umweltbedingungen reagieren muss. So waren verschiedene pflanzliche als auch tierische Ressourcen nur saisonal nutzbar. Wandernden Tierherden kann man folgen oder sie an bestimmten, für die Jagd günstigen Stellen abpassen. Bestimmte Ereignisse im Jahresverlauf beeinflussten also den Aufenthaltsort der Menschen. Diese kannten ihre Umwelt gut und nutzten die jeweils gegebenen Bedingungen. Man war also stets mobil und darauf angewiesen, immer wieder den Siedlungsplatz zu wechseln. Da sich diese Jäger- und Sammlergemeinschaften selten länger als einige Monate an einem Platz aufgehalten haben, war es auch unnötig, feste Häuser zu bauen. Für ein mobiles Leben sind Zeltkonstruktionen, die schnell auf- und wieder abgebaut werden können, viel sinnvoller. Fundstellen wie beispielsweise die Schussenquelle bei Bad Schussenried oder der Petersfels bei Engen zeigen eindrücklich, wie solche temporär genutzten Jagdlager aussahen.

Ähnliches gilt auch für die Beschaffung des Rohmaterials. Feuerstein wurde teils über große Entfernungen transportiert, weil man nicht überall über natürliche Vorkommen verfügte. So konnten die Entfernungen, die für die Jagd oder zur Beschaffung neuen Rohmaterials zurückgelegt wurden, mehrere hundert Kilometer betragen.

FUNDSTELLE 6

Die Rentierjäger am Petersfels und in der Gnirshöhle

Engen, Kreis Konstanz

16 Der Petersfels im Brudertal

Ein weiterer wichtiger Fundort, der in die Endphase des Paläolithikums, das Magdalénien (16 000 bis 12 000 vor heute), datiert, ist der Petersfels im Brudertal bei Engen.

Vom Parkplatz folgen wir rechter Hand dem bequemen, leider aber durch recht kleine Schilder ausgewiesenen Rundweg zum Petersfels. Die Höhle ist nicht besonders tief, frei zugänglich und für Erkundungen der engen Felsspalten mit der Taschenlampe bestens geeignet. Das Infoareal und verschiedene Stationen im Eiszeitpark-Petersfels erklären nicht nur Details zur Fundstelle, sondern lassen auch Teile einer eiszeitlichen Landschaft auferstehen. Wer noch Zeit hat, sollte unbedingt dem Weg rechter Hand der Infotafeln für weitere 5 Min. folgen. Nach ca. 200 m führen links Treppenstufen den Hang hinauf zur Gnirshöhle. Diese ist leider verschlossen und nur bei Aktionstagen zu besichtigen.

Gegen Ende der letzten Eiszeit war das Brudertal ein herausragendes Jagdgebiet: Rentierherden zogen hier in den Herbstmonaten auf ihrem Weg Richtung Norden in Scharen durch das Tal. Der leicht erhöht und direkt an einer Engstelle des Tales gelegene Petersfels diente den Jägern als hervorragender Stützpunkt für die Jagd. Von hier aus sowie von den angrenzenden Talhängen konnte man das Wild frühzeitig erspähen. Waren die Tiere erst einmal eingekesselt, hatten die Jäger leichtes Spiel und die Aussicht auf eine großartige Beute.

Verschiedene Grabungen im 20. Jahrhundert erbrachten im gesamten Umfeld der Höhle tonnenweise Tierknochen sowie tausende Feuersteinartefakte. Die Größe des Jagdlagers sowie die große Anzahl an Funden sind einzigartig. Unter ihnen befanden sich auch die für das Magdalénien typischen Geweihgeräte wie Pfrieme, Ahlen, Nähnadeln sowie Harpunen, Speerschleudern und Lochstäbe. Letz-

> 🚗 Über A 81 Stuttgart-Singen, Ausfahrt 39 Engen. Von hier aus der Beschilderung folgend, geht es direkt zum Wanderparkplatz im Brudertal.
>
> 🧭 47°51′40.7″N, 8°48′20.7″E
>
> 🕐 Gehzeit einfach bis zur Höhle 15 Min. Rundweg mit Abstecher zur Gnirshöhle ca. 1–½ Stunden.
>
> ♿ Peterfels barrierefrei
> Gnirshöhle verschlossen und nicht barrierefrei
>
> ❗ Besuchen Sie das Städtisches Museum Engen. In einer Dauerausstellung sind archäologische Fundstücke der Umgebung ausgestellt, welche über das Leben der Jäger und Sammler vor 15 000 Jahren informieren. U. a. wird die berühmte „Venus von Engen" gezeigt!

tere Gerätetypen waren teils reich, u. a. mit Ritzzeichnungen von Rentieren, verziert.

Herausragend sind ebenso die vielen Schmuckgegenstände. Darunter vor allem die Gagatfiguren. Diese meisterhaft aus fossilem Holz (Gagat) geschnitzten Figuren sind im Gegensatz zu anderen Venus- oder Frauenfiguren – wie zum Beispiel der Venus von Willendorf – stilisiert und dienten größten Teils als Schmuckanhänger. Ähnliche Funde sind auch vom Kesslerloch oder der Schussenquelle bekannt, so dass ein reger Austausch der eiszeitlichen Jäger und Sammler über große Distanzen anzunehmen ist.

Während gegen Ende der letzten Eiszeit auf den Geweihartefakten eine ausdrucksstarke, realistische Darstellung der Tiere zunimmt, ist später eine Stilisierung der figürlichen Kunst zu beobachten. Die Funde vom Petersfels belegen diesen Kunstwandel eindrucksvoll.

Während der Petersfels nur als vorübergehendes Jagdlager diente, scheint die benachbarte Gnirshöhle zumindest in den Wintermonaten von einigen Menschen als Lagerplatz und Wohnort genutzt worden zu sein. Die Funde, die tief im Inneren der durch enge Gänge verschachtelten Höhle geborgen wurden, zeigen die engen Beziehungen der Bewohner nach Frankreich. Schmuckschnecken, welche teils auch als Kleidungsbesatz dienten, stammten von der nordfranzösischen Atlantikküste. Einige Steinwerkzeuge sind aus Rohmaterial aus dem Pariser Becken gefertigt und lassen erkennen, wie groß der Radius der eiszeitlichen Jäger und Sammler war.

Kleidung – Schutz vor Kälte und Nässe

Das Feuer war nicht der einzige Schutz der Steinzeitmenschen gegen die Kälte. Besonders in der Eiszeit musste der nahezu haarlose Körper des Menschen vor Auskühlung geschützt werden. Dafür reichte ein einfacher Fellumhang in der Regel nicht. Wir müssen davon ausgehen, dass bereits der *Homo heidelbergensis* einfache Kleidungsstücke hergestellt hat. Die ältesten Werkzeuge für die Bearbeitung von Tierhäuten sind 800 000 Jahre alt. Hinweise auf Kleidung liefert auch eine Lausart, die nur in Textilien auftritt und sich vermutlich bereits vor 170 000 Jahren entwickelt hat. Nähutensilien, wie einfache Ahlen sind bereits vom Neandertaler benutzt worden. Die Nähnadel, wie wir sie auch heute noch verwenden, wur-

> **Schon gewusst?!**
> **Feuer – die Überlebensstrategie**
>
> In keinem Lager durfte das überlebensnotwendige Feuer fehlen. Feuer brauchten die Menschen um die Nahrung zuzubereiten, sich vor wilden Tieren zu schützen und um sich in den kalten Jahreszeiten zu wärmen. Bereits vor rund 1 Million Jahren gibt es Hinweise auf Feuernutzung. Für die Besiedlung Mitteleuropas scheint Feuer auch unabdingbar gewesen zu sein, denn auch in einer Warmzeit sind die Winter in unseren Breiten bis heute sehr kalt. Vom Vogelherd auf der Schwäbischen Alb stammt das älteste „Feuerzeug" der Welt. Es handelt sich um eine Pyritknolle (Schwefelkies), die eindeutige Schlagnarben trägt. Schlägt man mit einem Feuerstein an Pyrit, entstehen heiße Funken. Fallen diese auf ein Zundermaterial, das schnell entflammt oder gut glüht, kann man so auf leichte Art ein Feuer entfachen.

de vor rund 20 000 Jahren entwickelt. Sie wurde aus Knochen hergestellt und die Öse diente dazu, den Faden, der aus Haaren, Sehnen oder Tierdärmen hergestellt werden konnte, durchzuziehen. Aus Baden-Württemberg gibt es sehr viele Funde von Nadeln mit Öse. Besonders aus dem Petersfels und der benachbarten Gnirshöhle, die vor rund 15 000 Jahren besiedelt waren, stammen hunderte von Nadeln mit Öse. Viele sind stark poliert und zeigen, dass sie intensiv gebraucht wurden. Dass die Kleidung der Steinzeitjäger äußerst qualitativ und effektiv war, zeigen uns u.a. reiche Bestattungen aus Russland (Sunghir). Die Toten trugen hier, neben einer reichen Ausstattung an Waffen und anderen Grabbeigaben, prachtvolle Leder- und Fellkleidung, besetzt mit Muscheln und anderen Zierobjekten.

17 „Feuerzeug" der Steinzeit

Die Eiszeitjäger der Schwäbischen Alb – Wiege unserer Kultur

Entlang der Donau, also des Hauptausbreitungswegs des *Homo sapiens sapiens*, befindet sich eine der bedeutendsten paläolithischen Fundregionen Europas. Am Rande der Schwäbischen Alb, in der Nähe von Ulm, liegen das Ach- und das Lonetal. Die Höhlen dieser beiden Seitentäler der Donau, in denen sich bereits der Neandertaler gerne angesiedelt hatte, wurden vor rund 40 000 Jahren auch die Heimat anatomisch moderner Menschen. Die wichtigsten Fundstellen aus dieser Zeit sind der Vogelherd und der Hohlenstein im Lonetal, die wir bereits kennengelernt haben, sowie das Geißenklösterle, der Hohle Fels, die Brillenhöhle und der Sirgenstein im Achtal. Sie gelten neben den Bilderhöhlen Frankreichs als die größten archäologischen Schatzkammern der letzten Eiszeit und als Wiege unserer Kultur.

Kunst und Eiszeitschmuck

Merkmale unseres Lebens sind u. a. das Schmücken des eigenen Körpers, das Herstellen von Kunstobjekten und Musikinstrumenten, auf die wir im Folgenden noch zu sprechen kommen. Dies ist im Wesentlichen nur für den anatomisch modernen Menschen belegt. Einige wenige Hinweise auf ästhetisches Empfinden bei früheren Menschenformen gibt es: Faustkeile mit symmetrischen Formen, die Verwendung von besonders attraktiven Rohmaterialien, die weltweit fassbare Faszination für Farbe in Form von Ocker und das Aufsammeln von kuriosen Objekten, wie z. B. Fossilien, sind bereits seit der Zeit des *Homo erectus* belegt. Doch erst der anatomisch moderne Mensch liefert eindeutige Hinweise auf symbolisches Verhalten. So kommen vor rund 70 000 Jahren in Afrika durchlochte Meeresschneckenschalen und erste einfache geritzte Muster vor. Doch erst auf der Schwäbischen Alb entwickelten die Menschen vor rund 40 000 Jahren figürliche Kunst und dreidimensional gestaltete Schmuckstücke aus Elfenbein. Daneben fanden sich hunderte von Schmuckstücken, meist aus Elfenbein oder aus Tierzähnen hergestellt. Die dominierende Form ist die sogenannte doppelt durchlochte Perle, die ausschließlich auf der Schwäbischen Alb vor rund 40 000 bis 35 000 Jahren hergestellt wurde.

Die Figur des Löwenmenschen, eine Mischung aus Tier und Mensch, zeigt uns die bisher ältesten Hinweise auf religiöse Vorstellungen. Diese Phänomene treten dann kurz darauf auch in anderen Regionen auf, so beispielsweise in der bekannten Bilderhöhle in der Ardèche (Frankreich), der Grotte Chauvet.

Hinweise auf Höhlenmalereien aus Baden-Württemberg gibt es kaum. Einige Kalksteinbrocken mit geringen Farbspuren könnten von den

18 Die Venus vom Hohle Fels

Figürliche Kleinkunst ganz groß

Vier Fundstellen der Schwäbischen Alb sind hier von herausragender Bedeutung: Geißenklösterle und Hohle Fels im Achtal sowie Vogelherd und Hohlenstein-Stadel im Lonetal. Diese vier Fundstellen haben die ältesten figürlichen Kunstwerke der Menschheit geliefert. Es handelt sich hierbei um kleine, aus Mammutelfenbein geschnitzte Figuren. Die bekanntesten davon sind sicherlich das Pferd und das Mammut vom Vogelherd, der „Adorant" aus dem Geißenklösterle (die älteste Menschendarstellung weltweit), die Venus vom Hohle Fels und der Löwenmensch aus dem Hohlenstein-Stadel. All diese Kunstwerke zeugen von hohem technischem Wissen sowie einer kulturell geprägten Gesellschaft.

Zwei dieser Fundstellen, nämlich die Vogelherdhöhle – heute ausgewiesener Archäopark – sowie das Höhlenmassiv des Hohlenstein-Stadel im Lonetal liegen dicht beieinander und bieten sich gut für eine Tagestour in das Tal der Eiszeitkünstler an.

Höhlenwänden abgeplatzt sein, so wie ein Stück aus dem Geißenklösterle, welches mit den Farben Rot, Schwarz und Ocker bemalt ist. Vermutlich haben sich Wandmalereien, wenn sie denn vorhanden waren, nicht erhalten, da in unseren Breiten der Frost die Höhlenwände von der letzten Eiszeit bis heute stark angegriffen hat.

Eine andere Kunstgattung, die am Ende der letzten Eiszeit in Baden-Württemberg belegt ist, sind die sogenannten bemalten Steine. Aus dem Hohle Fels im Achtal stammen einige Stücke, die teils mit Punktreihen oder mit breiten, parallelen Streifen in Rot bemalt sind. Es ist auch ein Knochenfragment mit einer solchen Bemalung bekannt. Im Lonetal sind solche Objekte in der Kleinen Scheuer am Hohlenstein gefunden worden, allerdings datieren sie dort etwas später und belegen eine kontinuierliche Tradition vom Magdalénien bis zum Spätpaläolithikum. Die Steine wurden vermutlich absichtlich zerbrochen, denn keines dieser Objekte ist ganz erhalten, was bei dem doch harten und ausdauernden Material verwundert.

> **Schon gewusst?!**
> **Rötel – der Farbstoff der Steinzeit!**
>
> Rötel, der blutrote Farbstoff der Steinzeit, besteht aus dem schwarz bis rotbraunen, undurchsichtigen Gestein Hämatit. Dieses kommt weltweit sehr häufig vor und ist sogar auf dem Mars zu finden! Es ist wohl der älteste bekannte Farbstoff und er erfreute sich schon in der mittleren Altsteinzeit großer Beliebtheit. Zu Beginn seiner Nutzung wohl durch Abschaben gewonnen, ist der fachmännische Abbau seit über 20 000 Jahren in Europa nachgewiesen. Rötel diente in pulverisierter Form als „Schminke" zur Körperbemalung sowie als „Malfarbe" für viele Höhlenmalereien oder Ritzungen. Aber auch im Bestattungsritus spielte Rötel eine bedeutende Rolle. Seit dem Jungpaläolithikum ist die Beigabe oder Verzierung mit Rötel bei Bestattungen bekannt. Ob Rötel, wie manche Wissenschaftler behaupten, auch als „Steinzeit-Henna" zum Haarfärben Verwendung fand, bleibt umstritten.

FUNDSTELLE 7

Archäopark Vogelherd – Kunst und Musik im Lonetal

Niederstotzingen-Stetten, Kreis Heidenheim

19 Das Gelände im Archäopark Vogelherd

Eine schöne halb- bis ganztägige Höhlentour zu steinzeitlichen Fundplätzen bietet das Lonetal zwischen Nerenstetten und Niederstotzingen im Landkreis Heidenheim. Diese Tour kann gut zu Fuß oder mit dem Fahrrad bewältigt werden, ist aber auch mit dem Auto in einzelnen Etappen möglich. Wir beginnen die Höhlentour am sogenannten Vogelherd bei Niederstotzingen. Da das Umfeld der Höhle in den letzten Jahren zum Archäopark ausgebaut wurde und einiges an Informationen und Entdeckungen für die Besucher bereit hält, sollte man ein wenig mehr Zeit einplanen. Der Eintritt in den Park lohnt sich jedoch schon allein der Höhle selbst wegen. Am Hang direkt über dem Tal gelegen, öffnet sie den Blick in die Vergangenheit und entführt den Besucher in eine eiszeitliche Steppentundra, durch welche sich einst Mammut- und Wildpferdherden bewegten und den Jägern eine optimale Möglichkeit zur Jagd bot.

- A 7 Würzburg/Ulm, Ausfahrt 118 Niederstotzingen auf die L 1168 in Richtung Niederstotzingen. Ca. 1,6 km nach dem Ortsausgang Bissingen befindet sich nach der Überquerung der Lone links der Straße ein großer Parkplatz.
- 48°33'31"N, 10°11'39"E
- Halbtagestour
- Leider nur teilweise barrierefrei
- Archäopark Vogelherd, Am Vogelherd 1, 89168 Niederstotzingen-Stetten, Tel. 07325/ 9528000, info@archaeopark-vogelherd.de, www.archäopark-vogelherd.de. Öffentliche Führungen: So. u. feiertags 13–15.30 Uhr. Bei größerer Nachfrage auch samstags.

Vom Parkplatz aus führt ein Fußweg in wenigen Minuten direkt zur Fundstelle. Der Vogelherd ist nur durch den Archäopark zugänglich. Dieser umschließt die Fundstelle und informiert mit einem Freigelände und einer Ausstellung über die Fundstelle und das Lonetal. Auf einem Rundweg kann der Besucher die Höhle und ihre Umgebung erkunden und erhält spannende Informationen. Im Museum sind übrigens das 2006 entdeckte Mammut und die Löwenfigur im Original zu sehen!

Der Vogelherd ist weltberühmt für seine steinzeitlichen Kleinplastiken. Die Vogelherdhöhle ist zwar nicht besonders groß, scheint aber ein beliebter Siedlungsplatz für die Jäger und Sammler der Altsteinzeit gewesen zu sein. Die Schichtabfolge zeigt eine regelmäßige Besiedlung vom Neandertaler bis zum *Homo sapiens sapiens*. Die Höhle besitzt drei Eingänge. Der südwestliche Eingang hält für den Besucher eine Besonderheit bereit. Direkt links neben dem Eingang befindet sich an der Höhlenwand eine glänzende Stelle. Es handelt sich um einen sogenannten Bärenschliff. Hier haben Höhlenbären den Felsen im Laufe der Zeit im Vorbeigehen mit ihrem Fell blank poliert.

Vor allem die Kleinplastiken aus der Zeit des ältesten Jungpaläolithikums, dem Aurignacien (36 000 bis 30 000 Jahre vor heute), machten die Vogelherdhöhle weltweit berühmt. Die Darstellungen des bekannten Vogelherd-Wildpferdchens sowie von Mammut, Bison, Höhlenbär, Höhlenlöwe und weiteren Tieren, welche hier gefunden wurden, stammen aus der Zeit, als der *Homo sapiens sapiens* zum ersten Mal hier bei uns auftritt. Sie zeigen, in welch enger Weise die Menschen damals noch mit ihrer Umwelt verwurzelt waren und welche Bedeutung vor allem die Tiere für sie gehabt haben müssen. Und zeigen gleichzeitig, welch große Könner ihres Handwerks die Menschen zu dieser Zeit gewesen sind. Die Elfenbeinfigürchen vom Vogelherd sind im Original teils im Tübinger Schlossmuseum, teils vor Ort zu besichtigen.

Bei den seit 2005 bis heute andauernden Nachgrabungen am Vogelherd wurden neben dem Sensationsfund der vollständigen Mammutplastik auch die Fragmente einer Knochenflöte sowie zweier Elfenbeinflöten entdeckt, welche zu den ältesten der Welt gehören.

Schon gewusst?!
Zelte, Höhlen und Felsdächer

Da sich die Siedlungsreste der paläolithischen Menschen besonders gut in Höhlen oder unter Felsdächern erhalten, graben Archäologen gern an diesen Stellen. Doch wissen wir, dass sich die Menschen damals vornehmlich im Freiland bewegt haben müssen, da Höhlen nicht überall vorhanden sind. Dort baute man dann die verschiedensten denkbaren Zeltkonstruktionen als Behausung auf. Diese vorübergehenden Lager werden aber nur sehr selten und meist per Zufall entdeckt. So im Falle der etwas jüngeren Freilandstation Rottenburg-Siebenlinden – heute leider vollständig überbaut – oder der jüngst endeckten Station von Börslingen (Alb-Donau-Kreis). Waren Höhlen oder Felsdächer vorhanden, wurden sie aber gern genutzt. So finden wir besonders in der Karstlandschaft der Schwäbischen Alb sehr viele Höhlenfundstellen des Neandertalers und des anatomisch modernen Menschen.

FUNDSTELLE 8

Der Hohlenstein-Stadel – Von Steinzeitkunst zum Steinzeitkrimi

Asselfingen, Alb-Donau-Kreis

20 Das Hohlensteinmassiv

Nach dem Besuch der Vogelherdhöhle begeben wir uns auf den Weg zum Hohlensteinmassiv. Diese Höhlenfundstelle wurde vor allen Dingen durch den Löwenmenschen bekannt, der in der größten Höhle, dem Hohlenstein-Stadel, gefunden wurde. Es handelt sich um das bislang älteste Tier-Mensch-Mischwesen der Welt – sein Alter: 40 000 bis 35 000 Jahre! Unglaublich, was dieser Steinzeitkünstler damals schuf, und unglaublich ist auch die 40-jährige Forschungsgeschichte, die fast schon einem Steinzeitkrimi gleichkommt.

Wir lassen das Auto am besten am Parkplatz beim Vogelherd stehen und wandern gemütlich weiter entlang der Lone zum Hohlenstein. Nach ca. 2 km erreichen wir die Abzweigung zum Hohlenstein. Das aus drei Höhlen bestehende Felsmassiv ist schnell erreicht und ist die letzte Etappe unserer Höhlenwanderung im Lonetal.

Der Hohlenstein setzt sich aus drei Höhlen zusammen: der Stadelhöhle, der Bärenhöhle und dem Ostloch. Zwischen der Stadel- und der Bärenhöhle befindet sich die Kleine Scheuer, aus der

21 Der Löwenmensch vom Hohlenstein-Stadel

auch noch steinzeitliche Funde geborgen wurden. Sowohl aus dem Hohlenstein-Stadel als auch aus der Bärenhöhle sind bereits Funde aus der Zeit des Neandertalers, also von vor rund 100 000 bis 50 000 Jahren bekannt. Sogar einer der wenigen Knochenfunde eines Neandertalers, ein Oberschenkelknochen, wurde hier entdeckt. Aus allen drei Höhlen sind jedoch auch Steinwerkzeuge und Tierknochen bekannt, welche in die Phase der letzten Eiszeit datieren, also dem *Homo sapiens sapiens* zugeordnet werden können. Und auch noch aus den Zeiten der Wiederbewaldung, also des Mesolithikums, sind Funde bekannt. Unter den üblichen Werkzeugfunden befanden sich über 10 000 Höhlenbärenknochen sowie die weltberühmte Figur des sogenannten Löwenmenschen. Erst vor kurzem gelang es Forschern und Restauratoren, alle der seit ihrer Entdeckung 1969 mehrmals falsch und unvollständig zusammengesetzten Fragmente der Figur nun zu einer fast vollständigen, knapp 30 cm großen Figur zusammenzusetzen. Der Löwenmensch ist aus einem einzigen Stück eines Mammutstoßzahns gefertigt. Der Künstler – nicht der Neandertaler sondern der bereits anatomisch moderne Mensch – mag wohl Wochen oder sogar Monate daran gesessen haben. Das Geschlecht des Wesens ist nicht eindeutig bestimmbar. Kopf, Körper und Pranken sind tierisch, Beine und Haltung hingegen menschli-

Schon Gewusst?! Der Löwenmensch – ein Steinzeitpuzzle

1939 fanden am Hohlenstein-Stadel erste Grabungen statt. Die Grabungsfunde überdauerten den Zweiten Weltkrieg in Tübingen. 1956 übereignete der einstige Grabungsleiter Robert Wezel sämtliche Funde seiner Forschungen im Lohnetal dem Ulmer Museum, in welchem die Stücke weitere zehn Jahre unbeachtet auf ihre Auswertung warten. Erst 1969 entdeckte der Tübinger Archäologe Joachim Hahn bei der Inventarisierung der Funde vom Hohlenstein-Stadel einzelne Elfenbeinsplitter zwischen den übrigen Funden. Ein Steinzeitpuzzle begann und aus über 200 Einzelsplittern entstand eine fast 30 cm große Elfenbeinfigur mit tierischen und menschlichen Zügen. Löwe oder Bär? Das konnte zu diesem Zeitpunkt nicht festgestellt werden. Erst als durch Zufall weitere Fragmente der Figur auftauchten, wurde das Rätsel gelöst. Nach Vervollständigung des Kopfes war klar: es handelte sich um einen Löwenmenschen. 2010 brachten Nachgrabungen am Hohlenstein-Stadel eine weitere Sensation zu Tage. Im Abraum der Grabung von 1939 konnten weitere Fragmente des Löwenmenschen geborgen werden. Sie waren einfach zum „Abfall" geraten. So konnte, nach erfolgreicher „Schnitzeljagd", die Statuette 2012 in aufwendiger Arbeit nahezu vollständig zusammengesetzt werden.

cher Art. Sicherlich spiegelt dieses Mischwesen das komplexe Zusammenspiel zwischen Mensch und Natur der Eiszeit wieder. Ob es sich wohl um ein Einzelstück handelte, das als eine große, bedeutsame Kultfigur diente? Da wir keine genaueren Hinweise auf den Gebrauch des sogenannten Löwenmenschen haben, können wir nur mutmaßen.

Im Unterschied zu den Höhlen in Frankreich und in Spanien, haben wir es in den Höhlen der Schwäbischen Alb fast ausschließlich mit Kleinkunst, nicht mit Höhlenmalerei zu tun. Einer der wenigen Hinweise auf Bemalung stammt ebenfalls aus der kleineren Höhle am Hohlensteinmassiv, der Kleinen Scheuer. Hier wurde zumindest ein bemalter Kiesel gefunden, dessen aus drei roten Punktreihen bestehende Doppellinien bislang nicht gedeutet werden konnten. Ähnliche Steine sind aus dem Geißenklösterle und dem Hohle Fels im Achtal bekannt.

Wer möchte, kann an der Abzweigung am Hohlensteinmassiv noch einen Abstecher nach Lindenau unternehmen. Dort befindet sich neben dem netten Biergarten der Gaststätte „Zum Schlössle" auch die „Höhle des Löwenmenschen". Das kleine, 2007 eröffnete Museum informiert rund um die bedeutende Elfenbeinfigur und ist gleichzeitig Infopunkt zum Lohnetal sowie dem Geopark Schwäbische Alb. Aber Achtung: Das Original des Löwenmenschen befindet sich im Ulmer Stadtmuseum!

Die älteste Musik der Welt?

Mit dem Auftreten von Kunst und Schmuck finden wir auch die ältesten Musikinstrumente der Welt. Es handelt sich um Flöten, die aus Vogelknochen oder Mammutelfenbein hergestellt wurden. Diese wurden am Hohle Fels und im Geißenklösterle im Achtal gefunden. Des Weiteren sind aus anderen Fundstellen Schwirrhölzer sowie auch ein vermeintlicher Mundbogen, der ebenfalls am Geißenklösterle geborgen wurde, be-

> Der Hohlenstein befindet sich in der Nähe von Asselfingen und ist nur zu Fuß oder mit dem Fahrrad erreichbar. Das Auto also am besten am Wanderparkplatz bei der Vogelherdhöhle (zwischen Oberstotzingen und Bissingen) oder am Parkplatz zwischen Öllingen und Bissingen direkt im Lonetal abstellen.
>
> Alternativ bietet sich auch der Waldparkplatz bei Rammingen-Lindenau an. Von dort geht es zu Fuß hinab ins Lonetal.
>
> Der Hohlenstein ist frei zugänglich. Die beiden Höhleneingänge sind jedoch vergittert.
>
> 48°32'57"N, 10°10'22"E
>
> Vom Vogelherd ist der Hohlenstein zu Fuß in knapp 30 Min. erreichbar. Mit einem Abstecher hinauf nach Lindenau zur Höhle des Löwenmenschen sollten sie gut 2 Stunden einplanen.
>
> Nur bedingt barrierefrei
>
> Geopark Infostelle Lonetal – Höhle des Löwenmenschen, In der ehemaligen Mönchsklause Lindenau, 89192 Rammingen, Tel. 07345/91250 (Gemeinde), www.lonetal.net. Geöffnet: April–Oktober: Di.–So. 10–18 Uhr. In den Wintermonaten auf Anfrage geöffnet.
>
> Der Höhlenfundplatz am Hohlensteinmassiv kann als Tagesausflug auch gut mit der Bockstein- und/oder der Fohlenhaushöhle im Lonetal verbunden werden. Die Tour folgt dem Flusslauf und ist an schönen Tagen als Tagestour auch mit Kindern lohnenswert!

22 Gänsegeierknochenflöte

Schon gewusst?!
Kleines Lexikon der steinzeitlichen Flötenherstellung

Anscheinend gab es in der Altsteinzeit verschiedene Arten der Flötenherstellung. Deren Erschaffer müssen allesamt große Meister ihres Faches gewesen sein. Vor allem die im Geißenklösterle gefundene Flöte aus Mammutelfenbein stellt ein Meisterstück eiszeitlicher Schnitzkunst dar. Während Vogelknochen, der zum Bau der anderen steinzeitlichen Flöten verwendet wurde, von Natur aus hohl ist und sich daher bestens zur Herstellung eignet, haben wir es bei Elfenbein mit einem äußerst schwer zu bearbeitenden Material zu tun. Daraus eine Hohlform zu schnitzen, ist auch für experimentelle Archäologen heute fast unmöglich und zeugt von hohem technischem Können. Auch die Erforschung der Töne paläolithischer Flöten spiegelt eine erstaunliche Vielfalt und Vollendung der Klangwelten zu dieser Zeit wieder.

legt. Auch ein bearbeitetes Stück Rentiergeweih aus der Brillenhöhle, welches stark an einen Geweihtrommelschlägel aus Sibirien erinnert und durchaus als solcher genutzt worden sein könnte, liefert einen weiteren möglichen Hinweis auf eine bestehende Musiktradition. Damit können wir auf der Schwäbischen Alb vor 40 000 Jahren den Beginn unserer modernen Kultur fassen. Figürliche Kunst, Schmuck und Musik sind seit dieser Zeit ein kontinuierlicher Bestandteil des menschlichen Lebens.

Eine Reise ins Steinzeit-Künstlerviertel Achtal

Begibt man sich auf die Spuren von Neandertalern und Eiszeitjägern, so ist, neben den Höhlenfundplätzen des Lonetals, ein unbedingtes Muss auch der Besuch der Höhlen im Achtal zwischen Blaubeuren und Schelklingen.

Der Ausgangspunkt dieser Tour ist das Urgeschichtliche Museum im Zentrum Blaubeurens. Hier bekommt der Besucher gleich zu Anfang einen willkommenen Einblick in die Zeit und das Alltagsleben der Steinzeitjäger. Das Museum wurde in den letzten Jahren neu gestaltet und viele Rekonstruktionen und interaktive Stationen laden auch kleine Besucher zum Eintauchen in eine vergangene Zeit ein. Hier darf gefühlt und gehört werden. Letzteres vor allem in der Abteilung der Eiszeitkunst, wo leise Flötentöne der frühesten Musikinstrumente aus Schwanenknochen den Besucher ganz in den Bann unserer wohl frühesten Kunstschätze ziehen.

 Urgeschichtliches Museum Blaubeuren, Kirchplatz 10, 89143 Blaubeuren. Tel. 07344/966990, *info@urmu.de*, www.urmu.de. Öffnungszeiten: März–November: Di.–So. 10–17 Uhr. Dezember–März: Di. u. Sa. 14–17 Uhr, So. 10–17 Uhr. Auf Anfrage auch Führungen auch außerhalb der Öffnungszeiten.

 Das Museum bietet ein tolles museumspädagogisches Programm, Sonderführungen und Vortragsreihen!

FUNDSTELLE 9

Die Brillenhöhle – Jäger im Achtal

Blaubeuren, Alb-Donau-Kreis

23 Blick in die Brillenhöhle

Nach einem Besuch im Urgeschichtlichen Museum Blaubeuren, das uns einen ersten Eindruck und Überblick über das steinzeitliche Geschehen im Achtal liefert, gehen wir entweder zu Fuß in Richtung Brillenhöhle oder aber fahren schneller mit dem Auto. Die Brillenhöhle erhielt ihren Namen aufgrund ihrer zwei Löcher im Kuppeldach der Höhle. Hier beginnt unsere Reise zurück in die Steinzeit, als Jäger und Sammler das Tal fest im Griff, oder sollten wir lieber sagen fest im Blick hatten. Neben Kunst- und Musikgegenständen sind es vor allem Feuerstein-, Knochen- und Geweihgeräte als Hinterlassenschaften, die auch in der Brillenhöhle zuhauf gefunden wurden. Und selbst wenn die Höhle nicht frei zugänglich ist, so lohnt sich doch ein Ausflug hinauf ins Felsenlabyrinth.

Am Wanderparkplatz angekommen, folgen wir dem nach ca. 100 m ausgeschilderten Fußweg in Richtung Brillenhöhle, Felslabyrinth, Günzelsburg, Seißen. Der Weg geht zunächst steil den Berg hinauf. Oben angekommen halten wir uns links bis wir auf eine Bank treffen. Danach führt der Weg über Stufen direkt zur Höhle. Eine andere Wegvariante ist über Weiler möglich. Dort gibt es ca. 200 m nach dem Ortseingang weitere Parkmöglichkeiten an der Straße. Von hier geht ebenfalls ein Weg nach ca. 200 m an einer kleinen, sehr nett gelegenen Grillstelle vorbei, steil den Berg hinauf. Oben trifft man auf den Hauptweg zum Felsenlabyrinth. Um zur Brillenhöhle zu gelangen, halten wir uns rechts. Nach ca. 100 m erreichen wir die Stufen zur Höhle, die leider aus Sicherheitsgründen durch ein Gitter verschlossen ist. Besichtigungen sind nur im Rah-

> Wer den ganzen Weg von Blaubeuren nicht zu Fuß unternehmen möchte (ein Flyer mit Wanderkarte zu den Höhlen ist im Museum erhältlich) fährt mit dem Auto: A 8/A 7 über die B 10 nach Ulm und weiter auf der B 28 nach Blaubeuren. Von Blaubeuren geht es weiter auf der B 492 Richtung Ehingen. Direkt nach dem Ortsausgang von Blaubeuren befindet sich rechter Hand ein Wanderparkplatz
>
> 48°24'19"N, 9°46'40"E
>
> 1 Stunde
>
> Der Weg ist nicht barrierefrei und im Winter nicht empfehlenswert. Achtung: In beiden Fällen ist der Weg sehr steil und es ist unbedingt auf die Beschilderung zu achten.
>
> Ein Besuch des Felsenlabyrinths lohnt sich mit Kindern auf alle Fälle, wenngleich auch hier Vorsicht geboten ist.

men der museumspädagogischen Veranstaltungen des Urgeschichtlichen Museums Blaubeuren möglich.

Die Brillenhöhle ist eine Kuppelhöhle mit kurzem Gang, auf den eine geräumige Halle folgt. Die zwei Deckendurchbrüche in Form einer Brille gaben der Höhle ihren Namen. Auch hier wurden archäologische Grabungen durch Gustav Riek vorgenommen. Diese erbrachten mehrere Siedungsschichten der jüngeren Altsteinzeit (Jungpaläolithikum). Neben Feuersteingeräten, wie Spitzen, Kratzern, Sticheln, Bohrern und den für das Magdalénien (etwa 16 000 bis 12 000 Jahre vor heute) typischen Rückenmesser, sind auch Knochen- und Geweihgeräte keine Seltenheit. Hierzu gehören Harpunen und Geschossspitzen, Ahlen und Pfriemen sowie Nähnadeln mit Öhr. Sogar ein Trommelschlägel konnte geborgen werden. Der Vergleich der „Werkzeugkästen" wie auch der verwendeten Rohmaterialien der Brillenhöhle, des benachbarten Geißenklösterles, des Hohle Fels und auch des Sirgensteins ergaben eine zeitgleiche Besiedlung der Höhlen im Achtal.

Neben den vielen Werkzeugfunden wurden auch zwei Steineinbauten im Inneren der Höhle entdeckt. Hinzu kam eine große Anzahl an teils durch Steinsetzungen gefassten Feuerstellen aus der Zeit des Gravettien (29 000 bis 22 000 vor heute) und des darauf folgenden Magdaléniens. Neben den Stein- und Knochenwerkzeugen wurden auch Lochstäbe aus Mammutelfenbein sowie tropfenförmige Elfenbeinanhänger, Perlen, Knochenröhrchen und durchbohrte Tierzähne gefunden. Einige gekerbte Elfenbeinstäbchen stellen wohl unfertige Schmuckrohlinge dar. Das zeigt, dass die Schmuckgegenstände teils direkt vor Ort hergestellt wurden.

Zur Beute der Jäger gehörten Mammut, Wildpferd, Rentier, Wildrind, Rothirsch, Wolf, Eis- und Rotfuchs. Erfolgreich scheint auch die Jagd auf Schneehühner und Schneehasen gewesen zu sein, was sich anhand der Knochenabfälle nachweisen lässt. Weitere Tierknochenfunde zeigen, dass auch der Höhlenbär die Brillenhöhle als bevorzugtes Winterquartier genutzt zu haben scheint. Die Jäger und Sammler hingegen bewohnten die Höhle in den warmen Sommermonaten.

Die in der Höhle geborgenen menschlichen Skelettreste mit Schnittspuren sind, wie lange Zeit behauptet, kein Hinweis auf Kannibalismus, sondern vermutlich einfache Nachbestattungen.

> **Schon gewusst?! Was geschah mit den Toten?**
>
> Einzelne Funde belegen, dass schon der Neandertaler seine toten Angehörigen liebevoll mit Kleidung, Schmuck und dem roten Farbstoff „Rötel" bestattete. Erst in der jüngeren Altsteinzeit häuften sich jedoch die Bestattungen. In verschiedenen Höhlen fanden sich menschliche Knochen mit Schnittspuren im Bereich des Kopfes sowie anderer Gliedmaßen. Es scheint, als wenn die Toten unmittelbar nach deren Ableben zerteilt und bewusst dort niedergelegt wurden. Vermutlich hat man zu einem späteren Zeitpunkt die Knochenreste bzw. Schädel gesammelt und an einer anderen Stelle zusammen mit anderen Verstorbenen erneut bestattet. Auch wenn dieser Ritus in unseren Ohren komisch klingen mag, ist er dennoch weit entfernt von Kannibalismus und zeugt von einer bewussten Auseinandersetzung mit dem Tod.

FUNDSTELLE 10

Das Geißenklösterle – Bison, Mammut und Höhlenbär

Blaubeuren, Alb-Donau-Kreis

24 Das Geißenklösterle

Seit der mittleren Altsteinzeit scheint das Geißenklösterle immer wieder zu Siedlungszwecken genutzt worden zu sein. Vor allem im Zeitraum um 49 000 bis 29 000 vor heute (dem sogenannten Aurignacien) wurde die Höhle längere Zeit und – wie die dicke Schicht an Holzkohle im Bereich der ganzen Höhle anzeigt – intensiv bewohnt. Interessant ist hierbei, dass das für die Werkzeugherstellung genutzte Rohmaterial zum größten Teil nicht aus der Region stammt, sondern von den Jägern und Sammlern importiert wurde.

Neben diversen Schmuckanhängern, fanden die Forscher auch drei vollplastische Tierfiguren von Höhlenbär, Mammut und Bison. Das wohl aber interessanteste Stück ist der sogenannte Adorant. Es handelt sich um ein Flachrelief einer Menschendarstellung aus Elfenbein. Auf der Rückseite sind zwei Punktreihen zu erkennen, deren Funktion bis heute nicht eindeutig geklärt werden konnte.

Von der Brillenhöhle führt uns der Weg weiter zum Geißenklösterle. Fährt man mit dem Auto, so führt

25 Der Adorant vom Geißenklösterle

vom Parkplatz ein steiler Fußweg bergan, vorbei an der Gedenktafel Joachim Hahns. Nach zwei Kehren gelangen wir zu einer Weggabelung und halten uns rechts, bis wir auf einen Treppenweg stoßen. Von hier geht es linker Hand weiter den Hang hinauf direkt zur Höhle.

🚌 Den Ort Weiler verlassend auf der B 492 weiter in Richtung Ehingen. In der Mitte von Weiler links in die Bruckfelsstraße abbiegen. Dann geht es wieder links über die Ach. Hier befindet sich ein großer Wanderparkplatz direkt unterhalb der Höhle.

🧭 48°23'54"N, 9°46'20"E

🕐 Gehzeit insg. 20 Min.

♿ Nicht barrierefrei, im Winter nicht zu empfehlen

❗ Achtung! Das Geißenklösterle ist vergittert und kann nur an bestimmten Aktionstagen, zum Beispiel dem Tag der Offenen Höhle (jeweils der letzte Sonntag in den Sommerferien Baden-Württembergs) besichtigt werden. Wegen der geringen Tiefe der Höhle, ist die Fundstelle von außen aber trotz des Gitters gut einsehbar.

Das Geißenklösterle ist bereits seit den 50er-Jahren des 20. Jahrhunderts als archäologische Fundstelle bekannt. Seit Ende der 50er-Jahre wurden immer wieder archäologische Grabungen und Sondagen durchgeführt. Vor allem die Grabungen unter der Leitung des Tübinger Archäologen Joachim Hahn brachten herausragende Funde zu Tage.

Schnitzereiabfälle wie Elfenbeinspähne oder Retuschierabfälle der Steinwerkzeuge weisen auf eine wohl vor Ort ansässige Kunstproduktion hin.

> **Schon gewusst?!**
> **Schamanismus – Götter, Glaube, Naturwelten**
>
> Als rätselhaft und beeindruckend könnte man den Adoranten vom Geißenklösterle beschreiben. Es handelt sich hierbei um ein menschliches Halbrelief, geschnitzt auf ein kleines Knochenplättchen. Genau wie beim Löwenmensch vom Hohlenstein-Stadel und dem kleinen Löwenmenschen vom Hohle Fels, weist auch der Adorant keinerlei geschlechtsspezifische Merkmale auf. Seinen Namen verdankt er seiner als anbetend zu beschreibenden Haltung mit erhobenen Armen. Handelt es sich hierbei um ein weiteres Mischwesen oder um einen Schamanen? Die Vergleiche zu anderen Naturvölkern legen den Gedanken nahe. Ob die Punktreihen auf der Rückseite des Adoranten astronomische Beobachtungen oder gar einen Mondkalender darstellen, bleibt allerdings genauso ungeklärt wie die Frage nach einer „Steinzeitreligion".

Da die Herstellungsabfälle vermehrt im Bereich der Feuerstellen geborgen wurden, ist anzunehmen, dass man dort zusammensaß, redete und arbeitete. Kurzum gesagt, spielte sich hier das Alltagsleben der Höhlenbewohner ab. Neben der Kunst, scheint wohl auch die Musik zum Mittelpunkt des steinzeitlichen Lebens am Geißenklösterle gehört zu haben. So konnten neben der 2003 aus Fragmenten zusammengesetzten Flöte aus Mammutelfenbein auch zwei weitere Flöten aus Schwanenknochen geborgen werden.

FUNDSTELLE 11

Der Werkzeugkasten vom Sirgenstein

Blaubeuren-Sotzenhausen, Alb-Donau-Kreis

Kurz vor dem kleinen Weiler Sotzenhausen erreichen wir eine weitere bedeutende Höhle: den Sirgenstein. Vom Parkplatz folgt man nach der Hütte rechts einem steilen Trampelpfad den Hang hinauf. Nach 5 bis 10 Min. erreichen wir den großen Felsen mit der Höhle und dem an der Südwand gelegenen Abri (Felsdach) mit einer Sitzgelegenheit und herrlichem Blick über das Tal. Auch für Kinder gibt es hier die Gelegenheit, die Höhle nach Herzenslust mit der eigenen Taschenlampe zu erkunden.

Auf einen 14 m breiten Vorplatz öffnet sich der Sirgenstein nach Südwesten hin zu einer geräumigen Vorhöhle mit natürlichen, aus dem Fels gewaschenen Gewölben und Nischen. Auf diese folgt rechter Hand die Haupthalle mit zwei Deckendurchbrüchen, durch die das geringe Tageslicht den hinteren Höhlenteil in ein schummriges Licht taucht. Während der Grabungen 1906 konnte eine vollständige Schichtabfolge von der jüngeren bis in die mittlere Steinzeit nachgewiesen werden. Das war bis dahin, vor allem im Vergleich mit den französischen Höhlenfundplätzen, ein einzigartiges Ergebnis auf deutschem Gebiet. Es bedeutete gleichzeitig, dass am Sirgenstein Neandertaler und der anatomisch moderne Mensch (*Homo sapiens sapiens*) ohne große zeitliche Unterbrechung nacheinander gesiedelt haben müssen.

Wie bei den meisten anderen Höhlen, lebten die Menschen auch hier im Eingangsbereich der Höhle. Dies bezeugen die vielen Feuerstellen und Fundstücke in diesem Bereich. Anhand der Bearbeitung der Steinwerkzeuge, die am Sirgenstein gefunden wurden, lässt sich nachweisen, dass hier das örtlich vorkommende Feuersteinmaterial direkt weiterverarbeitet wurde. Die Herstellung eines „Werkzeugkastens" hatte gleichzeitig auch längere Aufenthalte der Jäger- und Sammlergruppen am Sirgenstein zur Folge.

26 Fundplatz am Sirgenstein

- Auf der B 492 von Blaubeuren weiter in Richtung Schelklingen. Ca. 5,5 km von Blaubeuren entfernt befindet sich kurz vor der Abfahrt nach Sotzenhausen rechter Hand ein Parkplatz. Der Parkplatz ist leicht an der kleinen Holzhütte und der Notrufsäule zu erkennen.
- 48°23′13.4″N, 9°45′40.3″E
- Insgesamt ca. 30 Min.
- Nicht barrierefrei. Der Weg ist im Winter nicht zu empfehlen. Achtung, auch die Vogelbrutzeiten sind zu beachten!
- Mit Kindern lohnt es, eine Taschenlampe mitzubringen.

1 Willkommen in der Altsteinzeit

FUNDSTELLE 12

Der Hohle Fels – Schmuck, Frau und Musik

Schelklingen, Alb-Donau-Kreis

27 Der Hohle Fels bei Schelklingen

Der Hohle Fels bei Schelklingen ist unsere letzte Höhlenstation im Achtal. Hier ist genug Platz zum Toben und Spielen oder um ausgiebig zu grillen. Viele der bekannten steinzeitlichen Kleinkunstwerke, darunter die Venusfigur vom Hohle Fels oder auch eine Flöte aus Gänsegeierknochen, stammen von hier und sind eindrucksvolle Zeugen einer „mobilen" Eiszeitkunst. Die Höhle ist leider nur mit Führungen zugänglich und ausschließlich sonntags oder nach Voranmeldung geöffnet und im Winter wegen der Fledermäuse, welche die Höhle als Winterschlafplatz nutzen, ganz geschlossen. Dennoch lädt der eindrucksvolle Felsen mit seinem großen Vorplatz zum Verweilen ein.

Vom großen Parkplatz überquert man die Achbrücke und gelangt direkt zum Hohle Fels. Bekannt wurde der Hohle Fels bereits Ende des 19. Jahrhunderts. Die ersten Grabungen zu dieser Zeit unter Oskar Fraas belegten erstmals die Gleichzeitigkeit der eiszeitlichen Tiere mit der Anwesenheit des Menschen und lieferten damit einen wichtigen Beitrag zur Menschheitsgeschichte. Erste wirklich systematische Ausgrabungen ergaben sich leider erst in den 50er-Jahren des 20. Jahrhunderts, nachdem das Höhleninnere immer wieder unsachgemäß umgegraben worden war. Vor allem die planmäßigen Grabungen unter der Leitung von Joachim Hahn in den 70er-Jahren des 20. Jahrhunderts lieferten weitere brauchbare Ergebnisse. Seit 1997 finden jährliche Grabungscampagnen durch den Tübinger Archäologen Prof. Nicholas J. Conard Ph. D. statt, welche weitere eindrucksvolle Fundstücke und Erkenntnisse zur Siedlungsgeschichte am Hohle Fels liefern. Unter den Funden konnten einige wenige Spuren des Neandertalers aus der mittleren Altsteinzeit nachgewiesen werden. Bedeutend und wohl am bekanntesten sind jedoch die Kunstgegenstände der jüngeren Altsteinzeit, die hier neben tausenden Steinwerkzeugen und Knochengeräten gefunden wurden. Zu den bedeutendsten Elfenbeinfiguren gehören ein Pferdeköpfchen, der kleine Löwenmensch sowie der grazil gearbeitete Wasservogel, welcher bei den Grabungen 2008 zu Tage kam. All diese Kunstwerke erreichen ein Alter von 30 000 bis 33 000 Jahren. Von besonderem Interesse ist die 2008 gefundene „Venus vom Hohle Fels". Neben den zahlreichen weiteren Schmuckstücken, welche am Hohle Fels gefunden wurden, gilt dieser kleine Schmuckanhänger in Form einer Frauenfigur aus Elfenbein mit einem Alter von 35 000 bis 40 000 Jahren bislang als älteste menschliche Darstellung weltweit. Das hingegen ebenfalls am Hohle Fels gefundene älteste männliche Kunstfragment hat die Form eines Phallus, diente als Retuscheur für Geweihgeräte und ist etwas jünger als die weibliche Darstellung. Auch eine 22 cm lange Flöte aus Gänseeierknochen kam bei den Grabungen zu Tage. Die acht, mit roten Punktreihen bemalten Steine gehören eindeutig auch zur so bezeichneten „mobil genutzte[n] Kunst", sind aber neben den figürlichen Darstellungen eher als eine Seltenheit zu sehen.

Die vielen Tierknochen lieferten nicht nur Hinweise auf die Fauna und die bevorzugte Jagdbeute der Menschen vom Hohle Fels, sondern gaben sogar darüber Auskunft, zu welchen Zeiten hauptsächlich gesiedelt und gejagt wurde. So konnte nachgewiesen werden, dass die meisten Tiere im Winterhalbjahr erbeutet wurden und somit der Hohle Fels vor allem als Winterlager genutzt wurde. Interessant ist auch der Fund eines Höhlenbärenknochens, in welchem noch eine Steinspitze steckengeblieben war. Diese dient als Nachweis, dass die vermutlich im Winterschlaf überraschten Tiere ebenfalls von Menschen gejagt und, nach den Schnittspuren am Knochen zu urteilen, auch zerlegt wurden.

Die Stilisierung in der Kunst

Aus der Zeit vor rund 30 000 Jahren gibt es zwar weniger figürliche Kunstwerke aus Baden-Württemberg, doch ist eines besonders außergewöhnlich. Ein ca. 20 cm langer, polierter stabförmiger Siltstein weist an einem Ende eine deutliche umlaufende Ritzung auf. So entsteht eine unzweifelhafte Darstellung eines männlichen Geschlechtsorgans. Schlagnarben auf die-

28 Wasservogel

🚌 Auf der B 492 kurz vor Ortseingang Schelklingen von Blaubeuren her kommend die erste Möglichkeit links abbiegen und die Bahnlinie überqueren. Großer Parkplatz vorhanden.

🧭 48°22′45″N, 9°45′14″E

🕐 5 Min. Laufweg vom Parkplatz bis zur Höhle.

♿ Bedingt barrierefrei

🏛 Stadtmuseum Schelklingen, Merowingerstraße, 89601 Schelklingen, Tel. 07394/1640, *blumentritt@museum-schelklingen.de*, www.museum-schelklingen.de. Geöffnet: So. 10–12 Uhr u. 14–16 Uhr. Für Gruppen kann das Museum jederzeit geöffnet werden.

❗ Achtung, die Höhle ist nur vom Mai–Oktober jeden Sonntagnachmittag 14–17 Uhr und nach Absprache mit dem Stadtmuseum Schelklingen geöffnet.

Bringen Sie doch einfach ein gutes Vesper oder ein paar Grillwürstchen mit. An der Grillstelle mit großer Wiese lohnt es sich eine Pause zu machen!

ser Phallusdarstellung belegen, dass dieses Objekt höchstwahrscheinlich als Schlaginstrument bei der Steingeräteherstellung diente. Jedoch ist auch die figürliche Kunst aus der Zeit von rund 15 000 Jahren vor heute von der Darstellung der Weiblichkeit geprägt und hauptsächlich in kleinen Gagatfiguren überliefert. Allerdings ist im Verlauf des Magdalénien eine zunehmende Stilisierung der figürlichen Kunst zu beobachten. Aus den fein gearbeiteten Figurinen werden europaweit mehr und mehr stäbchenförmige Schmuckanhänger, die nur noch im Ansatz die weiblichen

29 Stilisierte Frauenfigur aus Gagat

Geschlechtsmerkmale erahnen lassen. Überhaupt hat man den Eindruck, die steinzeitlichen Künstler bewegten sich fort vom naturalistischen hin zu einem vermehrt abstrakten, stilisierten Kunststil. Neben dem Petersfels wurden vor allem am Kesslerloch im Kanton Schaffhausen (Schweiz) viele dieser stilisierten Gagatanhänger geborgen.

Mittelsteinzeit – Wiedererwärmung oder Achtung, der Wald kommt!

Das Spätpaläolithikum bezeichnet den Zeitabschnitt, als durch die Erwärmung des Klimas ab etwa 12 000 vor heute, die Wälder langsam Mitteleuropa zurückeroberten. Das ging natürlich nicht von heute auf morgen, denn das Klima der Zeit war von starken Schwankungen geprägt. Die Menschen lebten weiterhin als Jäger und Sammler, mussten sich aber schrittweise an die sich verändernde Umwelt anpassen. Parallel zu den starken Temperaturschwankungen wechselten sich Steppen und Wälder innerhalb von mehreren Jahrhunderten ab. Die eiszeitliche Tierwelt wurde langsam ersetzt durch wärmeliebende Tiere wie Rotwild, Reh, Elch und Wildschwein. Während die Speerschleuder eine ideale Waffe in offenen Steppenlandschaften darstellte, war ihr Gebrauch in einer bewaldeten Landschaft sehr schwierig, und so wurden im Spätpaläolithikum Pfeil und Bogen erfunden, die wesentlich besser im dichten Unterholz anwendbar waren. Harpunen wurden weiterhin eingesetzt. Der Wolf wurde bereits im Magdalénien domestiziert und erwies sich im Wald als besonders hilfreicher Jagdbegleiter. Da die großen Herden der Steppenlandschaft der Eiszeit verschwanden und die Tiere nun in kleinen Gruppen verstreut in den Wäldern lebten, mussten die Menschen gezwungenermaßen mobiler werden. Besonders auffällig ist, dass man aus dieser Zeit kaum Kunstgegenstände findet. Aus Baden-Württemberg gibt es die bereits erwähnten bemalten Kiesel aus der Kleinen Scheuer. Aus Norddeutschland sind Tierfiguren aus Bernstein bekannt.

Der Übergang zum Spätpaläolithikum ist besonders gut in der Jägerhaushöhle bei Beuron im Donautal und im Zigeunerfels im Schmeietal dokumentiert. Weitere Funde stammen aus der Fohlenhaushöhle im Lonetal, der Kleinen Scheuer am Rosenstein und im Salzbühl sowie der leider heute vollständig überbauten Freilandfundstelle Rottenburg-Siebenlinden.

> **Schon gewusst?!**
> **Gagat – mehr als nur fossiles Holz**
>
> Gagat ist ein fossiles Holz, das mit seiner schwarzen Farbe und der gut zu polierenden Oberfläche ein sehr ansprechendes Material für Kunst- und Schmuckobjekte liefert. Aus dem Petersfels sind stilisierte Frauendarstellungen bekannt, die oben durchlocht sind und als Anhänger getragen wurden. Das Gesäß ist besonders hervorgehoben und wirkt in der Profilansicht sehr prominent. Der restliche Körper ist stark zurückgenommen; Kopf und Arme sind nicht dargestellt. Die Figur ist, ganz entgegen der Venusfigur vom Hohle Fels, mit ihren weiblichen Rundungen, nur noch stilisiert. Aus Gagat wurden auch Insektendarstellungen gefertigt, wie sie uns vom Petersfels und aus dem Kesslerloch (Schweiz) bekannt sind. Diese Schmuckanhänger aus Gagat prägen das Bild der Kunst der späten Altsteinzeit.

FUNDSTELLE 13

Die Fohlenhaushöhle – Mit Pfeil und Bogen im Lonetal

Bernstadt, Kreis Heidenheim

30 Die Fohlenhaushöhle im Lonetal

Auch ein Abstecher zur Fohlenhaushöhle im Lonetal unweit von Bernstadt ist durchaus lohnenswert. Hier barg man bei Ausgrabungen viele Funde der ausgehenden Altsteinzeit sowie der mittleren Steinzeit. Die vielen winzigen Feuersteingeräte, sogenannte „Mikrolithen", zeugen vom Übergang in eine neue, wenngleich immer noch steinzeitliche Epoche. Jäger und Sammler mussten sich durch die nun einsetzende klimatisch bedingte Wiederbewaldung neu behaupten. Pfeil und Bogen wurden für die Jagd immer wichtiger und anstelle von Mammut und Wildpferd trat nun das Rotwild. Die Fohlenhaushöhle ist ein willkommener Ausflug ins Grüne.

Die auch landschaftlich reizvolle Tour beginnt am Wanderparkplatz „Salzbühl" bei Bernstadt. Vor der Brücke am Parkplatz geht es rechter Hand auf den Wanderweg, der an der Lohne entlang direkt zur Fohlenhaushöhle führt. Eine Grillstelle sowie das glasklare Wasser der Lone laden zum Verweilen ein. Über den Rundweg auf der anderen Flussseite gelangt man ohne größere Anstrengung wieder zum Wanderparkplatz zurück.

Die Form des Felsens erinnert stark an ein Fohlen, daher hat die Höhle auch ihren Namen. Sie besteht aus zwei nebeneinander liegenden, frei zugänglichen kleinen Höhlen. Bereits am Ende des 19. Jahrhunderts wurde hier gegraben. Leider gin-

- Über die A 7 Heidenheim-Ulm, Ausfahrt 119 Langenau. Hier auf die L 1170/Robert-Bosch-Str. Richtung Bernstadt abfahren. An der nächsten Kreuzung biegen Sie rechts auf die 1079 und dann gleich wieder links auf die L 1170 ab. Am Kreisverkehr in Bernstadt die erste Ausfahrt auf die K 7303 in Richtung Neenstetten nehmen. Kurz hinter dem Ortsausgang Bernstadt biegt in einer Linkskurve rechts ein asphaltierter Fahrweg ab. Diesem bis zum Wanderparkplatz beim Salzbühl folgen.
- 48°31'06"N, 10°03'08"E
- 2 Stunden
- Barrierefrei
- Der Höhlenfundplatz am Fohlenhaus kann auch als Fahrradtour mit den anderen Fundplätzen (Bockstein, Hohlenstein, Vogelherd) des Lonetals verbunden werden. Der gut ausgeschilderte Weg führt entlang der Lone und bietet immer wieder Rast- und Grillplätze.

gen durch die unsystematisch durchgeführten Grabungen die meisten Funde verloren, da diese wohl schlichtweg übersehen worden waren. Bei den Nachgrabungen in den 40er- und 60er-Jahren des 20. Jahrhunderts in und am Eingang der Höhlen konnten weitere, größtenteils spätpaläolithische als auch mesolithische Funde, u.a. eine Menge Rückenmesser, geborgen werden. Auch die wenigen Tierknochen belegen eine Besiedlung in dieser Zeit. Denn neben warmzeitlichen Tieren wie Rothirsch, Reh, Bär und Rotfuchs war noch das Wildpferd als Steppentier vertreten.

Klimawandel – Die Wiederbewaldung und ihre Folgen

Im Mesolithikum waren die Wälder vermehrt auf dem Vormarsch und bildeten eine geschlossene Walddecke. Der grüne Waldboden verschluckte die Rohmaterialvorkommen zunehmend und erschwerte den Feuersteinabbau massiv. Das hatte zur Folge, dass man sparsam mit dem wertvollen und nicht zuletzt überlebenswichtigen Material umgehen musste. So wurden immer kleinere Steinartefakte hergestellt, die Mikrolithen. Diese Mikrolithen wurden gekerbt, gezähnt oder retuschiert und dann geschäftet, d.h. in Pfeile bzw. Harpunen aus Holz oder Knochen mit Birkenpech – dem Alleskleber der Steinzeit – eingelassen. Diese kleinen Allrounder sparten das wertvolle Material und konnten beliebig eingesetzt werden. Man verwendete auch verstärkt organische Rohmaterialien wie Knochen und Geweih. Das Holz, welches nun zur Genüge vorhanden war, entwickelte sich zu einem der wichtigsten Rohstoffe. Man fand Reusen für den Fischfang, Rindenbehälter, Holzschalen und sogar ganze Einbäume mit Paddeln gefunden. Haselnüsse wurden eine wichtige saisonale Nahrungsressource. Teilweise fanden sich an verschiedenen Fundplätzen ganze Haufen gerösteter Nussschalen. Ein großer Lagerplatz des Mesolithikums wurde in Rottenburg-Siebenlinden ausgegraben. Dort konnten zahlreiche Stein- und Knochenartefakte sowie Feuerstellen geborgen werden. Platten aus Sandstein dienten als Reibsteine oder als erhitzbare Kochplatten.

Schon gewusst?!
Das Kochfeld der Steinzeit oder „Wie kocht man eine Suppe?"

Neben der tierischen Nahrung waren die Steinzeitjäger schon immer auch auf pflanzliche Ressourcen angewiesen. So sammelte man Beeren, Nüsse, Kräuter und andere Pflanzen für den täglichen Bedarf. Dank des Feuers mussten diese, wie auch das Fleisch, nicht roh gegessen werden. Neben dem Braten von Fleisch und dem Rösten von Nüssen war wohl ebenfalls eine heiße Suppe sehr beliebt auf dem Steinzeitspeiseplan. Dazu erhitzte man Steine im Feuer und legte diese in die mit Tierhäuten ausgelegten Gruben. Diese wurden mit Wasser, Kräutern und im besten Falle auch Fleisch gefüllt. Erhitzbare Sandsteinplatten, wie sie in Rottenburg-Siebenlinden gefunden wurden, stellten eine weitere Neuerung und effiziente Form des Kochens in der Steinzeit dar.

FUNDSTELLE 14

Das Beuronien und die Jägerhaushöhle im Donautal

Friedingen, Kreis Sigmaringen

31 Die Jägerhaushöhle im Donautal

Die Jägerhaushöhle nahe des Benediktinerklosters Beuron bietet nicht nur einen schönen geschichtlichen Ausflug sondern liegt auch landschaftlich reizvoll direkt am Donauufer- und Donauradweg. Ausgrabungen erbrachten hier viele Funde aus der mittleren Steinzeit. Denn die Höhle, besser vielleicht das Höhlenvordach, diente einst Jägern als willkommener Rastplatz. Ihre Steinwerkzeuge waren, wenngleich teils winzig klein, doch so markant, dass sie einer ganzen

Werkzeuggruppe ihren Namen gaben. So ist das sogenannte Beuronien (9000 bis 7000 Jahre vor heute) ein wichtiges Charakteristikum für die genaue Einteilung innerhalb der mittleren Altsteinzeit.

Vom Parkplatz am Benediktinerkloster Beuron starten wir unsere Tour in Richtung oberes Donautal. Dem gut ausgeschilderten und auch für eine Fahrradtour gut geeigneten Talweg folgen wir ca. 4 km zum Jägerhaus. Entlang der Donau führt der Weg teils durch die Flussauen, teils unterhalb der am Waldrand liegenden Donaufelsen sehr gemächlich bis zur Jägerhaus-Hütte unterhalb von Schloss Bronnen. Hier lohnt es sich zu rasten. Das Restaurant bietet eine abwechslungsreiche Küche sowie eine Gartenbewirtschaftung für den kleinen Hunger. Es gibt Pommes, Wienerle und leckeren Kuchen sowie einen Spielplatz für die Kleinsten. Die Donaufurt unterhalb des Hauses lädt im Sommer zum Plantschen im klaren Wasser ein. Nach der Rast setzen wir den Weg fort und folgen dem schmalen Wiesenpfad hinter dem Jägerhaus in Richtung Jägerhaushöhle/Schloss Bronnen. Ab hier wird der Weg für ca. 300 m steil und steinig, so dass gutes Schuhwerk gefragt ist und Kinderwagen oder Fahrräder am besten beim Jägerhaus warten sollten. Nach kurzem Aufstieg erreichen wir das im Wald gelegene Höhlendach unterhalb des Bronnener Schlossfelsens.

Die hier von Wolfgang Taute in den 70er-Jahren des vergangenen Jahrhunderts freigelegten Schichten der Mittelsteinzeit (10000 bis 6500 Jahre vor heute) erbrachten die sogenannten Mikrolithen. Es handelt sich hierbei um sehr kleine Feuersteingeräte, welche zumeist in Harpunen, Pfeile und ähnliche Jagdgegenstände eingesetzt wurden. Diese Mikrolithen zeigen nicht nur die sich im Zuge der Wiedererwärmung ändernden Jagdgewohnheiten, sondern geben je nach Form Auskunft über ihre genaue Datierung innerhalb der mesolithischen Epoche. So stehen die Funde der Jägerhaushöhle namengebend für das sogenannte Beuronien, eine charakteristische Werkzeuggruppe im Zeitraum von 9000 bis 7000 Jahren vor heute, das somit gerade noch überwiegend zur älteren Mittelsteinzeit gehört.

Von der Jägerhaushöhle folgen wir demselben Weg wieder hinunter zum Jägerhaus. Von hier aus geht es nun auf dem gleichen Weg zurück zum Parkplatz. Wer gut zu Fuß und ohne Fahrrad oder Kinderwagen unterwegs ist, kann jedoch auch die Donau unterhalb des Jägerhauses überqueren und folgt dem Weg oberhalb des Tales auf der anderen Seite über den Kopfmacherfelsen und die historisch gedeckte Holzbrücke zurück zum Kloster. Eine weitere Variante ist der Rundweg durch das Liebfrauental bis zum Jägerhaus und über den Talweg zurück zum Parkplatz.

- Über Sigmaringen auf der L 277 nach Beuron. Oder über die A 81 Singen-Stuttgart, Ausfahrt 36 Tuningen auf die B 523 in Richtung Tuttlingen. In Tuttlingen auf die L 277 in Richtung Friedingen an der Donau abfahren und der Straße bis Beuron folgen. Teils kostenpflichtiger, großer Parkplatz beim Kloster Beuron.
- 48°01′52.0″N, 8°57′57.6″E
- 3–4 Stunden
- Größtenteils barrierefrei. Gutes Schuhwerk ist vor allem für den Aufstieg zur Höhle von Vorteil. Dann ist der Weg auch im Winter begehbar.
- Die Fundstelle liegt direkt am Donauradweg und Donauberglandweg und ist mit dem Fahrrad oder zu Fuß von Beuron als auch von Fridingen/Donau erreichbar.

32 Zeitreise in die Steinzeit – Das SWR-Projekt „Steinzeit – Das Experiment, Leben wie vor 5000 Jahren" in Kooperation mit dem Pfahlbaumuseum Unteruhldingen.

Neolithisierung – Der Beginn der Sesshaftwerdung

2 KAPITEL

Von Ackerbauern und Viehzüchtern – Leben in der Jungsteinzeit

Ungefähr 10 000 v. Chr. setzte im Vorderen Orient, im Gebiet des fruchtbaren Halbmondes, die Entwicklung von der aneignenden zur produzierenden Wirtschaftsweise ein, deren Anfänge und Auswirkungen bis heute kontrovers diskutiert werden.

Die gute Anpassung und Ausnutzung der Naturräume von Jäger- und Sammlergruppen führte zu einem allmählichen Bevölkerungsanstieg. Das heißt, es mussten neue Nahrungsquellen erschlossen werden oder aber eine Gruppenteilung erfolgen. Diese neue Anpassung an die Naturräume wäre jedoch vermutlich wieder sehr schnell überreizt gewesen, wären in diesem Prozess keine neuen Techniken entwickelt worden. Sowohl ein gezielter Anbau von Getreide als auch die darauf folgende Domestikation von verschiedenen Tierarten sicherten so die Nahrungsversorgung. Das war jedoch nur dort möglich, wo die notwendigen Wildformen (Tiere und Wildgräser) vorkamen.

Dieser Prozess einer langsamen Sesshaftwerdung mit produzierender Wirtschaftsweise bedeutete vor allem eine gravierende Veränderung der von den Menschen entwickelten materiellen Kulturen sowie der Wahl der Siedlungsplätze. Ein Wendepunkt in der Menschheitsgeschichte war erreicht. Der Mensch begann, die Nahrungsmittelproduktion nun bewusst zu planen. Neu waren dabei eine erste Kultivierung von Wildgräsern und die Domestikation verschiedener Tierarten, vor allem aber die hierfür notwendige Sesshaftwerdung. Dieser Wandel in Wirtschafts- und Lebensweise hatte wiederum die Änderung der Organisationsstrukturen der bis dahin als Jäger und Sammler lebenden Gemeinschaften zur Folge. Denn die Neuerung dieser Wirtschaftsweise setzte andere Arbeitsabläufe voraus und veränderte die Funktion der einzelnen Gemeinschaftsmitglieder. Aus den Jäger- und Sammlerpopulationen wurden mit der Zeit größere, in dauerhafter

> **Schon gewusst?!**
> **Der Wald – Wichtiger Bestandteil zum Überleben**
>
> Der Wald diente auch weiterhin als wichtige Lebensgrundlage der frühen Bauern. Er lieferte Nahrung für die Tiere sowie die Menschen selbst. Denn das Jagen und Sammeln spielte weiterhin eine wichtige ergänzende Rolle. Auch verschiedene Materialien für die Geräteherstellung und den Hausbau, wie Rinde, Bast und Holz, fanden sich hier. Durch die Weidewirtschaft und die Rodung verschwanden die Wälder jedoch an vielen Stellen. Das öde und von Erosion geprägte Land wurde unbrauchbar. Bereits hier finden wir erste Anzeichen einer durch den Menschen hervorgerufenen naturräumlichen Veränderung.

Gemeinschaft lebende, gesellschaftliche Gruppen. Diejenigen, welche nun permanent an einem Siedlungsplatz blieben, entwickelten eine neue Form der Identität. Die Besiedlung und Nutzung verschiedener Naturräume führte letztlich auch zu einer unterschiedlichen Lebens- und Wirtschaftsweise in den einzelnen Siedlungen.

Diesen Prozess nannte V. G. Childe 1959 die „Neolithische Revolution", welche als Neuerungen die Sesshaftwerdung, die Einführung von Ackerbau und Viehzucht sowie die Techniken des „geschliffenen Steins" und das erste Mal auch die Produktion von Keramik umfasst. Hiermit waren aber zugleich erstmals gezielte Eingriffe des Menschen in die natürliche Vegetation verbunden. Diese haben bis heute immer wieder zu einer Veränderung der Naturräume geführt.

Der lange Weg nach Europa

Die Anfänge der Neolithisierung begannen vor mehr als 12 000 Jahren und galten im Vorderen Orient um 9000 v. Chr. als abgeschlossen. Unsere Breiten erreichte die produzierende Wirtschaftsweise jedoch erst 3000 Jahre später. Über den Balkan und das Karpatenbecken gelangte das neue Wissen von Ackerbau und Viehzucht auch nach Osteuropa. In Ungarn entwickelten sich wohl zuerst die nach ihrer auffallenden Keramik benannten und bis in verschiedene Regionen Europas verbreiteten bandkeramischen bzw. linearbandkeramischen Gruppen. Diese drangen nach heutigem Wissensstand entlang von Flusssystemen wie der Donau auch nach Westen bis in unsere Gefilde vor und erreichten im 6. Jahrtausend v. Chr. Mitteleuropa. Das nun einsetzende Neolithikum, auch einfach Jungsteinzeit genannt, dauerte von 5500 bis 2200 v. Chr. und ist bei uns vor allem durch die Pfahlbauten an Bodensee und Federsee bekannt geworden.

Siedler und Wildbeuter

Durch die zu Beginn der Forschungen recht spärlich belegten mesolithischen Fundstellen war man lange Zeit der Meinung, dass die durch den Klimawandel in ihren Lebensgewohnheiten gestörten und ums Überleben kämpfenden Jäger- und Sammlerpopulationen nur noch spärlich im südlichen Mitteleuropa ansässig gewesen seien. Letztlich herrschte sogar die Meinung vor, dass die neuen vor ca. 6000 Jahren v. Chr. aus dem Osten vordringenden Siedler die Wildbeuter ganz verdrängt hätten. Heute weiß man, dass es viel mehr mesolithische Lagerplätze gegeben haben muss als lange Zeit vermutet. Die geborgenen Artefakte diverser Fundstellen brachten in den letzten Jahrzehnten noch weitere Überraschungen. So entdeckte man bereits geschliffene Steinbeile, wie sie eigentlich nur aus dem jungsteinzeitlichen Kontext bekannt sind. Darüber hinaus belegen auch Schmuckschnecken enge Kontakte zum Mittelmeerraum. Vor allem aber sind es Getreidepollen, die bei den Ausgrabungen geborgen wurden und auf einen frühen, wenn auch wohl spärlichen Getreideanbau schon im späten Mesolithikum (Mittelsteinzeit) hinweisen So darf zu Recht angenommen werden, dass die hier ansässigen Wildbeuterpopulationen bereits vor dem Einzug der osteuropäischen Siedler Kontakte zu jungsteinzeitlichen Bauern, vermutlich aus dem südlich angrenzenden Mittelmeerraum, gehabt haben.

Siedlungsinseln und Pfahlbauten – erste Siedlungen nördlich der Alpen

In einigen Regionen lässt sich die Entwicklung vom reinen Jagen und Sammeln hin zur produ-

33 Geschliffenes Steinbeil der Jungsteinzeit

zierenden Wirtschaftsweise am Fundmaterial anschaulich nachweisen. So ist der Ackerbau zu Beginn häufig nur eine Ergänzung zu den herkömmlichen Subsistenzgrundlagen (Jagd, Fischfang, Sammeln). Das heißt, er ist weniger als Ersatz denn als Zusatz zum Nahrungserwerb zu sehen und wird erst nach und nach zum dominierenden Teil der Wirtschaftsweise.

Um Ackerbau und Viehzucht zu betreiben, brauchte es jedoch erst einmal feste Siedlungsbedingungen und dafür in erster Linie auch gute Grundvoraussetzungen der naturräumlichen Gegebenheiten. Im südlichen Mitteleuropa entstanden vor allem in der Nähe der größeren Flusssysteme – vom Donaukorridor ausgehend auch an der Isar, dem Neckar, dem Rhein und an Main und Tauber – richtige Ballungszentren kleiner Einzelsiedlungen, sogenannte Siedlungskammern. Da die Siedlungen oftmals auf Rodungsflächen inmitten des Laubmischwaldes angelegt wurden, werden sie heute in der Forschung auch gerne „Siedlungsinseln" genannt.

Zu Beginn der Neolithisierung lagen die Siedlungen teils viele Kilometer voneinander entfernt. Im Laufe der Zeit wurden jedoch immer mehr auch die weniger ertragreichen Flächen besiedelt und bebaut. Sogar die Hochflächen der Mittelgebirge blieben nun nicht mehr unbewirtschaftet.

Südlich und nördlich der Alpen sind es vor allem die Seeufersiedlungen – auch als Pfahlbauten bekannt –, welche in Italien, der Schweiz sowie in Süddeutschland seit 4300 v. Chr. an vielen Seen sowie in den Moor- und Feuchtgebieten Oberschwabens zu finden und durch teils herausragende Funde bekannt geworden sind. Diese Siedlungsform – in den Feuchtgebieten teils auf Schwellbalken, gitterförmigen Konstruktionen stehend oder aber in Ufernähe ganz auf Holzpalisaden erbaut – ist von der Jungsteinzeit bis in die Bronzezeit (bis 850 v. Chr.), ja teilweise sogar noch in der Eisenzeit (600 v. Chr.) nachweisbar. Ganz anders als bei Siedlungen in anderen Bereichen, haben sich im feuchten Boden viele Hinterlassenschaften erstaunlich gut erhalten. Dank neuer Methoden der Feuchtboden- und Unterwasserarchäologie sind wir mittlerweile gut über die Entwicklungen dieser Siedlungen sowie deren Umfeld im Bilde.

Während die Besiedlung in der Jungsteinzeit noch eher locker erfolgte – man darf von teils uferparallelen Hausreihen sowie offenen Hausgruppen mit im Laufe der Zeit folgenden Straßenachsen ausgehen, die eher selten durch Palisadenzäune zum Land hin abgesichert wurden, ist in der Bronzezeit von teils großen, stark befestigten Siedlungsanlagen mit Wehrcharakter zu sprechen.

Obgleich viele dieser Pfahl- und Feuchtbodensiedlungen auf den ersten Blick sehr ähnlich erscheinen, sind die Bewohner wohl doch auch recht unterschiedlich gewesen. So sind durch die archäologischen Untersuchungen 30 verschiedene Kulturgruppen nachweisbar, die teils zwar enge Verbindungen und weite Handelsnetze erkennen lassen, wohl aber auch auf die Eigenständigkeit der eigenen Dorfgemeinschaften hinweisen.

Schon gewusst?! Relative Chronologie

Die sogenannte relative Chronologie ist in der Regel das erste Mittel, das die archäologische Forschung bei Grabungen anwendet. Es besteht aus Stratigrafie und Typologie. Meistens sind die Funde nämlich in geologische und archäologische Horizonte eingebettet. Bei einer Ausgrabung werden diese Schichten in der Aufsicht (Planum) oder als Profil dokumentiert. Im Idealfall lagern sich jüngere über älteren Schichten ab. Das heißt die obersten Schichten und die darin eingebetteten Funde sind jünger als die darunter liegenden. Die Basis der Typologie ist die Beobachtung, dass ein Produkt in einer bestimmten Region zu einer bestimmten Zeit ein eigenes Aussehen hat und dass Änderungen des Designs in eine Entwicklungsreihe gebracht werden können. Daher werden archäologische Artefakte nach ihrer Form und Verzierung bestimmt. Anhand ganz bestimmter Kriterien werden so „typologische Reihen" erstellt.

FUNDSTELLE 15

Frühe Siedler am Bodensee – Das Pfahlbaumuseum Unteruhldingen

Bodenseekreis

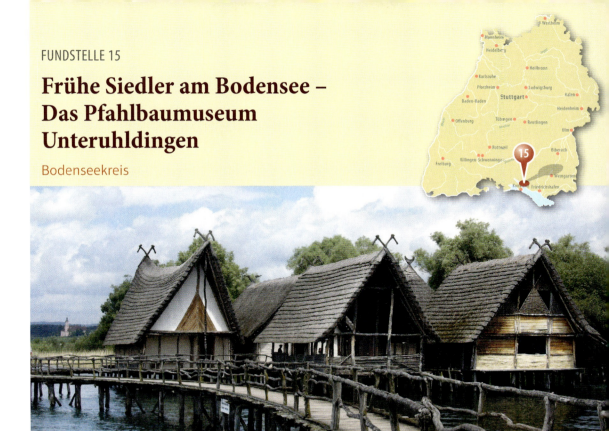

34 Die Pfahlbausiedlung von Unteruhldingen am Bodensee

Inmitten des ältesten Naturschutzgebietes am Bodensee liegt bei Uhldingen-Mühlhofen das Pfahlbaumuseum Unteruhldingen. Wohl kaum eine andere Pfahlbausiedlung im Alpenvorland erfreut sich so großer Bekanntheit wie diejenige in Unteruhldingen am Bodensee. Das Freilichtmuseum mit seinen insgesamt vier vorgeschichtlichen Dorfanlagen blickt auf die älteste als auch wechselvollste Entstehungsgeschichte in ganz Europa zurück. Es gehört, wie alle Pfahlbausiedlungen rund um die Alpen, seit 2011 zum UNESCO Weltkulturerbe und ist ein Muss für jeden Archäologiefan.

Als wissenschaftliche Grundlagen des bereits 1922 gegründeten Freilichtmuseums dienen die Ausgrabungen rund um den Bodensee sowie in Oberschwaben. Seit dem Ende des 19. Jahrhunderts wurden im Uferbereich der Voralpenseen sowie beim Torfabbau im Oberschwäbischen vorgeschichtliche Überreste, sogenannter Pfahlbau- oder Feuchtbodensiedlungen, bekannt. Die Originalfunde sowie Gebäuderekonstruktionen von Bad Schussenried, Riedschachen, Bad Buchau, Unteruhldingen, Konstanz, Hornstaad, Arbon und Sipplingen sind in der Freilichtanlage von Unteruhldingen vereint.

Nachdem bereits 1922 das Museum mit zwei rekonstruierten jungsteinzeitlichen Gebäuden – einer Zeit von 4000 v. Chr. nachempfunden – seine Tore für die Allgemeinheit geöffnet hatte, folgten zehn Jahre später fünf weitere, diesmal bronzezeitliche Bauten nach dem Vorbild der Befunde der Wasserburg Buchau am Federsee. Allerdings weichen die Rekonstruktionen stark von den eigentlichen Grabungsbefunden ab. So wurden drei große Blockhäuser und zwei lehmverputzte Flechtwerkhäuser verschiedenen Funktionen zugeordnet. Das „Haus des Dorfoberhauptes", das „Haus des Töpfers", das

„Haus des Bronzegießers" sowie das Vorratsgebäude und das „Haus des Hirten" standen ebenfalls auf einer Plattform, brannten 1976 ab und wurden originalgetreu wieder aufgebaut.

In den dreißiger und vierziger Jahren des 20. Jahrhunderts erlangte das Pfahlbaudorf im Zuge der sogenannten „Pfahlbauromantik" unter der nationalsozialistischen Propaganda größte Berühmtheit, galt es doch als die Wiege unserer frühesten Ahnen. Mittlerweile blickt man wohl eher leidvoll auf die Schwarz-Weiß-Fotografien mit lachenden NS-Größen vor dem Hintergrund der Pfahlbaurekonstruktionen Unteruhldingens. In dieser Zeit wurde ein dritter, mit Palisaden umwehrter Baukomplex am Seeufer vom Reichsbund für deutsche Vorgeschichte errichtet. Auch die hierbei angelegten Häuser wurden nach Berufsgruppen unterteilt.

> **Schon gewusst?!**
> **Zeitenspeicher Seegrund –**
> **Was ist Feuchtbodenerhaltung?**
>
> Warum erhalten sich so viele Funde im Wasser oder im feuchten Boden besser als im Erdreich? Unter völligem Luftabschluss und durch den geringen Sauerstoffanteil im Wasser sowie dem hohen Säuregehalt in feuchten Böden, werden organische Materialien langsamer zersetzt. So können viele Funde die Jahrtausende überdauern. Aber woher wissen wir, dass all das Durcheinander da auf dem Grund zusammengehörte? Je nach Wasseraktivität bleiben viele Funde lange Zeit im Verbund unangetastet. Man spricht hier vom archäologischen „Befund". Zudem ist bei gut erhaltenen Hölzern und anderen organischen Funden eine sehr genaue Datierung möglich. Und wie funktioniert die? Die „Dendrochronologie" untersucht die Breite von Baumringen, welche dann einer bestimmten und bekannten Wachstumskurve zugeordnet wird. Mit dieser Methode lässt sich zum Beispiel das jahrgenaue Fälldatum berechnen.

Allerdings hat es eine solche Gliederung der Dorfgemeinschaft wohl nie gegeben.

Das „Haus des Fischers", des „Töpfers", des „Steinhauers", des „Holzschnitzers", das „Weberhaus" und die „Dorfhalle" gleichen den Befunden aus Riedschachen und Aichbühl am Federsee. Der Unterbau aus Pfählen ist jedoch dem Bautyp aus Sipplingen nachempfunden.

Das erste jungsteinzeitliche Haus der Anlage, welches tatsächlich den Grabungsbefunden der Siedlung „Hornstaad" am Bodensee entspricht, wurde erst 1996 in nur 20 Tagen errichtet. Das sogenannte „Hornstaad-Haus" – das älteste bekannte Haus am Bodensee aus einer Zeit um 4900 v. Chr. – dient dem Museum nun als „Aktionshaus". Hier lebte 1997 ein Museumsmitarbeiter zwei Monate lang als Experiment unter steinzeitlichen Bedingungen. Übrigens: Auch die beiden für die Doku-Soap „Steinzeit – Das Experiment" (SWR/ARD

- Aus Richtung Stuttgart/Schweiz/Singen: B 31 Richtung Lindau; aus Richtung München/Ulm/Österreich: B 30/31 Richtung Donaueschingen, Ausfahrt Uhldingen-Mühlhofen. Von Konstanz mit der Fähre nach Meersburg. Dann auf der Landstraße bis Unteruhldingen.

- Parken am ausgeschilderten Ortsrandparkplatz; von April–Oktober gebührenpflichtig! Im Winter stehen begrenzt kostenlose Parkplätze in der Seefelder Straße zur Verfügung.

- 47°43'31.9"N, 9°13'41.1"E

- Ca. 1–2 Stunden (mit Führung)

- Barrierefrei

- Pfahlbaumuseum Unteruhldingen, Freilichtmuseum und Forschungsinstitut, Strandpromenade 6, 88690 Uhldingen-Mühlhofen, Tel. 07556/92890-0, *mail@pfahlbauten.de*, www.pfahlbauten.de. Geöffnet: März–November: täglich 9–17 Uhr. Achtung: Eingeschränkte Öffnungszeiten in der Vor- und Nachsaison. Bitte aktuell im Museum erfragen!

- Als anerkannter „außerschulischer Lernort" bieten die Pfahlbauten auch eine sinnvolle Ergänzung zum Schulunterricht!

2006/2007) errichteten Steinzeithäuser sind im Unteruhldinger Freilichtmuseum zu sehen!

Auch das 1998 erbaute „Arbon-Haus" basiert auf tatsächlichen wissenschaftlichen Ergebnissen der Grabungen in Arbon am schweizerischen Seeufer. Das mit Tannenschindeln gedeckte, schwach geneigte Dach des einer Zeit um 3400 v. Chr. nachempfundenen Hauses ruht auf einem zweischiffigen Pfostenbau, dessen Pfähle vom Dach bis in den Seegrund reichen. Ein imposanter Bau, für dessen Errichtung übrigens ausschließlich steinzeitliche Werkzeuge verwendet wurden!

Ein weiteres Highlight des Museums ist das 2013 erschaffene „Archaeorama". Hier wird der Besucher gleich zu Beginn des Rundgangs in die Unterwasserwelt des Bodensees entführt, in der Einblicke in die Arbeit der Taucharchäologie sowie den Zustand der Funde unter Wasser gegeben werden.

Landwirtschaft

Der Anbau von Pflanzen war eng an die Jahreszeiten und eigenen Bedürfnisse angepasst. Es wurden geeignete Flächen in Nähe der Siedlungen benötigt, deren Böden zuerst mit Hacken aus Holz und Geweih bearbeitet wurden. Im Verlauf der Jungsteinzeit kam auch der von Zugtieren wie Rindern gezogene Pflug zum Einsatz. Angebaut wurden Einkorn, Emmer, Gerste und Dinkel sowie Linsen, Erbsen, Mohn und Lein. Die Zuchtpflanzen wurden sorgfältig ausgelesen, so dass man hier bereits von einer ersten „Genmanipulation" sprechen kann.

Tierzucht, Tierhaltung und ein Haustier

Neben dem Ackerbau spielte die Tierhaltung zusehends eine wichtige Rolle, da sie neben dem Anbau pflanzlicher Lebensmittel auch die direkte Fleischversorgung sicherte. Als einziges echtes „Haustier" hielt man sich den Hund, welcher schon den Jäger- und Sammlerpopulationen als treuer Jagdbegleiter gedient hatte. Hinzu kam nun vor allem die Haltung von Ziegen und Schafen sowie Rindern und auch Schweinen. Diese verbrachten den Großteil des Jahres im Freien auf der

35 Fischreuse

„Waldweide". Die Eichen- und Mischwälder boten hierfür eine ideale Grundlage. Rinder stellten nicht nur einen wichtigen Nahrungsbestand dar, sondern dienten vor allem als Lasten- und Zugtiere. Weiterhin präsent waren die Jagd auf das im Wald lebende Rotwild sowie der Fischfang. Durch die gut erhaltenen Funde aus den Seeufersiedlungen kennen wir sorgfältig geknüpfte Netze, mit winzigen Feuersteinen (Mikrolithen) gezähnte Harpunen sowie Fischreusen.

Schon gewusst?!
Welche Geräte wurden eigentlich für den Ackerbau verwendet?

Zum einen tragen viele Geweihhacken und andere Werkzeuge – wie später auch die zu Beginn der Bronzezeit aufkommenden Bronzebeile – Gebrauchsspuren (Kornschliff), welche, nach Analysen zu urteilen, eindeutig durch den Einsatz in der Landwirtschaft entstanden sind. Zum anderen gibt es auch Abbildungen, eingeritzt in Stein, welche eindeutig den Einsatz eines Pfluges oder anderer Gerätschaften darstellen. Vielleicht weniger kunstvoll, dafür aber unglaublich eindrucksvoll, sind diese „gezeichneten" Überlieferungen aus dem Alltagsleben der frühen Bauern vor so vielen tausend Jahren!

FUNDSTELLE 16

Wohnen auf wackligem Untergrund! Besuch im Federseemuseum Bad Buchau

Kreis Biberach

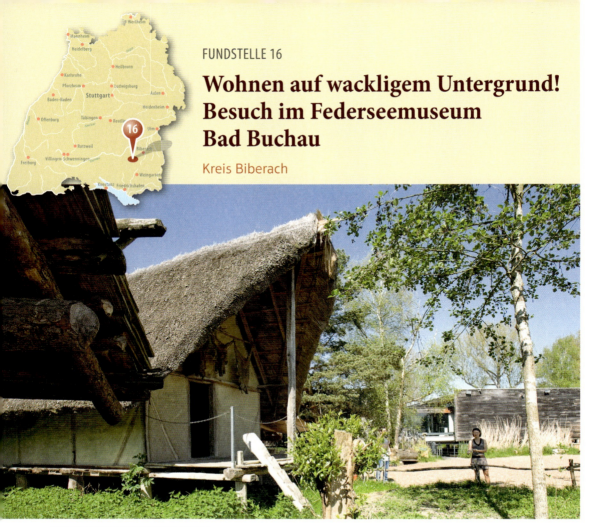

36 Federseemuseum mit Freigelände

Es wird als das „Troja am Federsee" bezeichnet und brachte in seiner 120 Jahre alten Forschungsgeschichte einzigartige Funde zu Tage: das Moor am Rande des Federsees in Oberschwaben. Hier im Naturschutz- und Naherholungsgebiet finden sich nicht nur Moor- und Thermalbäder. Das Ried beinhaltet auch eine alte Siedlungslandschaft ersten Ranges, die bis in eine Zeit von 16 000 Jahren vor heute zurückreicht. Neben über 18 Siedlungen entdeckte man 180 Häuser, 40 Einbäume sowie als absolutes Highlight sechs Wagenräder.

Mittlerweile hat sich das bereits vor 80 Jahren in Bad Buchau gegründete „Heimatmuseum" zu einem großen, informationsreichen und absolut sehenswerten Freilichtmuseum entwickelt.

Vom Parkplatz geht es nach wenigen Metern Fußweg direkt zum Museum. Hier zeigt eine Dauerausstellung die bedeutenden Funde der Grabungen rund um das Federseeried. Die Region greift auf eine 16 000 jährige Siedlungsgeschichte zurück. Zu den ältesten noch altsteinzeitlichen Funden mit einem Alter von 16 000 Jahren gehören die Funde der Schussenquelle bei Bad Schussenried, die ebenfalls im Museum von Bad Buchau zu betrachten sind. Neben weiteren, vor allem jungsteinzeitlichen und bronzezeitlichen Funden von herausragender Erhaltung, bietet das Museum aber auch Informationen rund um die Geschichte des Federsees und dessen Besiedlung von der Altsteinzeit bis zu den Kelten.

Auf dem direkt an das Museum angrenzenden Außengelände sind seit Mitte der 90er-Jahre des vergangenen Jahrhunderts zwölf originalgetreu rekonstruierte Häuser der Jungsteinzeit und der Bronzezeit entstanden. Ihnen zugrunde liegen die Ausgrabungen in verschiedenen Bereichen des Federsees. Hier erlebt man Geschichte zum Anfassen. Die Anlage ist zwar deutlich kleiner als ihr Pendant am Bodensee, dafür kann man hier ganz in Ruhe und auch ohne Führung alle Gebäude besichtigen. Die rekonstruierten Dorfausschnitte zeigen anschaulich das Alltagsleben der Bewohner am Federsee zu einer Zeit von ca. 4000 bis 850 Jahren v. Chr.

Der fruchtbare Boden rund um den See sowie die direkte Lage am Wasser waren für die ersten Siedler mehr als attraktiv. Hier konnte man den Boden bewirtschaften sowie in großem Maße Fischfang betreiben. Ungeachtet der recht häufigen Überschwemmungen, wurden erste Siedlungen angelegt. Mit mehreren, teils auch längeren Unterbrechungen existierten diese Feuchtbodensiedlungen bis in die Eisenzeit.

Darüber hinaus erfahren wir im Museum, dass die frühen Bauern am Federsee vor allem auf den Anbau von Lein – auch bekannt als Flachs – spezialisiert gewesen sind. Daraus ließen sich nicht nur Kleidung, sondern auch weitere, für den Alltag wichtige Gerätschaften, u.a. die für den Fischfang wichtigen Reusen und Netze, herstellen. Ganz besonders ist jedoch eine ganz andere, wohl bahnbrechende Erfindung, deren älteste Belege hier am Federsee nachweisbar sind: es ist das Rad. Hier, im feuchten und säurehaltigen Boden, erhielten sich neben vielen anderen organischen Funden auch mehrere Holzräder, die an verschiedenen Stellen rund um den Federsee bei Grabungen zu Tage kamen.

Mehrere Bohlenwege, die im Laufe der Zeit stetig ausgebessert werden mussten, führten von der Insel Buchau über das Moor. An vielen Stellen konnten diese genau untersucht und anhand der Jahrringdatierung bestimmt werden. Die Bauweise solcher Wege war im Prinzip denkbar einfach. Längs gespaltete Baumstämme wurden mit der Spaltfläche nach unten nacheinander auf den morastigen Untergrund gelegt und sozusagen „schwimmend verlegt". Auf diese Weise verteilten sie das Gewicht und bildeten sichere Lauf- und Fahrwege durch das Moor. Mit wenigen anderen aus dem Alpenvorland bekannten Wegen bilden sie den einzigen Nachweis eines vorrömischen Wegnetzes.

Die Häuser standen ebenfalls auf Bohlen oder auch, wie am Bodensee, auf Pfählen. In der Mehrheit handelte es sich um ebenerdige Bauten. Hier finden sich, wie am Beispiel der sogenannten „Wasserburg Buchau" oder der „Siedlung Forschner" ersichtlich, in der Bronzezeit stark mit Palisaden umwehrte Hauptore.

Überraschenderweise traten vor nicht allzu langer Zeit auch eisenzeitliche Siedlungsfurde aus der

Schon gewusst?!
Mit dem Rad, mit dem Rad fahr'n wir nach Haus ...!

Mit der Erfindung des Rades gelang den neolithischen Bauern ein weiterer großer Durchbruch. Die ersten und bislang ältesten Radfunde des Voralpenlandes wurden bereits in den späten 80er-Jahren des vergangenen Jahrhunderts in den Siedlungen Seekirch und Alleshausen sowie in der Schweiz gefunden. Ihr Alter datiert hauptsächlich in das 3. Jahrtausend v. Chr. Die sorgfältig bearbeiteten Räder wurden aus Ahornholz hergestellt. Der Vorteil: Ahorn ist sehr elastisch und gut zu bearbeiten. Noch wichtiger, Ahorn verformt sich kaum. Dennoch war die Laufzeit eines Rades sehr beschränkt. Die vielen Abnutzungsspuren weisen auf häufige und hohe Belastungen hin. Seltsamerweise wurden bislang nur 20 Radfragmente, jedoch keine weiteren Wagenteile gefunden. Anhand der Räder weiß man, dass es sich um zweirädrige Wagengestelle mit rotierender Achse gehandelt haben dürfte. Ein Miniaturrad aus dem Olzreuter Ried mit rundem Achsloch zeigt aber, dass auch die feststehende Achse bekannt war, wie sie bei vierrädrigen Wagen üblich ist.

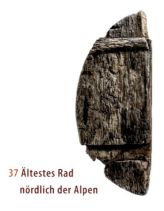

37 Ältestes Rad nördlich der Alpen

Zeit des 9. Jahrhunderts v. Chr. am Federsee zu Tage. Überraschend insofern, als dass die Zeit der Pfahlbauten eigentlich in dieser Epoche bereits als ausgeklungen galt. Hier am Federsee scheinen sich jedoch zumindest die frühen Kelten auch recht wohl gefühlt zu haben. In der späten Eisenzeit wird auch am Federsee der morastige Untergrund als Bauplatz gemieden und lediglich noch als Naturheiligtum genutzt. Der Opferplatz bei Kappel, südwestlich des Federsees gelegen, mit seinem spätkeltischen Weihefund, zeigt diese Entwicklung anschaulich. Er umfasst mehrere Bronze- und Eisengegenstände aus den verschiedensten Lebensbereichen. Auch das Logo des Museums, der Kopf eines Kormorans, der ursprünglich als Verzierung eines Feuerbocks entdeckt wurde, stammt aus dem Kappeler Weihefund. Die „Feuerböcke" im archäologischen Sinne sind übrigens keine! Es handelt sich dabei um mondförmige Tonskulpturen – daher auch gerne als „Mondidole" bezeichnet –, die vor allem in der Bronze- und Urnenfelderzeit weit verbreitet waren. Vermutlich handelt es sich hierbei um eine Art von Kultgegenständen!

An schönen Tagen lohnt es sich, nach einem Besuch der Freilichtanlage noch einen Ausflug entlang des archäologischen Moorlehrpfades zu unternehmen. Der Pfad beginnt am Museum und führt die Besucher mit elf Stationen 9,5 km weit durch das Ried, vorbei an allen wichtigen Fundstellen wie der „Wasserburg Buchau" und der „Siedlung Forschner". Der Einstieg ist aber ohne weiteres an mehreren Stellen möglich, so dass man auch mit kleineren Kindern zumindest einige Stationen gut besichtigen kann. Absolut lohnenswert für Kinder und Erwachsene ist hierbei der „Wackelwald", auf dem man ein Gefühl für die Beschaffenheit und Beweglichkeit des Moorbodens bekommt. Oder etwa der kleine Holzturm mit seinem wunderbaren Ausblick über das Ried. Ein weiteres Highlight ist die rekonstruierte Fischfanganlage aus der Zeit um 730 bis 620 v. Chr. im „Oggelshauser Ried", das der Pfad ebenfalls durchquert. Die einzelnen Stationen informieren anhand großer, gut bebilderter und farbiger Tafeln über die prähistorischen Fundstellen und deren Forschungsgeschichte. Aber auch über die Entstehung und Beschaffenheit des Moores, seine Fauna und Flora und seine Bedeutung für die Region Oberschwaben, erhält man hier viele interessante Informationen. An

---

- Über die A 7 Ulm-Memmingen, Ausfahrt 127 Berkheim. Der B 312 nach Biberach und weiter Richtung Riedlingen folgen. Nach Biberach geht es links auf die L 280 nach Bad Buchau. Parkplätze am Museum. Oder von Reutlingen kommend auf der B 12 über Pfullingen nach Riedlingen. In Riedlingen der B 11 nach Herbertingen folgen. In Herbertingen links auf die L 282/Marbacher Str. abfahren, weiter über Marbach und Kanzach nach Bad Buchau.

- 48°04'12.9"N, 9°36'38.8"E

- Halbtages-, mit Lehrpfadbegehung Ganztagesausflug.

- Das Museum als auch der Lehrpfad sind weitestgehend barrierefrei.

- Federseemuseum Bad Buchau, August Gröber Platz, 88422 Bad Buchau, Tel. 07582/8350, *info@federseemuseum.de*, www.federseemuseum.de. Öffnungszeiten: April–Oktober: täglich 10–18 Uhr, November–März: nur So. 10–16 Uhr.

- Nur 5 Min. von Bad Buchau entfernt befindet sich die Bachritterburg in Kanzach, die mit Kindern auch immer einen Ausflug wert ist. Übrigens gibt es eine Kombikarte für den Besuch beider Museen!

schönen Tagen ist der gut begehbare und übrigens auch als Fahrradweg zugelassene Lehrpfad eine wundervolle Ergänzung zum Museum und rundet den Ausflug als Ganztagesprogramm ab.

Schaffe, schaffe, Häusle baue …

Die menschliche Anpassung durch naturräumlichen Druck war in der Jungsteinzeit kein Einzelfall, sondern ein umfassender Prozess, der im Laufe der Zeit Veränderungen in allen gesellschaftlichen, ökonomischen, politischen und kulturellen Lebensbereichen mit sich brachte. Bis zum Ende der Jungsteinzeit entwickelte sich der Ackerbau zunehmend zur dominierenden Wirtschaftsweise und damit zur Hauptnahrungsquelle. Sesshaftigkeit und produzierende Wirtschaftsweise hatten sich als Lebens- und Wirtschaftsform durchgesetzt. Der Ackerbau stellte eine verlässliche Lebensgrundlage dar, erforderte aber viele Arbeitskräfte und führte letztlich zu einer gewaltigen Zunahme der Bevölkerungszahl. Wälder verschwanden, immer mehr Siedlungen schossen aus dem Boden, man baute Häuser. Neben den Pfahlbauten sind es sogenannte Langhäuser welche das Siedlungsbild prägten. Diese Häuser hatten eine Lebensdauer von 20, maximal 30 Jahren, so dass sie von Generation zu Generation neu gebaut werden mussten.

In der mittleren Jungsteinzeit entstanden regelrechte Dörfer, teils sogar durch Wälle und Palisaden gesicherte Siedlungen („Erdwerke" genannt), die auf mancher Anhöhe schon burgähnlichen Charakter gehabt haben dürften. Durch den Anstieg der Bevölkerung und die Verknappung neuer Siedlungs- und Wirtschaftsflächen werden sich Konflikte unter den Siedlern gehäuft haben.

Aus der Endphase der Jungsteinzeit sind kaum Siedlungsfunde nachzuweisen. Vermutlich ist das auf eine neue, nun verbreitete Bauart zurückzuführen: den Blockbau. Diese Häuser wurden nur noch oberflächlich verankert und können daher kaum noch nachgewiesen werden. Andererseits ist eine Fundleere auch häufig der weitläufigen Landwirtschaft heutzutage geschuldet, welche mit dem Einsatz schwerer Geräte viele archäologische Spuren unbemerkt verwischt.

Geräte und Werkzeuge der Jungsteinzeit

Wenngleich die Verwendung von Feuerstein auch weiterhin eine große Rolle spielte, so gab es doch auch in der Geräteherstellung einen gewaltigen Schritt nach vorn. Neben den in Harpunen oder Sicheln eingesetzten Feuerstein-Mikrolithen, wie wir sie bereits aus dem Mesolithikum kennen, gehören auch weiterhin Pfeilspitzen sowie Steinbeile zu den Funden der Jungsteinzeit. Neu sind dabei die geschliffenen Steinbeile, welche bereits in der älteren Jungsteinzeit auch in unseren Gefilden weit verbreitet waren. In der zunehmend dichter werdenden Vegetation gestaltete sich das Auffinden von oberflächlichen Feuersteinvorkommen sicher nicht leicht. Um an das bis dato für die Werkzeugherstellung noch meistgebrauchte Material zu gelangen, legte man bereits in der Jungsteinzeit die ersten Bergwerke an. Den Nachweis des ältesten in unserer Region bekannten Abbauplatzes lieferten die Grabungen der 1950er-Jahren am Isteiner Klotz bei Istein (Kreis Lörrach).

> **Schon gewusst?!**
> **Das Langhaus – Familienheim der Zukunft**
>
> Der neue Typus des Langhauses wurde in einer sogenannten Pfostenständerbauweise errichtet. Dafür grub man Holzpfosten tief in die Erde. Die schwarzen Abdrücke der Pfostenlöcher sind übrigens bis heute nachweisbar. Die Wände waren mit einem Lehmflechtwerk verkleidet. Im Inneren fanden sich der Wohnbereich und Stall sowie ein Getreidespeicher. Langhäuser erreichten schon in der mittleren Jungsteinzeit Ausmaße von 12 bis 53 m. Sie waren die Familienunterkünfte der Zukunft und hielten sich ungeachtet anderer, im Laufe der Zeit aufkommender Bauweisen, in den ländlichen Siedlungen hartnäckig bis ins frühe Mittelalter ohne groß von ihrem steinzeitlichen Schema abzuweichen.

FUNDSTELLE 17

Der Isteiner Klotz –
Vom Bergbau zum Militärbunker

Istein, Kreis Lörrach

38 Der Isteiner Klotz

„Ich weiß nicht, was soll es bedeuten…", dichtete Heinrich Heine im Jahr 1824 und meinte damit nicht den Isteiner Klotz sondern den Loreley-Felsen. Dabei ist der wohl eher unbekannte Felsen im südlichen Rheintal beim kleinen Weiler Istein kaum weniger geschichtsträchtig. Vom einstigen Bergbau im Neolithikum bis zum unterirdischen Militärbunker im Zweiten Weltkrieg kann der Isteiner Klotz auf eine über 6000-jährige, sehr wechselvolle Geschichte zurückblicken. Auf verschiedenen gut ausgebauten und beschilderten Wanderwegen durch das Naturschutzgebiet am Isteiner Klotz bietet sich die Möglichkeit, mehr über die Bedeutung und Geschichte der Gegend zu erfahren.

Am Parkplatz „Isteiner Klotz", nahe des Friedhofs von Istein, informieren bereits erste Hinweistafeln über die Geschichte des Jurafelsens und seines Umlandes.

Der markante Kalksteinfelsen aus der Jurazeit war einst Teil eines mächtigen Korallenriffs und gehörte vor ca. 150 Millionen Jahren zu einem großen Ozean. Ablagerungen aus Tertiärgesteinen sowie Lösslehme setzten dem Felsen eine fruchtbare „Kappe" auf. So entstanden gute Böden für die heutigen Laubwälder, Weinberge, Äcker und Obstwiesen. Der Rhein wusch hier im Laufe der Zeit viele Höhlen aus dem wasserdurchlässigen Kalkgestein aus, in denen sich häufig Siedlungsspuren aus der letzten Eiszeit (ca. 14 000 Jahre vor heute) fanden. Leider sind einige dieser Höhlen seit dem 19. Jahrhundert dem Bahnbau sowie den vielen Steinbrüchen zur Kalksteingewinnung zum Opfer gefallen. Bereits 1939 entdeckte man bei Steinbrucharbeiten die Reste eines 5000 Jahre alten, jungsteinzeitlichen Bergwerks an der Kachelfluh bei Kleinkems. In dem hier vorkommenden Kalkgestein finden sich bis heute Jaspisknollen. Vor allem die Grabungen der 50er-Jahre des 20. Jahrhunderts sowie neue Untersuchungen zu Beginn dieses Jahrhunderts erbrachten den Nachweis, dass Jaspis gezielt schon während der Jungsteinzeit zur Herstellung von Feuersteingeräten unter Tage abgebaut wurde. Abbauterrassen und diverse in den Fels gehauene Abbauhöhlen wurden systematisch angelegt. Brandstellen zeigen, dass die Kalkschichten durch gezielte Feuersetzung gelockert wurden, um dann mit Hilfe von Rheinkieseln, die man als Schlegel einsetzte, an das begehrte Material zu gelangen.

Leider ist heute von dem Feuersteinbergbau nicht mehr viel zu sehen. Und dennoch lohnt sich der Ausflug zum Isteiner Klotz und seiner Umgebung. Neben einer wunderschönen Aussicht findet man viele seltene Pflanzen – wer Glück hat, kann hier sogar Orchideen finden! Vom Parkplatz steigen wir hinauf zu den wenigen Resten der einst im 11./12. Jahrhundert in eine Felsenhöhle eingemauerten Grottenburg. Heute stehen dort auch die Grundmauern der 1986 rekonstruierten St. Vituskapelle. Oberhalb dieses Felsens befand sich einst eine zweite, 1411 abgetragene Höhenburg. Beide Burgen bildeten den strategisch wichtigen Sitz der Bischöfe von Basel. Von den, im Zuge des Versailler Vertrags und des Zweiten Weltkriegs errichteten, Bunker- und Befestigungsanlagen ist nach deren Sprengung im Jahr 1945 kaum mehr etwas zu sehen.

Zurück am Parkplatz lohnt es sich für Tagesausflügler, dem ca. 7 km langen Geschichts- und Naturlehrpfad „Stein-und-Wein" weiter zu folgen. Dieser, mit viel Liebe angelegte und gut beschilderte Pfad, umfasst insgesamt 22 Tafeln und informiert auf dem Weg weiterhin über Geschichte, Geologie und Natur rund um den Isteiner Klotz. Vorbei am Friedhof und unter der Bahnlinie hindurch geht es durch Wiesen über die steilen und sonnigen Reb-

> Über die A 5 Freiburg-Basel, Ausfahrt 68 Efringen-Kirchen, auf die L 137 Kleinkems in Richtung Istein abfahren. Am Ortseingang von Istein direkt an der Burg Istein links abbiegen. Hier befindet sich beim Friedhof der Wanderparkplatz „Isteiner Klotz".

> 47°39'44.5"N, 7°31'50.0"E

> Halb- bis Ganztagesausflug. Verschiedene Rundwege möglich. Der hier aufgeführte „Stein-und-Wein-Lehrpfad" umfasst eine Strecke von ca. 7 km, ist aber auch für Familien mit Kindern bestens geeignet.

> Nicht barrierefrei.

> Museum in der „Alten Schule", Nikolaus-Däublin-Weg 2, 79588 Efringen-Kirchen, Tel. 07628/8205, *museum@efringen-kirchen.de*, www.efringen-kirchen.de. Öffnungszeiten: Mi. 14–17 Uhr, So. 14–17 Uhr. Führungen und Aktionen für Kinder und Erwachsene sowie Führungen zum Jaspisbergwerk (Zementwerk Kleinkems) auf Anfrage (Tel. 07628/8205).

> Der Zugang zum Burggelände ist abgesperrt. Es ist verboten und gefährlich, das Grundstück ohne Führung zu betreten!

terrassen in den Wald und dann entlang des Steilabsturzes zur Aussichtskanzel. Von hier bietet sich ein traumhafter Blick über den heutigen Rheinkanal sowie die Kemser Staustufe und das gesamte Dreiländer-Eck. Ein Rastplatz lädt zum Verweilen ein. Weiter führt uns der Weg am Westhang entlang zum Sportplatz Huttingen und von dort am Kalkwerk vorbei entlang der Straße zurück nach Istein. Hier finden sich jede Menge alter Gebäude mit Hinweisschildern. Am „Stapflehus-Vogtshus" von 1621 steht ein Wegweiser, der uns direkt zurück zum Parkplatz führt.

5000 Jahre alte Kaugummis – und was die Natur lieferte

Beliebt waren in der Jungsteinzeit auch pflanzliche Rohstoffe. Nicht nur Holz wurde dringend benötigt, sondern auch dessen Rinde erfreute sich allgemeiner Beliebtheit. Vor allem Birkenrinde, die sich besonders gut zur Gefäßherstellung sowie als Bodenabdeckung oder Brennstoff eignete, fand überall Verwendung. Aus Lindenbast wurden Fäden und Garn zum Nähen oder für Alltagsgegenstände gesponnen. Siebe, Netze, Taue, Segel, Taschen, Regenmäntel, Hüte, wie wir sie von der Gletschermumie „Ötzi" kennen, ja sogar Messerscheiden wurden allein aus Bast gefertigt. Der Vorteil: Bast ist sehr stabil und vor allem ist er wasserabweisend! Das Birkenharz (auch „Birkenteer" oder „Birkenpech" genannt) diente sowohl als Klebstoff als auch zur Zahnreinigung. So sind von einigen Fundstellen Reste von Birkenpech mit Zahnabdrücken bekannt – ohne Zweifel, es handelt sich um die ersten, 5000 Jahre alten Kaugummis!

All die fachmännisch und teils wunderschön hergestellten jungsteinzeitlichen Hinterlassenschaften lassen nicht nur die Fachwelt in Ehrfurcht erstaunen. Es ist vor allen Dingen aber die erste Keramik, anhand derer für die Archäologen eine neue Epoche eingeläutet wird. Bandkeramik wird diese erste „Geschirrausgabe" im Allgemeinen genannt. Zwar teils noch unförmig, jedoch mit geritzten und gestochenen wellen- oder mäanderartigen Bändern und Mustern verzierte Schüsseln, Schalen oder kugelige Töpfe („Kümpfe" genannt) finden sich nun in den jungsteinzeitlichen Siedlungen vom Pariser Becken bis ans Schwarze Meer. In der ersten Phase von 5600 bis 5200 v. Chr. erscheint uns die bandkeramische Kultur noch sehr einheitlich. In der späteren Phase von 5200 bis 4800 v. Chr. nimmt sie zusehends regionale Züge an, bis sie letztlich in verschiedenen regionalen Folgekulturen aufgeht.

Schon gewusst?!
Was versteht man unter ^{14}C-Datierung?

Mit der Radiokarbonmethode, kurz auch ^{14}C-Datierung genannt, kann man das Alter bestimmter archäologischer Funde bestimmen. Das Kohlenstoffisotop ^{14}C gelangt durch die Fotosynthese der Pflanzen auch in die Nahrungskette von Menschen und Tieren und wird somit vom Körper aufgenommen. Stirbt ein Individuum, nimmt es kein weiteres ^{14}C mehr auf. Ab diesem Zeitpunkt beginnt der Zerfall. So ist nach 5730 Jahren nur noch die Hälfte des ^{14}C erhalten. Deshalb nennt man diesen Zeitpunkt auch die Halbwertszeit. Das Kohlenstoff-Isotop ^{12}C hingegen bleibt unverändert. Der Vergleich beider Isotope liefert damit eine relativ genaue Altersbestimmung. Ist ein Fund jedoch älter als 50 000 Jahre, wird es schwierig, noch eine genügend große Menge an ^{14}C festzustellen.

FUNDSTELLE 18

Rund um den Goldberg – Wegweiser der Siedlungsarchäologie

Ostalbkreis

39 Der Goldberg

Nahe Goldburghausen liegt der 60 m hohe Goldberg. Es handelt sich um einen Travertin(Süßwasserkalk)-Felsen, der nach dem Abfluss des einstigen Ries-Sees entstanden ist. Wer nach Goldburghausen kommt, sollte neben dem Besuch des Goldbergmuseums unbedingt einen Ausflug zum Goldberg machen. Allein der wunderbare Blick über das Nördlinger Ries belohnt alle Mühen des Aufstiegs. Der Goldberg ist Teil des Wanderweges „vom Ipf zum Goldberg", der sich über eine Länge von 30 km rund um die beiden vorgeschichtlichen Hauptdenkmäler in einer reizvollen Landschaft um das Nördlinger Ries erstreckt. Hier erfährt man einiges über die Siedlungsgeschichte der Region von der Altsteinzeit bis zu den Römern.

Die gesamte Tour des ausgeschilderten und durch das Logo einer stilisierten keltischen Münze gekennzeichneten Wanderweges ist mit insgesamt knapp 30 km doch recht lang. Im besten Fall kann sie als Zwei-Tagestour oder aber als Fahrradtour auch an einem Tag bewältigt werden. Daher werden hier nur einzelne Stationen, die sich für eine Tagestour eignen, vorgeschlagen.

Beginnen lassen wir unsere Tour „rund um den Goldberg" am besten mit einem Besuch im Goldbergmuseum (Station 10) in Goldberghausen. Hier wird die vorgeschichtliche Besiedlung des Goldbergs mehr als anschaulich begreifbar. Anhand der vielen, in liebevoller Arbeit von Hans Pfletschinger erstellten Exponate und Siedlungsmodelle bekommt man einen Eindruck vom Leben am Goldberg vor vielen tausend Jahren. Aber als ob das nicht reichen würde – hier im Museum darf man selbst Hand anlegen. Ob bohren oder sägen nach altem Handwerk oder sein Glück am Webstuhl versuchen – es ist fast alles möglich, so dass auch Kinder voll auf ihre Kosten kommen.

Vom Goldbergmuseum in Riesbürg-Goldburghausen führt der Goldbergweg („Wegrunde B") entlang der K 3305 zum südlichen Hügelfuß des Goldbergs mit seinen prähistorischen Siedlungsstellen. Hier biegen wir in einen Stichweg ein, der uns nach oben zum Goldbergplateau führt. Dort informieren Schautafeln („Stationen 11a und b") über die Geschichte des Felsenmassivs.

Die vorgeschichtliche Besiedlung des Goldbergplateaus reicht vom Neolithikum bis in die Eisenzeit und umfasst im Ganzen einen Zeitrahmen von 4000 bis 300 v. Chr. Die erste Siedlungsphase fällt ins 5. Jahrtausend v. Chr., also in die neolithische Epoche. Im Osten des Plateaus konnte eine Siedlung mit 20 Pfostenhäusern und einer kleinen, nach Westen hin errichteten Palisade nachgewiesen werden. Ein Jahrtausend später wurde die Siedlung mit Wall und Graben gesichert. Vor allem die Keramik des 3. Jahrtausends v. Chr. machte den Goldberg in archäologischen Fachkreisen populär. Sie bildet mit ihren Merkmalen eine ganz eigene, jedoch weit verbreitete Kulturgruppe, welche bis nach Bayern nachweisbar ist.

Um 2500 v. Chr. finden sich die vorerst letzten Siedlungsaktivitäten. Es handelt sich um das letzte jungsteinzeitliche Dorf mit über 50, diesmal aber eher leicht gebauten Häusern. Danach bricht die immerhin durch das gesamte Neolithikum kontinuierlich anhaltende Besiedlung vorerst ab.

Bronzezeitliche Siedlungsspuren finden sich in der Nähe des Goldbergs, nicht auf dessen Höhe, sondern im „Pflaumloch" bei Riesbürg (Station 19). Wer zu Fuß unterwegs ist, kehrt am besten zurück zum Museum und besucht „Station 19" als auch die weiteren Stationen etappenweise mit dem Auto.

Das Goldbergplateau wird erst im 7. und 6. Jahrhundert v. Chr. erneut besiedelt. Interessant ist, dass in dieser Besiedlungsphase zu Beginn der nun einsetzenden Eisenzeit bereits eine deutlich differenzierte soziale Einteilung innerhalb der Dorfstruktur zu erkennen ist. Zwischen all den gewöhnlichen Wohn- und Wirtschaftsgebäuden war ein Gebäudekomplex deutlich durch eine Palisadenumzäunung abgesetzt. Ob es sich hier wohl um den „Burgherren" beziehungsweise das Dorfoberhaupt handelte?

Im 6. bis 5. Jahrhundert v. Chr. – der Zeit der Kelten – verkleinerte sich die Siedlung wieder. Der kleine, von einem Graben und einer Holz-Erde-Mauer umwehrte Ort – in direkter Nachbarschaft zum keltischen Oppidum auf dem Ipf – dürfte wohl nur wenigen Menschen Platz geboten haben.

Weitere Siedlungsaktivitäten stammen aus den nachchristlichen Jahrhunderten. So siedelten in der spätrömischen Kaiserzeit sowie im frühen Mittelalter immer wieder Menschen auf und in der Nähe des Goldbergs. Leider ist heute von all diesen ver-

---

Über die A 7 Ulm-Feuchtwangen, Ausfahrt 114 Aalen/Westhausen, auf die B29 in Richtung Bopfingen abfahren. In Bopfingen auf die L 1078 nach Kirchheim. Von Kirchheim über die K 3304 nach Riesbürg-Goldburghausen. Nach dem Ortseingang links in die Ostalbstraße in Richtung Ortskern abbiegen.

48°51'36.7"N, 10°25'17.4"E

Halb- bis Ganztagesausflug.

Nicht überall barrierefrei und besser mit Trage als mit Kinderwagen begehbar. Trittsicherheit erforderlich!

Goldbergmuseum, Ostalbstraße 33, 73469 Riesbürg-Goldburghausen, Tel. 09081/29350, *mail@goldbergmuseum.de*, www.riesbuerg.de.
Öffnungszeiten: April–Oktober:
So. 14–17 Uhr, werktags nach Anmeldung.

schiedenen Siedlungsepochen nichts mehr zu sehen. Dennoch bietet der Goldberg mit seiner exponierten Lage und dem tollen Rundumblick über das Nördlinger Ries die Möglichkeit, sich bei einem ausgedehnten Spaziergang von seiner Vergangenheit inspirieren und sich wenigstens ein bisschen in die Anfänge unserer Besiedlungsgeschichte zurückversetzen zu lassen.

Wenn Tote erzählen – Vom Hocker- zum Hügelgrab

Gräber zeugen nicht nur von der Fähigkeit des Menschen, sich Gedanken um den Tod zu machen, sondern auch von Glaube und Liebe. Während aus der Steinzeit Grabfunde zwar bekannt, jedoch noch selten sind, gehören sie nun, da sich die Menschen häuslich niederlassen und größere Gemeinschaften bilden, zum Alltag.

> **Schon gewusst?!**
> **Im Zweifel dem Stärkeren –**
> **Das Massengrab von Talheim**
>
> 1983 stößt Eberhard Schoch in seinem Gemüsebeet plötzlich auf menschliche Skelettreste. Es handelt sich um eines der ersten bekannten Massengräber aus der Jungsteinzeit und einen der ersten nachgewiesenen kriegerischen Konflikte in der Menschheitsgeschichte. Nach und nach gelingt es den Forschern aus dem Wirrwarr unzähliger Knochen das schreckliche Geschehen zu rekonstruieren, welches sich vor rund 7000 Jahren abgespielt hat. Die Verletzungsspuren der insgesamt 34 Individuen (18 Erwachsene und 16 Kinder bzw. Jugendliche) weisen darauf hin, dass die Menschen von hinten, teils sogar noch am Boden liegend, attackiert wurden. Neben Steinbeilen kamen auch Pfeil und Bogen zum Einsatz, was darauf deutet, dass der Überfall bei guten Lichtverhältnissen, also wohl am Tage, verübt wurde. Der Anlass für diese Tat? Ob Frauenraub, Blutrache oder Nahrungsknappheit, die Tat erscheint furchtbar und zeugt von einer bis dahin unbekannten Grausamkeit unter der Spezies Homo sapiens sapiens.

40 Hockerbestattung aus Singen mit Glockenbecherbeigabe im Fußbereich (2400 – 2200 v. Chr.)

Auch die Kulturen der Jungsteinzeit sind hauptsächlich anhand von Gräbern belegt. Es handelt sich zumeist um sogenannte Hockergräber. Das heißt, man legte die Toten seitlich in Hocker- oder Schlafposition, mit angewinkelten Armen und Beinen ins Grab, ganz so, als ob sie schliefen. Die Beigabe eines Tonbechers ist ein charakteristisches Merkmal dieser Zeit. Anbei werden auch Schmuck sowie Waffen in Form von Steinäxten, Dolchen oder Feuersteinmessern und Pfeil und Bogen mit ins Grab gelegt. Sogenannte Megalith- oder Dolmengräber, wie sie vermehrt aus west- und nordeuropäischen Kontexten bekannt sind, finden sich bei uns eher selten. Eins der wenigen, aus großen Steinplatten gefertigte Grabmonumente wurde in Schwörstadt (Kreis Lörrach) gefunden.

FUNDSTELLE 19

Der Heidenstein von Schwörstadt

Kreis Lörrach

41 Der Heidenstein von Schwörstadt

Mitten im Wohngebiet von Schwörstadt befindet sich unterhalb des steil abfallenden Dinkelbergs ein weiteres vorgeschichtliches Denkmal. Der „Heidenstein" gehörte einst zu einer aus riesigen Monolithen aufgebauten Grabkammer. Diese sogenannten Megalithgräber sind in unseren Breiten eher selten und weitaus häufiger in Nord- und Westeuropa anzutreffen. Obgleich die archäologische Forschung auch auf diesem Gebiet in den letzten Jahren große Fortschritte gemacht hat, so sind genaue Details um diese geheimnisvollen Grabanlagen noch sehr facettenreich.

Wir erreichen den Heidenstein direkt von der Römerstraße aus. Er liegt im Vorgarten eines Hauses, ist aber frei zugänglich und mit Hinweistafeln ausgestattet. Die „Dolme" (die Übersetzung des bretonischen Begriffs bedeutet so viel wie „Steintisch") von Schwörstadt ist eine von mehreren bekannten neolithischen Grabanlagen, wie sie eher im Schweizer und Französischen Jura vorkommen. Diese in der zweiten Hälfte des vierten vorchristlichen Jahrtausends erstmals auftretenden Anlagen sind nicht sehr zahlreich und dazu in den Altgrabungen teils schlecht dokumentiert. Die Grabplatte aus Schwörstadt dürfte aus dem 2. Jahrtausend v. Chr. stammen. Bei dem heute als „Heidenstein" bekannten Monolithen handelt es sich nur noch um den Frontstein der einst mächtigen Grabkammer aus riesigen, bearbeiteten Sandsteinplatten. Im 19. Jahrhundert lag das als „Heidentempel" bezeichnete Grab mitten in einem Weinberg, bevor es dann vor 150 Jahren zerstört wurde. Erhalten blieb nur noch die als nicht ganz geheuer geltende Frontsteinplatte, bestehend aus einem 2 m hohen und 60 Zentner schweren Muschelkalkblock. Darin eingehauen ist das „Seelenloch", eine, wie man annimmt, bei den Megalithgräbern häufig anzutreffende Graböffnung für die Seele des Verstorbenen. Oder diente das Loch womöglich der Niederlegung von Opfergaben?

 Über die A 98/A 861 Lörrach-Rheinfelden, Ausfahrt 3 Rheinfelden-Süd, auf die B 34 Richtung Schwörstadt. Nach dem Ortseingang Schwörstadt von der B 34 (Hauptstr.) nach 400 m links in die Römerstraße abbiegen. Nach ca. 300 m liegt das Ziel im Vorgarten eines Hauses. Oder von Waldshut-Thiengen erfolgt die Anfahrt ebenfalls über die B 34 Bad Säckingen nach Schwörstadt. In Schwörstadt biegt man vor der Volksbank rechts ab in die Römerstraße. Parkmöglichkeiten an der Straße.

 47°35'32.6"N, 7°52'19.0"E

 Barrierefrei

 Wer noch etwas Zeit mitbringt, der sollte einen Abstecher zum Menhir „Hunnenstein" in Niederdossenbach einplanen. Der Weg zum Hunnenstein ist ausgeschildert (47°36'48.4"N, 7°52'25.1"E).

Schon gewusst?!
Megalithe, Dolmen, Menhire – mystische Glaubenswelt oder Territorialmarkierung?

Spricht man von Menhiren oder Megalithgräbern, so befindet man sich ca. im Zeitalter von Ötzi und Co., also rund 5000 Jahre vor heute. Die Funktion dieser Großsteine ist bis heute umstritten. Sie könnten im Falle von Megalithgräbern als Gräber selbst oder aber in Form einzeln stehender Steinsteelen auch als Markierung für Gräber oder als Opferstätten gedient haben. Menhire könnten zur Erinnerung an Verstorbene oder an besondere Ereignisse aufgestellt worden sein. Heute sind nur noch wenige Menhire bekannt, da die meisten der Landwirtschaft im Weg standen. Im Falle des Menhirs von Weilheim (Kr. Tübingen) ist anzunehmen, dass Monumente dieser Art auch als Territorialmarkierungen oder als Erinnerung an wichtige Persönlichkeiten gedient haben könnten.

1922 und 1926 wurden Ausgrabungen an dem Steingrab durchgeführt. Dabei ließ sich der trapezförmige Grundriss der Anlage feststellen. In der Grabkammer lagen 19, nach Osten orientierte Körperbestattungen aus der Jungsteinzeit und der Bronzezeit. Als Grabbeigaben fanden sich u.a. eine Dolchklinge aus Feuerstein und durchbohrte Tierzähne.

Ein weiteres Grab stammt aus der Zeit des Übergangs vom 2. ins 1. Jahrtausend v. Chr. Das bedeutet, dass die Grabanlage eine lange Funktion erfüllte und wohl auch über einen großen Zeitraum hinweg die Totenruhe gewahrt wurde. Möglicherweise gehört auch der Dossenheimer Menhir „Hunnenstein", ganz in der Nähe von Schwörstadt im Gewann „Krosilienwald" gelegen, der gleichen Zeitstellung an.

42 Glockenbecher, Vierfüßchenschale und Schale – Typisches Keramikensemble des Endneolithikums

Vom Stein zur Bronze – Leben in der Bronzezeit

KAPITEL 3

Keramik, Kupfer, Bronze – ein Zeitalter neuer Techniken

Am Ende der Jungsteinzeit stehen sich zwei archäologische Kulturen in Europa gegenüber. Sie haben sich schnell ausgebreitet und stehen so für Innovation und gesellschaftlichen Wandel. Im westlichen Teil ist es die nach ihrer typischen Gefäßform benannte Glockenbecherkultur, im östlichen Teil die wegen ihrer Verzierungstechnik mit Schnurabdrücken bezeichnete Schnurkeramikkultur. Männer und Frauen werden in beiden Kulturen im Grab unterschiedlich ausgerichtet niedergelegt. Die Glockenbecherleute folgten dabei der Nord-Süd-Achse, die Schnurkeramiker der Ost-West-Achse. Die übliche Waffe der Glockenbecherleute sind Pfeil und Bogen, bei den Schnurkeramikern ist es die Axt. Neben den Flachgräberfeldern mit Hockerbestattungen entstehen erste Grabhügelfelder. Unter den Beigaben finden sich nun erste Dolche aus Kupfer, dem aus dem Osten vordringenden Werkstoff, welcher die sogenannte Bronzezeit einläutete.

Ein Werkstoff auf Reise – Der Handel mit Kupfer

Mit einer 3000-jährigen Verzögerung erreichte auch Europa ein neuer Werkstoff, der den wirtschaftlichen Handel und das gesellschaftliche Gefüge tiefgreifend verändern sollte: es war die Bronze. In Kleinasien wurden bereits seit dem 9./8. Jahrtausend v. Chr. Kupfer und Gold in Schmiedetechnik verarbeitet. Ab dem 6. Jahrtausend v. Chr. sah man sich dort bereits in der Lage, Kupfer und andere Erze zu schmelzen und weiter zu verhütten. Diese Verhüttungs- und Produktionstechniken gelangten letztlich aus dem Schwarz- und Mittelmeerraum sowie über den Balkan auch nach Mitteleuropa. Seit dem 5. Jahrtausend v. Chr. wurde auf dem Balkan Kupfererz im einfachen Schmelzverfahren gewonnen und mit Hilfe sogenannter Gusstiegel weiterverarbei-

> **Schon gewusst?!**
> **Das Pferd – vom Gejagten zum Gefährten**
>
> Es ist nicht ganz eindeutig geklärt, wann genau das Pferd vom gejagten Beutetier zum Gefährten des Menschen wurde. In Europa ist es als „Haustier" erstmals in der frühen Bronzezeit belegt. Jedoch wurde es damals nicht geritten sondern seltsamerweise wohl ausschließlich als Zugtier vor einen Wagen gespannt. Erste Belege für die Nutzung des Pferdes als Reittier finden sich in Europa gesichert erst ab der frühen Eisenzeit. Nun sind eindeutig auch Reitsporen, Steigbügel und Sättel unter den archäologischen Funden. Gerade diese Funktion revolutionierte den Personen- und Warentransport in vorgeschichtlicher Zeit auf eine Weise, wie erst wieder im 19. Jh. Eisenbahn und Automobil.

tet. Solche Gusstiegel und Reste von Eisenschlacke sind die ersten Nachweise für die Metallverarbeitung in den Siedlungen dieser Zeitstellung. Die Endprodukte finden wir häufig in den Gräbern in Form von Dolchklingen, Kupferbeilen und Schmuckstücken. Auch das südliche Mitteleuropa erreichte bald das Wissen über den neuen Werkstoff und dessen Herstellung. Rund um die Alpen tauchten ab 4000 v. Chr. die ersten Gusstiegel auf. Eine Kupferscheibe von der Seeufersiedlung Hornstaad-Hörnle gehört zu den ältesten Metallfunden des Voralpenraums (etwa 3910 v. Chr.).

In unserer Region sind der Gebrauch und die Vergesellschaftung von Kupfer erstmals für die Kulturgruppen der Jungsteinzeit im 4. Jahrtausend v. Chr. nachgewiesen. Daher wurde und wird teilweise auch noch heute gerne der Begriff der Kupfersteinzeit angewendet.

Vor allem die Regionen in den nördlichen Alpen verfügten über reiche Kupfervorkommen. Hier wurde das Kupfererz bergmännisch abgebaut und in der Bronzezeit in Form von gegossenen Barren über weite Handelswege bis in die nördlichen Voralpenregionen gehandelt. Aber auch aus dem Trentino (Italien) ist der Kupferabbau bereits seit der ausgehenden Jungsteinzeit nachgewiesen.

43 Ötzi – ein jungsteinzeitlicher Händler?

Schon gewusst?! Ötzi – der Mann, der das Kupfer kannte

1990 wurde durch Zufall in den Ötztaler Alpen die Gletschermumie „Ötzi" gefunden. Der Mann aus dem Eis gab der Forschung über 20 Jahre immer neue Rätsel auf. Heute weiß man: Ötzi ist 5000 Jahre alt, stammt damit aus der Kupfersteinzeit und war den neuesten Forschungen zufolge Südtiroler. Vermutlich im Vinschgau ansässig, scheint der 45-Jährige, 1,60 m große, stämmige und äußerst durchtrainierte Mann rege Handelskontakte zu den Kulturgruppen auf der anderen Alpenseite, beispielsweise am Bodensee, gehabt zu haben. Ob er deshalb in das unwirtliche Hochgebirge aufgebrochen war? Neben den typischen jungsteinzeitlichen Gerätschaften wie u. a. Pfeil und Bogen trug Ötzi auch ein Kupferbeil bei sich – ein wertvolles Gut, über das nur die Erzeuger selbst oder Angehörige einer Oberschicht verfügten und von dem ganz ähnliche Exemplare ebenfalls aus den Pfahlbauten der Bodensee- und Federseeregion bekannt sind.

Der Weg zur Bronze

Eine weitere bahnbrechende Neuerung auf dem Weg der Metallverarbeitung stellte die Entdeckung einer künstlichen Metallverbindung aus 90 % Kupfer und 10 % Zinn dar. Diese „Zinnbronze" erwies sich weniger spröde als das reine Kupfer. Vor allem aber war sie belastbarer, wenngleich wohl genauso wenig gesund wie die vorausgehende Arsenbronze.

Während das Kupfer nach wie vor in den Alpen abgebaut wurde, stammte das für die Legierung benötigte Zinn, wie anhand von Fundstücken nachgewiesen werden konnte, aus Cornwall, der Bretagne und dem Erzgebirge.

Es dürfte auf die Menschen der damaligen Zeit wie Zauberei gewirkt haben, aus hartem Stein flüssiges Metall zu produzieren und dieses zu wertvollen Gegenständen zu formen. Wer solches vollbringen konnte stand ganz oben in der Hierarchie. Vermutlich nicht zuletzt aus diesem Grund dürften die Schmelzer und Gießer eine besondere Rolle in der Gesellschaft eingenommen haben.

Schutz des Eigentums – Streit um Hierarchien und Vormachtstellung

Im Verlauf der nun einsetzenden Bronzezeit entstanden neben den vielen kleinen Siedlungen und Weilern, welche bevorzugt in Hanglagen oder an Fluss- und Bachläufen zu finden waren, auch erste wehrhafte Siedlungen auf Kuppen und Bergen. An den Ufern des Bodensees und an den Seen Oberschwabens wurden weiterhin Pfahlbausiedlungen angelegt. Nun aber mit befestigten Außenpalisaden, die deutlich wehrhaften Charakter zeigten.

Auch die Höhenlagen, wie wir sie bereits im vorherigen Kapitel am Goldberg bei Goldburghausen kennengelernt haben, erschienen nun ebenfalls als ein willkommener Siedlungsplatz. Woher nun kam aber dieser plötzliche Wechsel im kulturellen Erscheinungsbild?

Die Entdeckung der neuen Rohstoffe Kupfer und Bronze bewirkte einen grundlegenden wirtschaftlichen und sozialen Wandel der damaligen Gesellschaft. Neue Berufsfelder im Bereich der Metallurgie entstanden und führten zu einer Differenzierung innerhalb der Gesellschaftsstruktur.

Der Absatz des neuen Rohstoffes und der Fertigprodukte förderte den Tauschhandel und damit auch weitreichende kulturelle Kontakte. Da der Alpenraum aufgrund der reichen Kupfervorkommen von großem wirtschaftlichem Interesse war, kam es auch hier zu einer vermehrten Ansiedlung. Auch das direkte Alpenvorland profitierte von dem regen Handel mit Rohstoffen.

Allerdings konnten sich nur wohlhabende Gemeinschaften oder Personen das kostbare Kupfer leisten. Kupfergegenstände wurden somit zu Symbolen für Reichtum und Macht. Die Grundlage des Reichtums der Menschen dürfte aber weiterhin aus ihrem Viehbestand und dem Ertrag ihrer Felder bestanden haben. Hinzu kamen womöglich Funktionen, die mit der Kontrolle von Gütertransport und -austausch zu tun hatten. Die unterschiedlichen Besitzverhältnisse weckten vermehrt das Bedürfnis nach Schutz vor Angriffen. Diese Entwicklung ist bei vielen bekannten bronzezeitlichen Siedlungen zu beobachten und nimmt im Laufe der Bronzezeit immer mehr zu.

> **Schon gewusst?! Bronzeguss**
>
> Das aus dem Fels gebrochene, zermahlene und „geröstete" Erz wurde in Öfen geschmolzen. Durch das Verbrennen von Holzkohle und durch Luftzufuhr mittels Blasebalg erreichte man die benötigte Verhüttungstemperatur von über 1000 °C. Als Abfallprodukt des Schmelzvorgangs entstand viel Schlacke, die heute der beste Nachweis solcher Verhüttungsplätze ist. Nach mehreren Schmelzvorgängen entstanden Kupfergusskuchen und Kupferbarren, welche in die Siedlungen gebracht oder auf dem Tauschweg weitergehandelt wurden. Erst in den Siedlungen schmolz man die Kuchen und Barren wieder in Gusstiegeln ein und goss das flüssige Kupfer schließlich in Gussformen aus Stein oder Ton zu Waffen, Schmuck und zu Geräten des täglichen Gebrauchs.

FUNDSTELLE 20

Der Kirchberg bei Reusten – Schutz auf dem Berg

Ammerbuch, Kreis Tübingen

44 Der Kirchberg bei Reusten

Am Zusammenfluss von Ammer und Kochhart, westlich von Tübingen, am Rand des ansonsten sanft geschwungenen Ammertales, liegt der kleine Ortsteil Ammerbuch-Reusten. Aus dem harten Muschelkalk der Gäuhochfläche haben die beiden Flüsse ein schmales Felsplateau herausgeschnitten. Auf der dem Ort abgewandten Seite ist der etwa 50 m hohe Hang sehr steil und nicht zu überwinden. Heute hat ein Steinbruch sein Aussehen verändert, ein See ist entstanden. Imposant ist der Blick von unten wie von oben aber geblieben. Auf der langen schmalen Geländezunge lagen vorgeschichtliche und mittelalterliche Ansiedlungen, deren Spuren sich heute überlagern.

Der Kirchberg bei Reusten ist ein geschichtsträchtiger Ort und ein wunderbares Stück Natur für einen Sonntagsausflug. Wir folgen der Beschilderung zum Kirchberg steil den Hang hinauf bis zum Sportplatz. Hier gibt es genügend Parkplätze und übrigens auch einen großen Spielplatz. Nun folgen wir dem geteerten Weg am Sportheim vorbei auf die Felder. Nach ca. 200 m biegen wir links ab und folgen dem Pfad weiter entlang der Hangkante für weitere 250 m. An der kaum bewachsenen, felsigen Hügelkuppe schauen wir hinunter in den Kochartgraben und steigen entweder direkt über die Wiese oder aber entlang des kleinen Trampelpfades in diesen hinab. Unten angekommen folgen wir links dem Bachlauf wieder in Richtung Kirchberg. Der Pfad führt über Wiesen und quert auch einige Male den Bach – ein wunderbarer Ort, um die Seele baumeln zu lassen, oder aber für Kinder, um sich richtig auszutoben. Nach einer guten Viertelstunde öffnet sich der Blick auf den Kirchberg, auf dessen Plateau seit der Jungsteinzeit Menschen gesiedelt haben.

Heute zeugen nur noch die bei den Grabungen und Begehungen geborgenen Keramikscherben sowie einige Stein- und Geweihgeräte von den jungsteinzeitlichen Siedlungsaktivitäten und einer frühbronzezeitlichen Höhensiedlung. Nur wenige Funde stammen aus der Urnenfelder- und Hallstattzeit. Bei den Grabungen der Jahre 1921, 1923 und 1927 fand man auf dem Kirchberg Siedlungsspuren am südlichen und nördlichen Rand der Kirchbergspitze. Heute vermutet man, dass es sich dabei nicht um eine getrennte „Südsiedlung" und „Nordsiedlung" handelte, sondern der zentrale Bereich des Plateaus nur durch die dort stärker einwirkenden Erosionsvorgänge fundleer blieb. Von den Steinwällen, Palisaden und Steinsetzungen von Häusern, welche bei den Altgrabungen wohl noch vorgefunden wurden, ist nichts mehr erhalten. Raubgräber und der Steinbruch haben an den ehemaligen Fundstellen „genagt".

Wir steigen am Ende des Kochartgrabens an der linken Hangkante den Trampelpfad wieder steil nach oben und erreichen das Plateau. Was man nun gut sehen kann ist, dass die Lage perfekten Schutz für die frühen Siedlungen bot, da sie nur von eben dieser Talseite, die wir gerade erklommen haben, geschützt werden musste. Die andere Seite bot durch den Steilabfall einen natürlichen Schutz. Dass genau dies der ausschlaggebende Faktor für die Anlage einer Siedlung an diesem Standort war, belegen die beiden, heute im Gelände sichtbaren, Wälle und begleitenden Gräben. Sie verlaufen quer über die Geländezunge und riegeln ihre Spitze vom Rest des Plateaus ab. Zwar sind diese Gräben viel jünger und stammen von der mittelalterlichen Burg Kräheneck (ca. 1000–1200 n. Chr.), doch zeigen sie das Prinzip einer Abschnittsbefestigung auf eindrückliche Art und Weise.

Vom Plateau aus folgt man dem Weg rechts zurück zum Sportplatz oder man kehrt noch im kleinen Bergcafé (bei den Einheimischen übrigens ein echter Geheimtipp) ein.

 A 81 Stuttgart-Singen, Ausfahrt 28 Herrenberg, auf die B 28 in Richtung Tübingen abfahren. Kurz vor Entringen an der Kreuzung Breitenholz nach rechts abbiegen und der K 6916 nach Reusten folgen. In Reusten nach rechts in die Altinger Straße abbiegen. Nach 350 m links abbiegen und der steilen Straße „Am Kirchberg" bis zum Parkplatz Bergcafé oder Sportplatz folgen.

 48°32'33.7"N, 8°54'58.0"E

 2 Stunden

 Nicht barrierefrei, gutes Schuhwerk erforderlich

Von Dolchen und anderen Waffen – Krieg in der Bronzezeit?

Prägend für die Bronzezeit ist auch ein stetiger Wandel im Bestattungsritus. Für die Phase der Frühen Bronzezeit (2200–1600 v. Chr.) sind zunächst noch die aus der jungsteinzeitlichen Tradition bekannten kleinen Flachgräberfelder bekannt. Die Toten wurden in der bereits beschriebenen „Hockerstellung" bestattet. Daher werden sie auch als „Hockergräber" oder einfach als „Hocker" bezeichnet. Die Gräber beinhalten weiterhin einen reichen, jungsteinzeitlich anmutenden Beigabenbestand. Hinzu kommen nun auch Gegenstände aus Kupfer und später Bronze, so u. a. Haarnadeln oder Dolche. Letztere sind wohl neben den schon aus der Jungsteinzeit bekannten Steinbeilen – jetzt jedoch aus Kupfer oder Bronze gefertigt – als typische Waffen der beginnenden Bronzezeit anzusehen und weithin in Europa und darüber hinaus verbreitet.

FUNDSTELLE 21

Dolche für Weilheim oder Besuch aus Südtirol? – Der Menhir von Weilheim

Kreis Tübingen

Sensationell war der Fund, der bei Kanalisationsarbeiten im April 1985 gemacht wurde. Arbeiter entdeckten bei Weilheim zwei Fragmente eines einst 4,5 m hohen Menhirs aus Stubensandstein. Dieser war beidseitig mit Reliefs verziert. Nach genauer Untersuchung durch das Landesamt für Denkmalpflege Baden-Württemberg kam eine weitere Sensation zu Tage. Bei den Verzierungen handelt es sich um Stabdolche, wie sie aus der frühen Bronzezeit bis nach Italien bekannt sind. Die heutige Kopie des Menhirs ist genau an der Fundstelle zu bewundern.

Weit ist der Weg zur Fundstelle nicht und vermutlich fällt der auf den ersten Blick außer seiner Größe doch recht unscheinbare Sandsteinblock dem vorbeifahrenden Fahrradfahrer oder dem Spaziergänger gar nicht auf. Und doch ist der Menhir eine absolute Sensation und ganz und gar einmalig in unserer Region. Von der Alten Landstraße in Weilheim, an der man auch gute Parkmöglichkeiten findet, zweigen wir, von der L 370 Rottenburg-Tübingen kommend, den ersten Weg rechts ab. Er mündet auf den Fahrradweg in Richtung Kilchberg und ist auch als Fußweg gut begehbar. Hier, direkt an der Kreuzung hinter dem Bauernhof, steht die Kopie des berühmten Weilheimer Menhirs. Die über 4 m hohe Steinstele zeigt bei genauem Hinsehen auf der vermeintlichen Vorderseite fünf sogenannte Stabdolche sowie eine ovale Scheibe. Die Rückseite ist flächig mit schalenförmigen Vertiefungen und eingemeißelten Rillen verziert, über deren Bedeutung wir nichts Genaues wissen. Wohl aber über die Stabdolche auf der Vorderseite. Solche verzierten Menhire sind, obgleich die

45 Stele von Weilheim mit Stabdolchen

Form der Dolche in der frühen Bronzezeit weit verbreitet war, nur aus dem Südtiroler Raum (Italien) bekannt. Ein Beweis für die weitreichenden Handelskontakte zwischen frühen Südtirolern und den Bewohnern unserer Region? Da Stabdolche keine verwendbaren Waffen waren, sondern entweder in einen kultischen Kontext gehörten oder aber als Symbole der Macht dienten, könnte auch die Stele in diesem Zusammenhang gesehen werden. Auch eine Datierung des Menhirs ist anhand der Dolchdarstellung möglich, da solche Dolche im 2. Jahrtausend v. Chr., also in der frühen Bronzezeit, über weite Teile Europas von Irland, Großbritannien und Südskandinavien über Mittel- und Osteuropa bis in den Mittelmeerraum verbreitet waren. Eine echte Stabdolchklinge wurde übrigens im wenige Kilometer entfernten Rottenburg-Kiebingen gefunden. Ob deren Besitzer wohl derselbe war, dem auch die Stele gewidmet wurde?!

Von Weilheim aus folgen wir dem geteerten Weg für ca. 500 m geradeaus, biegen dann für weitere 200 m links ab und gehen die nächste Möglichkeit wieder nach rechts bis zum Ortsrand von Kilchberg. Hier biegen wir an der ersten Möglichkeit rechts ab und folgen der Straße „Am Keltengrab", bis wir nach wenigen Metern den nicht bronze- sondern eisenzeitlichen Grabhügel auf der rechten Straßenseite antreffen. Auch auf diesem Monument finden sich gleich drei Steinstelen, eher eine Seltenheit für einen einzigen Grabhügel! Bei Grabungen kamen im Hügelzentrum mehrere Bestattungen verschiedener Zeitstellungen der Eisenzeit zu Tage. Über dem Brandgrab der älteren Hallstattzeit, also des 8./7. Jahrhunderts v. Chr., lag eine weitere Körperbestattung des 6. Jahrhunderts v. Chr. Letztere war von einer „Steinpackung" zum Schutz des Grabes umgeben. Aus dieser Steinabdeckung wurden Reste von zwei der drei Stelen geborgen. Sie weisen stark stilisierte menschliche Abbildungen auf. Die Stelen dürften vor dieser Verwendung bereits auf einem älteren Grab aufgestellt gewesen sein. Mit der jüngeren Aufschüttung des Hügels, umgab man das Grab mit einem Kranz aus mächtigen Steinblöcken. In der Mitte dieses Steinkreises lag die dritte Stele, die ebenfalls von menschlicher Gestalt ist. Heute steht man vor dem rekonstruierten Grabmonument und auch bei den drei Stelen handelt es sich nicht um die Originalfunde – diese würden zu sehr verwittern und damit für immer verloren gehen. Dennoch ist das Grabmal durch eine Informationstafel gut erläutert und in Verbindung mit dem älteren Weilheimer Menhir unbedingt einen Besuch wert. Vom Grabhügel folgt man am besten dem gleichen Weg zurück nach Weilheim.

 Von der Landstraße L 370 Rottenburg-Tübingen an der Kreuzung am Real-Markt nach Weilheim in die Alte Landstraße abbiegen. Bei der ersten Gelegenheit rechts abbiegen (Fahrradweg Weilheim-Kilchberg). Parkmöglichkeiten an der Straße.

Wer nicht laufen will, fährt von Weilheim auf der L 370 Richtung Rottenburg-Kilchberg und biegt die erste Möglichkeit nach dem Ortseingang von Kilchberg links ab. Dann gleich die erste links und der Theodor-Heuss-Straße bis zum Ende folgen und rechts in die Straße „Am Keltengrab" abbiegen. Das Ziel befindet sich auf der linken Seite am Spielplatz. Parkmöglichkeiten am Ziel.

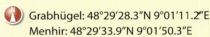 Grabhügel: 48°29'28.3"N 9°01'11.2"E
Menhir: 48°29'33.9"N 9°01'50.3"E

 ca. 1 Stunde

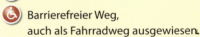 Barrierefreier Weg, auch als Fahrradweg ausgewiesen.

Vom Flachgrab zum Grabhügel – Gräber als Symbol der Macht

Am Übergang zur Mittelbronzezeit (1600–1200 v. Chr.) kamen neben den flach angelegten Hockerbestattungen auch die ersten Grabhügelfelder auf. Die Toten wurden nun vermehrt in gestreckter Rückenlage bestattet. Über den Grabkammern schüttete man Erdhügel auf. Die vielen Nachbestattungen in den Hügeln sprechen für Familiengrablegen in den nekropolartig anwachsenden Grabhügelfeldern. Im Gelände zeigen Grabhügel dazu eine andere Präsenz als Flachgräber: sie die-

46 Grabhügel von Kilchberg

nen gleichzeitig zur Kennzeichnung eines Territoriums, das so in Beschlag genommen wird. Die unterschiedlich reichen Tracht-, Schmuck- und Waffenausstattungen dieser bronzezeitlichen Gräber deuten auf eine zunehmende wirtschaftliche und soziale Differenzierung des Gesellschaftsgefüges hin, wie sie sich schon in der frühen Bronzezeit andeutet. Schwerter treten an die Stelle der Dolche, das Spektrum an Bronzebeigaben wird insgesamt immer reicher.

Auch die Importgüter aus verschiedenen Teilen Europas zeigen die weitreichenden Handelskontakte einer einflussreichen Oberschicht innerhalb der bronzezeitlichen Gesellschaft auf.

Am Übergang von der Bronze- zur Eisenzeit kam es im Verlauf des 13. Jahrhunderts v. Chr. vor allem in Mitteleuropa zu gravierenden kulturellen Veränderungen. Diese machen sich durch das Auftreten neuer Keramik- und Metallformen, nicht zuletzt aber durch einen weiteren Wandel des Grabritus bemerkbar. Letzterer scheint durch geistige und spirituelle Anregungen aus dem östlichen Europa beeinflusst worden zu sein. So wurden die Toten in der nun einsetzenden Urnenfelderkultur (1200–750 v. Chr.) auf dem Scheiterhaufen verbrannt. Die Asche füllte man in Tonurnen oder streute sie auf dem Boden der Grabgrube aus. Statt den Grabhügeln finden sich nun wieder Flachgräberfriedhöfe. Ebenso sind unverbrannte Gefäße, Schmuck sowie Waffen in den Gräbern archäologisch nachweisbar. Auch hier ist weiterhin eine starke gesellschaftliche Differenzierung zu beobachten.

Dass es daneben jedoch auch weitaus komplexere Riten bzw. Bestattungsformen gab, zeigen beispielsweise die Toten in der Wimsener Höhle (Friedrichshöhle) bei Hayingen auf der Schwäbischen Alb.

FUNDSTELLE 22

Die Tropfsteingräber in der Wimsener Höhle

Hayingen, Kreis Reutlingen

47 Bootsfahrt in der Wimsener Höhle

Die Wimsener Höhle – auch Friedrichshöhle genannt – nahe dem kleinen Örtchen Hayingen mitten auf der Schwäbischen Alb gelegen, ist seit Jahren ein beliebtes Ausflugsziel. Spannend für Jung und Alt ist die Einfahrt in die Schauhöhle mit dem Boot, denn bei dieser Höhle handelt es sich um eine Wasserhöhle. Das war jedoch nicht immer so, denn die Höhle wurde erst zu Gunsten des Mühlkanals geflutet. Dadurch ist nur noch der vordere Teil des insgesamt 723 m langen Höhlensystems für die Allgemeinheit zugänglich. In die hinteren Räume und Spalten der Höhle hingegen wagen sich nur geübte Höhlentaucher, denn das Wasser ist kalt und die Durchgänge sind sehr eng. Doch was in den verborgenen Hallen der Höhle schlummert und sich unseren Augen leider verschließt, ist fast unglaublich. Hier unten liegen die im Laufe der Jahrtausende völlig versinterten Reste menschlicher Skelette aus der Bronzezeit!

Die urkundliche Erwähnung der Wimsener Höhle gehört zu den ältesten in Süddeutschland. Übrigens wird sie auch gerne Friedrichshöhle genannt. Denn diesen Namen erhielt die Höhle zu Ehren von Kurfürst Friedrich I. von Württemberg, der die Höhle im Jahr 1803 besuchte. Die lateinische Begrüßungsinschrift am Höhleneingang erinnert noch heute an diesen hohen Besuch.

In vorgeschichtlichen Zeiten haben immer wieder Menschen Höhlen als Unterkunft, Zuflucht oder aus kulturellen Gründen aufgesucht. Das gilt, wie die Forschungen zeigen, auch für die ca. 723 m lange Wimsener Höhle. Auch die umliegenden Höhlen in der Gegend von Hayingen und Wimsen erbrachten Funde aus der Jungsteinzeit, Bronzezeit und Latènezeit, so dass die Funde der Wimsener Höhle bei Weitem keinen Einzelfall darstellen. Einzigartig ist jedoch deren Lage und Erhaltungszustand. Zwischen 1995 und 2009 wurden mehrere archäologische Untersuchungen vorgenommen

48 Versinterte Knochen und Feuersteine in der Wimsener Höhle

und dabei drei Fundstellen lokalisiert. Bereits im vorderen, befahrbaren Teil der Höhle kamen neben neuzeitlichen auch vorgeschichtliche Hinterlassenschaften zutage. Darunter Scherben mit Sinterkruste. Das bedeutet, dass diese, bevor das Wasser von der Höhle Besitz genommen hatte, für eine ganze Zeit an der Oberfläche des Höhlenbodens gelegen haben mussten, so dass sich eine kalkige Tropfwasserablagerung bilden konnte. Und tatsächlich, diese Keramikreste stammen aus der späten Bronzezeit! Der nur durch Tauchgänge zugängliche „Labyrinthsiphon" entstand erst durch die Aufstauung des Wasserspiegels im Zuge der Mühlenwirtschaft. Das bedeutet, dass der darauf folgende Bereich der Höhle in vorgeschichtlicher Zeit trockenen Fußes zu begehen war. Die Forschungen in diesem hintersten Bereich der Höhle bestätigten 2007 diese These und brachten außerdem sensationelle Entdeckungen mit sich. Denn bei dem Forschungstauchgang in der „Schatzkammer" fielen den Wissenschaftlern plötzlich die völlig versinterten menschlichen Knochen auf, die mitten zwischen den Tropfsteinen im Höhlenboden steckten und von den übrigen hier liegenden Versturzblöcken kaum zu unterscheiden waren. Da die Arbeitsbedingungen eine vollständige Bergung unmöglich machten, konnte nur ein Teil der Knochen geborgen und bestimmt werden. Die Knochen datieren mit einem Alter von ca. 1400 bis 1000 Jahren v. Chr. ebenfalls in die späte Bronzezeit. Aber was hat es mit diesen Knochen auf sich? Handelt es sich um einen „Opferkult", eine Grablege oder gar um einen Unfall? Im Moment geht man von nur einem menschlichen Individuum aus, weitere können ebenso gut noch in anderen Bereichen der schwer zugänglichen Höhle liegen. Die Keramik entspricht jedoch nicht der damals typischen Grabkeramik sondern kann eher der Siedlungskeramik zugeordnet werden. Eine einfache und schlüssige Lösung ist daher noch nicht wirklich möglich.

Strategische Besiedlung des Landesinneren

Mit dem Beginn der Urnenfelderkultur nahm auch die Besiedlungsdichte erheblich zu. Neben kleineren Gehöftgruppen, ländlichen sowie Seeufersiedlungen wurden immer mehr Siedlungen auf strategisch günstigen Berggipfeln angelegt und dazu stark befestigt. Der Wehrcharakter der Siedlungen ist nicht der einzige Hinweis auf gesellschaftliche Umwälzungen am Ende der Bronzezeit.

- Über Reutlingen auf der B 31 in Richtung Zwiefalten. Am Ortseingang Zwiefalten links auf die L 245 abbiegen und der Straße für ca. 4 km folgen. Dann linker Hand zur Wimsener Höhle abfahren. Parkplätze bei der Höhle vorhanden. Oder über die A 8 Stuttgart-München, Ausfahrt Ulm und auf der B 311 Richtung Ehingen/Donau und Obermarchtal nach Zwiefalten, weiter über die L 242 nach Hayingen.
- 48°15′22.7″N, 9°26′52.8″E
- Die Bootstour durch die Höhle dauert ca. 10 Min. Jedoch sollten Sie mitunter eine längere Wartezeit miteinberechnen.
- Nur bedingt barrierefrei und nur mit Führung zu betreten!
- Museum/Höhle: Die Höhle ist von April–Oktober täglich von 10–18 Uhr geöffnet (ab 9.00 Uhr auf Anfrage). Das Museum befindet sich im historischen Gasthof Friedrichshöhle, Wimsen 1, 72534 Hayingen-Wimsen, Tel. 07373/915260, info@wimsen.de, www.tress-gastronomie.de
- Von der Wimsener Höhle führt ein Wanderweg durch das romantische Glastal der Zwiefalter Aach, welche übrigens ihren Ursprung in der Wimsener Höhle hat.

FUNDSTELLE 23

Die Achalm – Vom Zeugenberg zur Höhenburg

Kreis Reutlingen

49 Die Achalm bei Reutlingen

Nein, sie ist kein Vulkankegel, die Achalm bei Reutlingen. Es handelt sich, wie auch beim Ipf bei Bopfingen (siehe Kapitel 4, Eisenzeit), um einen, dem Albtrauf vorgelagerten Zeugenberg, bestehend aus Ablagerungen des weißen und braunen Jura. Das 707 m hohe kleine Gipfelplateau zierte einst eine hochmittelalterliche Burg, von der heute nur noch geringe Reste übrig geblieben sind. Aber auch in vorgeschichtlicher Zeit diente die Achalm immer wieder als bevorzugter Siedlungsplatz. Von hier aus hatte man einen besonders guten Rundumblick und die Höhenlage bot zudem Schutz vor Feinden. Kein Wunder also, dass der Reutlinger Hausberg schon in der ausgehenden Bronzezeit eine gute Lage für die Errichtung einer Höhenburg bot. Vor allem wegen der hervorragenden Aussicht ist die Achalm heute noch bevorzugtes Ausflugsziel.

Wir beginnen unsere Tour am neuen Wanderparkplatz beim Funkmast und laufen in Richtung Achalm-Hotel zur Infotafel am Hangfuß des Berges. Hier beginnt ein gut beschilderter und befestigter Wanderweg in Richtung Gipfel. Wir folgen diesem Weg, der linker Hand von Bäumen gesäumt ist, vorbei an den Magergrasflächen – für geübte Wanderer auch flugs durch diese hinweg – bergauf und auf dem Burgenrundweg in Richtung Achalmspitze. Nach ungefähr 10 Min. zweigt rechts ein Weg ab, wir gehen jedoch weiter bis zur nächsten Weggabelung. Hier wählen wir den rechten Weg und folgen diesem weiter bergauf. Schließlich stehen wir in einem lichten Eschen-/Eichenwald. Wir folgen dem schmalen Pfad weiter im Uhrzeigersinn, bis er schließlich auf den Hauptweg mündet. Dort

- Von Reutlingen auf der B 28 in Richtung Metzingen fahren. Kurz vor dem Ortsausgang Reutlingen noch vor der Unterführung rechts abbiegen und der Beschilderung zur Achalm folgen.
- 48°29'38.8"N, 9°14'38.6"E
- Ca. 2 Stunden
- Nur bedingt barrierefrei, gutes Schuhwerk wird empfohlen

biegen wir nach rechts ab. Hier sind auf der rechten Seite die mächtigen „gebankten" (geschichteten) Jurakalke zu sehen, auf denen die letzten Mauern der Burgruine stehen. Die Burg wurde einst im 11. Jahrhundert erbaut und im 17. Jahrhundert zerstört. Dem Hauptweg folgend, gelangt man schließlich auf den Achalm-Turm, von dem aus wir einen atemberaubenden Blick auf den Albtrauf und in das Albvorland haben. Hier oben gibt es außerdem eine von mehreren schönen Grillstellen.

Über den Hauptweg geht es wieder hinab bis zur Baumgrenze. Folgt man dem hier linker Hand abzweigenden kleinen Feldweg unterhalb der Baumgrenze in Richtung Eningen, so stößt man nach ca. 200 m direkt auf einen vorgeschichtlichen Siedlungsplatz. Übrigens gibt es auch hier eine kleine Grillstelle, etwas abseits des Rummels, unter wunderbaren großen Kastanienbäumen!

In den 70er-Jahren des vergangenen Jahrhunderts sowie von 2000 bis 2005 wurden am Osthang des Berges, dem sogenannten „Rappenplatz", regelmäßig Grabungen durchgeführt, um die Besiedlungsgeschichte der Achalm genau zu untersuchen.

> **Schon gewusst?!**
> **Was macht der Biber auf der Achalm?**
>
> Bei den Grabungen der letzten Jahre fanden sich am „Rappenplatz" auch viele Tierknochen. Dabei handelt es sich um Nahrungsabfälle aus den Siedlungen wie auch um gleichzeitig oder später in die Siedlungsschichten gelangte Tierkadaver von Kleintieren wie Mäusen, Vögeln oder Nagetieren. Interessant war jedoch der Fund mehrerer Biberknochen, die bislang ein Rätsel aufgeben. Eine mögliche Erklärung für die Biberjagd könnte die Verwertung der inneren Organe der Tiere sein. Biber produzieren ein Körpersekret namens Castoreum. Dieses hat auf den Menschen die gleiche Wirkung wie Aspirin! „Man zerlege den Biber in kleine Stückchen, gibt Schmalz in ein …", so lautet ein Kochrezept in einem gängigen Internetforum – hoffen wir, dass den Biber dieses Schicksal nicht ereilte!

Die Funde der bisherigen Grabungen belegen, dass der „Rappenplatz" über längere Zeiträume hinweg als vorgeschichtlicher Siedlungsplatz genutzt wurde.

Die erste, nach heutigen Erkenntnissen auch befestige Höhensiedlung wurde bereits in der späten Bronzezeit, der sogenannten Urnenfelderkultur (10./9. Jahrhundert v. Chr.), an dieser Stelle erbaut. Zwei weitere Siedlungen, wohl aber etwas kleineren Ausmaßes, stammen aus der Eisenzeit (6. – 4. Jahrhundert v. Chr.). Bereits in der frühen urnenfelderzeitlichen Siedlung begann man mit einer künstlichen Aufschüttung der Fläche am „Rappenplatz", so dass bis in die Eisenzeit eine mächtige Siedlungsterrasse entstand, um hier ebenerdige Wohngebäude errichten zu können. Von diesen haben sich stellenweise sogar Reste der Flechtwerkwände und des Lehmverputzes erhalten. Auch zahlreiche Herdstellen und Reste eines Backofens sowie viele Kleinfunde (Keramik, Spinnwirtel, Webgewichte, Nadeln, Fibeln, Perlen, Tierknochen u.a.) kamen bei den Grabungen zu Tage und vermitteln inzwischen gute Einblicke in das Alltagsleben und in das Handwerk der Bewohner.

Nach diesem Abstecher gelangen wir über denselben Weg wieder hinauf zum Hauptweg und zurück zum Ausgangspunkt.

Unruhige Zeiten?

Bereits während der Frühbronzezeit werden vor allem im Voralpenraum teils große Mengen an Bronzeartefakten gesammelt und im Boden deponiert. Diese Funde nennen die Archäologen Hortfunde oder Depots. Diese Depots enthalten unfertige, fertige und zerstörte Gegenstände in unterschiedlichen Kombinationen. Ihre mögliche Deutung reicht von Materialdepots eines vorbeiziehenden Handwerkers, dem Versteck für wertvolles Hab und Gut in Krisenzeiten bis zu kultischen Beweggründen. Waren es vielleicht Gaben an einen Gott oder ein Naturheiligtum?

Die Sitte der Niederlegung von Bronzeartefakten lässt in der Mittelbronzezeit nach und hat in der späten Bronzezeit einen zweiten Höhepunkt.

FUNDSTELLE 24

Nordseeschnecken im Fürstlichen Park – Die Eremitage bei Inzigkofen

Kreis Sigmaringen

50 Felsentor im Fürstlichen Park Inzigkofen

Aus der spätbronzezeitlichen Urnenfelderzeit stammt ein Hortfund von der Eremitage bei Inzigkofen. Das Tal der noch jungen Donau wird nördlich von Inzigkofen an seiner engsten Stelle von zwei nahezu senkrecht abfallenden Felsen, der Eremitage und dem am jenseitigen Ufer gelegenen Amalienfelsen, überragt. Beide Felsen sind Teil des zwischen 1815 und 1829 durch Amalie Zephyrine, Prinzessin zu Salm-Kyrburg und Gemahlin des Fürsten Anton von Hohenzollern-Sigmaringen angelegten Fürstlichen Parks in Inzigkofen. Auf der Felskuppe der Eremitage ließ sie ein Teehaus errichten, das 1853 zu einer Einsiedlerkapelle umgebaut wurde und dem Felsen seinen Namen gab. Am Rand der Hochfläche entdeckte ein ehrenamtlicher Mitarbeiter der Denkmalpflege 2004 einen spätbronzezeitlichen Hortfund, der Berühmtheit erlangte.

Unmittelbar bei Inzigkofen, auf der zur Donau weisenden Seite der Hügelkuppe, bildet ein Felsentor einen imposanten Blickfang. Hier liegt der Felsen Eremitage und am gegenüberliegenden Donauufer der bekannte Amalienfelsen. Leider ist die Eremitage durch die Donau vom übrigen Fürstlichen Park getrennt. Vor fast 200 Jahren unterhielt das Fürstenhaus Hohenzollern einen Fährbetrieb über den Fluss. Später bauten Wehrmachtspioniere zwar einen festen Steg über die Donau, dieser wurde aber vor einigen Jahrzehnten Opfer eines Hochwassers. Nun soll dieser Teil des Parks wieder für Fußgänger bequem erreichbar gemacht werden. Eine Brücke zur Verbindung beider Teile ist in Planung. Im Moment gibt es die Möglichkeit, am direkt an der Straße nach Inzigkofen gelegenen Bahnhof zu parken oder am kleinen Parkplatz direkt hinter der Brücke. Von dort aus gelangt man sowohl in den Park als auch auf der anderen Straßenseite hinauf zur Eremitage.

Wir beginnen unsere Tour am Wanderparkplatz „Am Park" (Anfahrt am besten über den Bahnhof) oder aber an der Kirche (von hier aus ca. 10 Min. länger) in Inzigkofen. Wir folgen dem ausgeschilderten Kloster-Felsenweg, der uns zunächst rechter Hand des Klosters zum Amalienfelsen führt. Der 28,6 m über dem Wasserspiegel der Donau aufragende Felsen erinnert mit der Inschrift in großen Eisenlettern „Andenken an Amalie Zephyrine 1841" an die schöne Prinzessin. Mit der romantischen Felspartie verbindet sich die Sage, dass sich Amalie Zephyrine aus Liebeskummer von hier auf einem Schimmel in die Fluten der Donau gestürzt habe. Tatsächlich starb sie aber mit 81 Jahren in Sigmaringen. Nach dieser Anekdote steigen wir über einen schmalen Pfad auf den Amalienfelsen. Achtung, denn hier oben gibt es kein Geländer, so dass vor allem mit Kindern oder bei schlechtem Wetter große Vorsicht geboten ist! Dennoch ist der Felsen einen Besuch wert, denn von dort aus bietet sich die beste Aussicht auf die eigentliche Fundstelle der Eremitage direkt gegenüber.

Hier, nahe der Hangkante in der Nähe der Einsiedlerkapelle, wurde 2004 durch Zufall einer der mittlerweile bekanntesten bronzezeitlichen Hortfunde Baden-Württembergs gemacht.

In einer kleinen Grube lagen acht Bronzesicheln, der Hauer eines stattlichen Ebers und eine Wellhornschnecke. Diese Schnecke kommt in der Nordsee vor und belegt den Warenverkehr zwischen dem hohen Norden und dem oberen Donautal. Alle Funde stammen aus dem 11. Jahrhundert v. Chr., der sogenannten Urnenfelderzeit, die in den Abschnitt der späten Bronzezeit fällt.

Die auf diesen Fund folgenden Ausgrabungen auf der Hügelkuppe zeigten, dass hier in der Spätbronzezeit eine künstliche, teils mit Holz befestigte Plattform angelegt worden war. Dazu gehörten eine Feuerstelle und ein Scherbenpflaster absichtlich zerstörter Gefäße. Nach der Befundsituation zu

> **Schon gewusst?!**
> **Hortfunde – vergraben und nie mehr gehoben**
>
> Schatz- oder Hortfunde, wie sie in der Archäologie heißen, sind oft besondere Glücksgriffe. Mal in Gebäuden, mal im Gelände an bestimmten Stellen vergraben, unterscheiden sie sich deutlich von Opferfunden, wie sie seit der Bronzezeit von Seen, Flüssen und Mooren bekannt sind. In beiden Fällen handelt es sich um eine bewusste Niederlegung teils wertvoller, teils für den Alltagsgebrauch wichtiger Gegenstände. Gegenüber den, den Göttern geschenkten Opfern, sollten die meisten bewusst vergrabenen Gegenstände jedoch irgendwann wieder geborgen werden. Es scheint, als ob die Menschen dafür leider allzu häufig keine Gelegenheit mehr fanden und ihre Schätze nicht mehr an sich nehmen konnten. Unser Glück heute – denn „Schätze" gäbe es sonst nicht!

urteilen, handelte es sich um einen künstlich angelegten spätbronzezeitlichen Opferplatz. Vermutlich gehörte auch das unmittelbar südlich der Kapelle gelegene Felsentor zu diesem vorgeschichtlichen Höhenheiligtum. Auch in der frühen Latènezeit war dieser Ort von Bedeutung. Das zeigen die Funde eines Kindergrabs wenige Meter von der bronzezeitlichen Fundstelle entfernt. Die ältesten Funde stammen jedoch bereits aus dem Neolithikum. Somit ging dem späteren Kultplatz wohl eine kleine einfache Siedlung voraus, die die Anwesenheit von Menschen bereits im 5. und 3. Jahrtausend v. Chr. belegt.

Im frühen Mittelalter wurde dieser Platz in besonderer Weise wiederum genutzt. Hier wurden um 700 n. Chr. zwei Männer im Alter von 40 und 20 Jahren und zwischen ihnen ein Junge von 8–9 Jahren gemeinsam bestattet. Dies ist erstaunlich, da die Gräber im Frühmittelalter sonst in größeren Reihengräberfeldern und mit einem Bezug zu einer Ansiedlung angelegt wurden. Die Bestattung war aufwendig, da die Grabgrube teils tief in den anstehenden Weißjurafelsen eingegraben werden musste. Die Beigabe von eisernen Nietsporen kennzeichnet alle drei Toten als Reiter. An den Knochen wurden Spuren kriegerischer Auseinandersetzungen nachgewiesen, die zum Tode führten. Darüber hinaus stellten Spezialisten fest, dass zwischen den drei Toten eine enge Verwandtschaft bestand. Es handelte sich wohl um Vater und Söhne. Ein weiteres Kind war in der Nähe bestattet.

Wieder den Felsen heruntersteigend, bietet sich ein weiterer Rundgang durch den verwunschenen Park an. Zunächst geht es ans Donauufer unterhalb des Amalienfelsens. Von hier aus ist die Inschrift zu Ehren der Prinzessin zu bewundern. Dann wandelt man weiter, fast wie im Dornröschenschlaf, durch die einst schön bepflanzte, heute jedoch wild umwucherte Anlage in Richtung der sogenannten Teufelsbrücke. Die unterhalb der Teufelsbrücke liegende „Höll" war in früheren Tagen durch eine abenteuerliche Treppen- und Steganlage, die „Himmelsleiter", begehbar. Heute führt der Pfad zur Schlucht durch einen 4 m langen, künstlich angelegten Felsentunnel. Der Sage nach errichtete der Teufel die Brücke nach einer abfälligen Äußerung des fürstlichen Baumeisters. Er forderte dafür die Seele dessen, der die Brücke als erster überquerte. Die schlauen Inzigkofener jagten einen räudigen Hund über die fertige Brücke und konnten so dem Teufel ein Schnippchen schlagen.

Weiter geht es über die Brücke zum „Känzele". Von der Aussichtsplattform hat man einen wunderbaren Blick ins Donautal und die Umgebung. Danach führt der Weg durch mehrere Grotten, ein mächtiges Felsentor und die Lindenallee zurück zum Parkplatz. Zumindest für Familien mit älteren Kindern bietet diese Tour über Brücken und Stege, Treppen und Pfade ein unvergessliches Abenteuer!

> Über die A 81/A 98 Singen/Stockach, Ausfahrt 12 Stockach-West auf die B 313 Richtung Meßkirch/Sigmaringen nach Inzigkofen. Oder über Reutlingen auf die B 313 in Richtung Sigmaringen/Meßkirch nach Inzigkofen. Parkplätze direkt am Kloster. Für den Besuch der Eremitage parken Sie am besten auf dem Parkplatz „Alte Donau" oder am Bahnhof Inzigkofen.
>
> 48°04'37.5"N, 9°10'40.9"E
>
> Halb-/Tagesausflug
>
> Nicht barrierefrei und nur mit gutem Schuhwerk begehbar! Im Winter nicht empfehlenswert. Mit Kindern ist stellenweise große Vorsicht geboten!

51 Stilecht – Moderne Kelten in Ausstattung des 6./5. Jh. v. Chr.

Bereits im 2. Jahrtausend v. Chr., als bei uns die Bronzezeit sich zu ihrer Blüte aufschwang, hatten die Hethiter im Norden Anatoliens die Eisenverhüttung entdeckt. Mit Streitwagen und Waffen aus dem neuen Metall gelang ihnen der Aufstieg zur Großmacht. Doch das Geheimnis ließ sich nicht dauerhaft hüten, und so begann die allmähliche Verbreitung des neuen Werkstoffs. Doch erst nach 1000 v. Chr. erreichten winzige Mengen Eisen auch Mitteleuropa, die anfangs nur als exotische Schmuckeinlage verwendet wurden. Seine Verarbeitung unterschied sich kaum von der der Bronze, nur ließ es sich nicht schmelzen oder gießen.

Die ältere Eisen- oder Hallstattzeit

Der erste Abschnitt der nun beginnenden Eisenzeit setzte ab dem 8. Jahrhundert v. Chr. die vorausgegangene Bronzezeit ohne große Brüche fort. Sie ist nach einem seit 1846 erforschten Gräberfeld oberhalb von Hallstatt im Salzkammergut (Oberösterreich) benannt. Dort baute man schon seit der späten Bronzezeit unter Tage in großem Stil Salz ab.

Die Eisenzeit – Ein neues Zeitalter zieht herauf

KAPITEL 4

Das Gebiet der Hallstattkultur erstreckte sich von Ostfrankreich bis nach Slowenien und Ungarn. Es war die Zeit der Kelten, die hier in der frühen Eisenzeit begann und in der sogenannten Oppida-Kultur der späten Eisenzeit ihren Höhepunkt fand.

Eine Klimaveränderung am Ende der Bronzezeit führte zu regenreicherem Wetter und ließ die Wasserspiegel der Seen ansteigen. Auch wenn nun in den Anfängen der frühen Eisenzeit vorerst kein kultureller Bruch erkennbar ist, so ist diese Klimaveränderung archäologisch doch fassbar. Neben den Dörfern am Wasser wurden auch fast alle der zahlreichen, oft befestigten Höhensiedlungen aufgegeben. Zu einer der bekanntesten Höhensiedlungen dieser Zeit, die auch in der späten Bronzezeit sowie der Hallstattzeit weiter bestand, gehörte der frühkeltische Fürstensitz auf dem Ipf bei Bopfingen. Er ist einer der ganz frühen, sogenannten keltischen Fürstensitze und zeigt mit seinen Grabungsergebnissen und Funden, welch große Vormachtstellung er einst in der Region gehabt haben muss.

FUNDSTELLE 25

Der Ipf – Ein frühkeltischer „Fürstensitz" mit Ausblick

Bopfingen, Ostalbkreis

52 Der Ipf – Zentrum der Macht

Am Westrand des Nördlinger Ries erhebt sich weithin sichtbar der Ipf bei Bopfingen. Erhaben und mächtig überragt der 668 m hohe Zeugenberg des Weißen Jura die ehemalige Reichsstadt Bopfingen. Er ist nicht nur ein markantes Naturdenkmal, sondern zählt mittlerweile zu den bedeutendsten archäologischen Denkmälern unserer Region. Luftbildaufnahmen erbrachten 1998 den endgültigen Nachweis für das, was schon lange vermutet wurde: Auf dem Gipfel des Ipf stand einst ein großer keltischer „Fürstensitz". Geophysikalische Untersuchungen sowie Ausgrabungen in der Umgebung lieferten weitere Anhaltspunkte für die Bedeutung dieser Anlage. Zu Beginn dieses Jahrtausends wurden im benachbarten Weiler Osterholz ein Großgrabhügel sowie frühkeltische Rechteckhöfe mit Hinweisen auf keltische Eisenverhüttung entdeckt. Unter den vielen Funden vom Ipf befinden sich Importgüter wie Amphoren, Münzen oder rotfigurige attische Keramik aus Griechenland. Diese exotischen Waren zeugen von der Bedeutung und dem Einfluss der keltischen „Fürsten" vom Ipf.

Wir starten unsere Tour, die auch als Teil des 33 km langen archäologischen Wanderweges „Vom Ipf zum Goldberg" ausgeschrieben ist, am besten am Ipf-Parkplatz an der Straße von Bopfingen nach Kirchheim. Am Wanderparkplatz an der Ostseite des Berges gibt es seit 2004 einen Infopavillon. Die Schautafeln informieren über die Geologie und den Naturraum des Ipf sowie über die archäologischen Forschungen und die Geschichte des Berges. Der quadratische Holzbau dient nicht nur zum Schutz der Tafeln, er stellt zugleich den Nachbau eines Gebäudes der bei Bopfingen-Flochberg entdeckten keltischen Viereckschanze dar.

Vom Infopavillon geht es über die relativ flache Ostflanke des Berges nach oben über eine spärlich bewachsene Wachholderheide. Der ca. halbstündige Fußweg steigt nur mäßig an und ist gut zu bewältigen. Die Lindenallee, der wir hier folgen, wurde zum Besuch des württembergischen Königs am 10. Juli 1811 angelegt und war zugleich der Anlass für die erste Bopfinger „Ipfmesse", die heute allerdings am Fuß des Berges stattfindet. Viele Bänke laden zum Verweilen in einer herrlichen Umgebung ein. Nach den letzten, etwas steileren Metern erreichen wir das Gipfelplateau, das einen atemberaubenden Blick in alle Himmelsrichtungen bietet. Als leichter zu bewältigende Alternative bietet sich der Panoramaweg rund um den Ipf an: Kurz oberhalb des Pavillons am Parkplatz geht es rechts an dem steinernen Pult den Schotterweg entlang. Auf den Pulten, die sich immer wieder am Panoramaweg finden, sind die Sehenswürdigkeiten markiert.

Die Forschungsergebnisse der letzten 15 Jahre werfen ein neues Licht auf die vorgeschichtliche Besiedlung des Ipf. Sprach man noch vor einigen Jahren von nicht exakt datierbaren Wall- und Grabenanlagen auf dem Plateau des Berges, so ist das heutige Bild doch detaillierter. Klar ist, dass der Ipf bereits seit der Jungsteinzeit immer wieder von Menschen aufgesucht wurde. Aber vor allem in der Spätbronze-, der Hallstatt- und in der Latènezeit scheint auf dem Berg reges Treiben geherrscht zu haben. Im Jahr 2000, fast ein Jahrhundert nach der ersten Grabung 1907, wurden die archäologischen Forschungen am Ipf wieder aufgenommen. Anhand der Untersuchungen und der dabei zu Tage gekommenen Funde konnte man nachweisen, dass die befestigte Höhenburg im 6. und 5. Jahrhundert v. Chr. zu den einflussreichen frühkeltischen „Fürstensitzen" in Mitteleuropa gehörte. Vor allem die vielen mediterranen, teils kostbaren Funde zeigen, dass zu dieser Zeit ein reger Austausch mit dem Süden bestand, und verdeutlichen Rang und Vormachtstellung der keltischen „Fürsten" der Region.

Vom oberen Plateau steigen wir an der Westseite des Berges hinunter zum ersten Ringwall und umrunden von hier aus die Nordseite des Ipf. Wir überqueren Gräben und Wälle und erreichen schließlich auf Trampelpfaden und über Wiesen wieder den Parkplatz. Die insgesamt fünf Wälle zeugen von der Bedeutung der Höhenburg und bilden gegenüber den weiteren Siedlungen am Gold-

Schon gewusst?! Was ist ein Zeugenberg?

Ein Zeugenberg ist im geologischen Sinn ein Inselberg, der durch Erosionsvorgänge von seinem ursprünglichen Gesteinsverband isoliert wird. Zeugenberge entstehen in sogenannten Schichtstufenlandschaften. Die Zeugenberge der Schwäbischen Alb bestehen vor allem aus den Sedimentablagerungen des Jurameeres vor 200 Millionen Jahren, d.h. aus Kalkstein, Ton und Mergel. Neben der Achalm, dem Hohenstauffen oder den drei Kaiserbergen in unserer Region, gehören auch weltweit bekannte Naturmonumente wie das Monument Valley auf dem Colorado-Plateau im US-Bundesstaat Utah sowie der Zuckerhut in Rio de Janeiro zu den Zeugenbergen. Ein ähnlich markantes Aussehen zeigen Inselberge, deren Kern aus der harten Füllung erkalteter Vulkanschlote besteht, wie z. B. im Hegau. Diese „Vulkane" werden oft mit Zeugenbergen verwechselt.

🚗 Über die A 7 Ulm-Würzburg, Ausfahrt 114 Aalen-Westhausen, auf die B 29 Richtung Nördlingen. In Bopfingen-Zentrum links auf die L 1078 Richtung Kirchheim/Ries abfahren. Nach 2 km zweigt links ein asphaltierter Wirtschaftsweg ab, über den wir nach 500 m den Ipf-Parkplatz beim Infopavillon erreichen.

📍 48°52′12.8″N, 10°21′27.0″E

🕐 Ca. 1–2 Stunden

♿ Die Wege auf dem Ipf sind nicht befestigt, also nicht barrierefrei.

🏛 Museum „Im Seelhaus", Spitalplatz 1, 7344 Bopfingen. Öffnungszeiten: März–Oktober: Di.–Fr. 14–16 Uhr, Sa., So. u. feiertags 14–17 Uhr, November–Februar: Sa., So. u. feiertags 14–17 Uhr. Besuche außerhalb der Öffnungszeiten sowie Führungen nach telefonischer Vereinbarung unter Tel. 07362/3855 oder 07362/8010.

❗ Wer nach dem Ausflug auf den Ipf noch mehr sehen will, dem empfiehlt sich ein Abstecher zum rekonstruierten und an der Straße von Bopfingen in Richtung Kirchheim gut ausgeschilderten Großgrabhügel bei Osterholz (GPS: 48°51′58.2″N, 10°23′00.6″E). Oder besuchen Sie das Auerochsengehege an der renaturierten Sechta (Straße L 1070 Bopfingen-Kerklingen) – für Kinder ein großes Vergnügen! (GPS: 48°52′48.4″N, 10°21′10.9″E)

berg und im Umland des Nördlinger Ries ein absolutes Alleinstellungsmerkmal.

Bereits zu Beginn des 20. Jahrhunderts fand F. Hertlein im äußeren Wall die Reste einer keltischen Pfostenschlitzmauer. Diese aus trocken aufgesetzten Steinen konstruierte und durch kräftige senkrechte Pfosten verstärkte Mauer ist als typisch keltisch anzusehen. Sie stand jedoch auf einem mächtigen, älteren Steinwall. Ein rekonstruierter Teil ist beim Infopavillon zu besichtigen. Die Wehrmauer schützte das Zentrum, die sogenannte Oberburg. Über der Talaue der Sechta gelegen, bot das nach Norden, Westen und Süden hin recht steil abfallende Gelände einen natürlichen Schutz. Einzig die flache Ostflanke musste durch die heute noch erkennbaren gestaffelten Befestigungen aus meterhohen Wällen und Gräben aufwendig gesichert werden. Hier fanden sich weitere Besiedlungsspuren, die als Unterburg bekannt sind. Interessant ist, dass einige der herausragenden Import- und Handelsgüter, wie etwa griechisches Keramikgeschirr aus Athen, auf dem Ipf ausschließlich von der Oberburg stammen, was eine gesellschaftliche Zweiteilung der Höhenburg in „unten" und „oben" widerzuspiegeln scheint.

Übrigens: Das Museum im Seelhaus in Bopfingen bietet einen umfassenden Überblick über die Geschichte des Bopfinger Raumes und die Kelten rund um den Ipf!

Ein neues Metall setzt sich durch

Es scheint, als musste man das Eisen zu Beginn der Eisenzeit noch importieren.

Das härtere Eisen verdrängte also die altmodische Bronze, so ist oft zu lesen. Doch gute zinnreiche Bronze ist härter als frühes Eisen. Denn dieses wurde noch sehr schnell rostig und konnte nicht in Formen gegossen und wieder eingeschmolzen werden. Man schätzte das Eisen zu Beginn sicherlich, weil es selten war, und als man es später selbst herstellen konnte wegen seiner Verfügbarkeit, denn Eisen zählt zu den häufigsten Mineralen. Es lagert als Sumpferz in feuchten Niederungen, als Bohnerz auf der Schwäbischen Alb und in den geologischen Schichten am Albtrauf oder im Schwarzwald.

Nun war kein Fernhandelsnetz mit den Zinnminen am Atlantik, den Kupferbergwerken in den Alpen oder auf dem Balkan für die hiesigen Abnehmer mehr nötig, um an Metall für Waffen und Werkzeug zu kommen. Die Bronze verlor ihr Monopol, blieb aber als Schmuckmetall weiterhin wichtig.

Die bislang ältesten Eisenhütten nördlich der Alpen konnten die Archäologen bei Neuenbürg im Schwarzwald nachweisen. Hier wurde spätestens seit dem 6. Jahrhundert v. Chr. selbst Eisen erzeugt.

FUNDSTELLE 26

Das Industriezentrum der Eisenzeit – Keltische Eisengewinnung in Neuenbürg

Enzkreis

53 Im Herzen der Eisengrube „Frischglück"

Frischglück und ab geht's! Heute fahren wir hinab in die „Frischglück"-Grube des alten Königlich-Württembergischen Eisenbergwerks in Neuenbürg. Denn dieses Bergwerk ist für Besucher geöffnet und dient in der jetzigen Form als Kulturdenkmal der alten Arbeitswelt unter Tage. Wer hier hinunter will, sollte nicht unter Platzangst leiden und auch nicht schreckhaft sein. Denn der Weg führt über drei Sohlen zu vielen beeindruckenden Sehenswürdigkeiten viele Meter tief unter die Erde. Alte Fahr- und Haspelschächte, enge Gänge und Leitern sowie eine sogenannte Weitung von 60 m Ausdehnung und 30 m Höhe geben ein Bild des Eisenabbaus vergangener Jahrhunderte. Und es kommt noch besser: Genau hier, mitten im Nordschwarzwald, lag bereits zu keltischer Zeit das größte bislang bekannte Eisenverarbeitungszentrum nördlich der Alpen.

Es hatte wohl kaum jemand zu hoffen gewagt, dass vage Vermutungen tatsächlich Wirklichkeit werden würden. Doch die letzten Grabungen im Gewann ‚Schnaitzteich' bei Neuenbürg-Waldrennach brachten spektakuläre Befunde zu Tage: Hier im Nordschwarzwald, mitten im alten Neuenbürger Bergbaurevier bei Waldrennach, lag einst das älteste bisher bekannte eisenzeitliche Abbau- und Verarbeitungszentrum Mitteleuropas. Systematisch und methodisch angeordnete Verhüttungsanlagen kamen bei den Grabungen im Waldstück direkt hinter dem jüngeren Bergwerkstollen „Frischglück" zum Vorschein; darunter 50, teils fast vollständig erhaltene Rennfeueröfen sowie massenweise Eisenschlacken mit einem Gewicht bis zu 20 Kilogramm. Diese Funde und Befunde brachten also Gewissheit, dass sich hier die Kelten bereits vor über 2500 Jahren eine absolute „Hightech"-Anlage in großem Stil gebaut hatten. Die Qualität des Eisens scheint schon damals bekannt gewesen zu sein und führte wohl zu einer ganz bewussten Besiedlung des Gebietes in der Eisenzeit. Dass die Kelten wahrlich Meister ihres Handwerks waren, davon zeugen die Aufteilung und die Konstruktion der Verhüttungsanlage. Die Öfen selbst wurden nämlich in den Hang hinein gebaut, um die sogenannten Hangwinde zum Unterhalten des Feuers zu nutzen. Dann wurde das vor Ort abgebaute Erz bei über 1200 Grad verhüttet. Und nur weil sie in den Hang hinein gebaut wurden, überlebten einige dieser Öfen die Jahrtausende außergewöhnlich gut, obgleich direkt daneben der „moderne" Bergbau quasi unbewusst eine alte Tradition fortsetzte.

Dass es zu solch einem gezielten Abbau in großem Stil weiterer Siedlungen bedurfte, versteht sich von selbst. Aber wo lagen diese nun? Im Moment geht man davon aus, dass die „Leitzentrale" des Abbau- und Verhüttungszentrums auf dem alten Neuenbürger Schlossberg lag. Von dort sind nämlich schon seit Langem Siedlungsfunde der jüngeren Eisenzeit bekannt. Weitere „siedlungsfreundliche" Plätze werden in der Nähe Waldrennachs noch vermutet und können hoffentlich in den folgenden Jahren gefunden und genauer untersucht werden.

Aber nicht nur die Kelten, sondern auch die Bergleute des frühen Mittelalters gewannen hier Eisen in hoher Qualität. Das beweisen weitere, bei den Grabungen zu Tage kommende Funde und Befunde. Heute gewinnt man nur einen Überblick über die jüngeren Abbautechniken, denn der Besucherstollen der „Frischglückgrube" des Königlich-Württembergischen Eisenerzbergwerks ist natürlich nicht eisenzeitlich. Dennoch vermittelt der Besuch des Bergwerks ein originalgetreues Bild der Abbautechnik vergangener Jahrhunderte und ist so ein einzigartiges Erlebnis!

Eisen – Prestigobjekte der Reichen?

Allerdings war das Eisen lange der Oberschicht vorbehalten, für Waffen und andere Repräsentationsobjekte. Das zeigen Siedlungsbefunde, wie wir sie beim Ipf kennengelernt haben, sowie die teils unglaublich reichen Grabausstattungen einzelner, wohl bedeutender und einflussreicher Personen der keltischen Gesellschaft.

Schon in der Bronzezeit waren teils deutliche Abstufungen zwischen ärmlichen bis umfangreichen Grabausstattungen feststellbar, die nun weiter zunahmen. Die sogenannten Wagengräber der Führungsschicht wurden häufiger und erreichten ihren Höhepunkt in den „Fürstengräbern", deren reiche Beigaben (die allerdings meist schon wenige Jahrzehnte später geplündert wurden) den Lebensstil der griechisch-etruskischen Vorbilder widerspiegeln und zeigen, dass damals weitreichende Kontakte in ferne Länder gepflegt wurden.

Über die A 8 Karlsruhe-Stuttgart, Ausfahrt 43 Pforzheim-West, auf die B 10 und dann auf die B 294 nach Neuenbürg auffahren und weiter in Richtung Höfen an der Enz. Kurz nach Neuenbürg links auf die K 4581 nach Waldrennach abbiegen. Nach 2,5 km erreichen Sie den Parkplatz zum Bergwerk. Vom Parkplatz aus sind es noch 150 m Fußweg.

48°50'00.6"N, 8°35'34.4"E

1–2 Stunden

Nicht barrierefrei

Frischglück-Besucherbergwerk Neuenbürg, Rathausstr. 2, 75305 Neuenbürg/ Württ., Tel. 07082/50444, kontakt@frischglueck.de, www.frischglueck.de. Öffnungszeiten: April–Oktober: Sa., So. u. feiertags 10–17 Uhr (letzte Führung 16 Uhr). Gruppen auf Anfrage (Tel. 07082/792860).

FUNDSTELLE 27

Keltenmuseum Hochdorf/Enz – Über Stock und Stein zum „Keltenfürst"

Hochdorf, Kreis Ludwigsburg

54 Rekonstruierte Grabkammer des „Keltenfürsten" von Hochdorf

Sonntagsausflug gefällig? Dann ab nach Hochdorf/Enz und mitten hinein in die einstige Welt der Kelten! Das Keltenmuseum informiert anschaulich über den Sensationsfund der 70er-Jahre des vergangenen Jahrhunderts: den „Keltenfürsten von Hochdorf". Seine Grablege, ein nach den Grabungen wieder aufgeschütteter Großgrabhügel, befindet sich wenige Minuten vom Museum entfernt mitten auf den Feldern und bietet eine tolle Aussicht auf das Umland bis zum Hohenasperg. Anbei verfügt das Museum mit dem Nachbau eines keltischen Gehöfts über einen informativen Freilichtbereich. Seit neuestem gibt es sogar eine extra Familienrallye rund um Hochdorf mit dem Maulwurf „Herr von Biegel". Wer die besteht, dem winkt ein echtes „Forscherdiplom" im Museum.

Beginnen wir unsere Tour im Museum. Von hier aus bieten sich mehrere Möglichkeiten: Man besichtigt das Museum mit seinem Freilichtbereich und unternimmt danach noch einen kurzen Abstecher zum Fürstengrabhügel. Dieser ist bei einem gemütlichen Fußmarsch innerhalb von 10 Minuten erreichbar. Wer mit der Familie unterwegs ist und etwas Zeit mitbringt, für den lohnt sich die neu vom Museum konzipierte Familienrallye mit dem Maulwurf „Herr von Biegel", der sich ja bekanntlich unter der Erde sehr gut auskennt. Im Museum erhält man mit der Eintrittskarte ein kleines Begleitheft, das für die Rallye und zum Erhalt des „Forscherdiploms" unbedingt von Nöten ist. Die Tour führt den Besucher über acht Stationen durch das Museum und das Gehöft im Außenbereich des Museums. Dann geht es hinaus durch den Ort und weiter zu gleich zwei Schau-, besser gesagt Bestattungsplätzen der frühkeltischen Siedler vor rund 2500 Jahren. Auf dem Weg passiert man auch einige Spielplätze. Endstation ist dann wieder das Museum, in dem der fleißige kleine Forscher sein echtes „Forscherdiplom" erhält.

Wichtig ist dem Keltenmuseum aber, dass es für ein breites Publikum geeignet ist und in erster Linie für Erwachsene wertvolle Informationen bereithält. Wer hier eintritt, den erwartet eine wirklich gut konzipierte Ausstellung rund um den „Keltenfürsten" von Hochdorf. Zu allererst wird der Besucher in die Grabungsmethoden sowie die Grabungsgeschichte des Sensationsfundes von Hochdorf eingeführt. Danach erhält man einen guten Überblick über die Blütezeit der keltischen Epoche. Siedlungsstruktur, Landwirtschaft, Handel, Handwerk, Alltag und Tod – hier hat alles seinen Platz. Ganz schreckhaft sollte man als Besucher jedoch nicht sein, denn neben der original nachgestellten Grabkammer ist auch der Fürst selber zu begutachten. Ob sich das die Kelten so vorgestellt haben? Immerhin bietet das Skelett des ca. 50-jährigen, für die damalige Zeit recht großen, mit einem massiven Knochenbau gesegneten Mannes doch einen imposanten, ja Ehrfurcht gebietenden Anblick. Doch sei der Betrachter darauf hingewiesen: Ein bisschen Pietät sollte jeder Besucher

55 **Der rekonstruierte Grabhügel von Hochdorf**

hier wahren, denn die Totenruhe galt den Kelten als heilig!

Neben dem Toten ist es jedoch vor allem die rekonstruierte Grabkammer des „Fürsten", die einen in die glanzvolle frühkeltische Zeit zurückversetzt und erschauern lässt in Anbetracht des enormen Reichtums, der sich hier findet. Als man die Reste des Grabhügels in den 70er-Jahren des vergangenen Jahrhunderts zufällig entdeckte, ahnte noch niemand, was der Boden an dieser Stelle seit 2500 Jahren verbarg. Bei den Ausgrabungen fand man eine vollständige und vor allen Dingen ungeplünderte hallstattzeitliche Grabkammer des 6. Jahrhunderts v. Chr.: festliche Beigaben, riesige Trinkhörner, Bronzeteller, einen 500 Liter fassenden griechischen Bronzekessel mit Honigmet, eine Kline (vergleichbar mit einem Sofa) mit Rädern, einen vierrädrigen Wagen mit Joch und Schirrung sowie den reich mit Goldschmuck ausgestat-

> **Schon gewusst?!**
> **Wer war der Tote von Hochdorf?**
>
> Neben der Restaurierung und wissenschaftlichen Untersuchung der Grabfunde stellte sich die Frage, wer der Tote war und woher er kam. Im 6. und 5. Jahrhundert v. Chr. werden vermehrt Großgrabhügel mit reich ausgestatteten Gräbern angelegt. Schon im 19. Jahrhundert begann man, diese prunkvollen Bestattungen mit frühkeltischen „Fürsten" in Verbindung zu bringen, ein Begriff, der sich schließlich einbürgerte und die Hallstattzeit bis heute prägt. Die meisten Großgrabhügel gruppieren sich um befestigte Höhensiedlungen, die sogenannten „Fürstensitze". Von diesen zentralen Orten, davon gehen die Wissenschaftler heute aus, wurden größere Gebiete politisch und wirtschaftlich kontrolliert. Auch der rund 11 km von Hochdorf entfernte Hohenasperg beherbergte wohl eine dieser Zentralsiedlungen. In seinem Umfeld finden sich gleich mehrere Großgrabhügel. Gehörte auch der tote „Keltenfürst" von Hochdorf zu der am Hohenasperg ansässigen Oberschicht?

> Von der A 81 Stuttgart-Heilbronn, Ausfahrt 17 Stuttgart-Zuffenhausen, auf die B 10 Richtung Vaihingen (Enz) abfahren. Über Münchingen-Schwieberdingen der B 10 für 10 km folgen. Kurz nach Markgröningen links nach Hochdorf abbiegen. Nach ca. 2 km kurz nach dem Ortseingang Hochdorf rechts in die Keltenstraße abbiegen. Ziel nach knapp 50 m auf der rechten Seite. Parkplätze gibt es wenige Meter hinter dem Museum.
>
> Grabhügel: 48°53'19.6"N 9°00'34.1"E
>
> Museumsbesuch mit Grabhügel ca. 1–2 Stunden (Fußweg vom Museum direkt zum Fürstengrabhügel: 10 Min.); Familienrallye insg. 3 Stunden.
>
> Barrierefrei
>
> Keltenmuseum Hochdorf/Enz, Keltenstr. 2, 71735 Eberdingen, Tel. 07042/78911, www.keltenmuseum.de, info@keltenmuseum.de. Öffnungszeiten: Di.–Fr. 9.30–12 Uhr u. 13.30–17 Uhr, Sa., So. u. feiertags: durchgehend 10–17 Uhr, Mo. geschlossen.
>
> Das Keltenmuseum Hochdorf liegt direkt am Kelten-Radwanderweg, der neun keltische Denkmäler verbindet. Eine Beschreibung zu den Stationen des Keltenwegs finden Sie auf der Internetseite der Stadt Asperg (www.asperg.de).

teten „Fürsten" selbst. Den Entdeckern muss es die Sprache verschlagen haben in Anbetracht dieses Reichtums.

Interessant ist auch die persönliche Ausstattung des in Tüchern eingehüllten Toten. Diese deckt sich im Wesentlichen mit den typischen als „fürstlich" bezeichneten Statussymbolen (Hut aus Birkenrinde, Halsring und Dolch), wie sie auch von der in Ditzingen-Hirschlanden (Kr. Ludwigsburg) gefundenen Steinstele bekannt geworden sind.

Das Museum selbst steht mitten auf dem Gelände einer großen frühkeltischen Siedlung, die noch einige Generationen nach Errichtung des Grabhügels bestand. In den 80er- und 90er-Jahren des vergangenen Jahrhunderts wurden große Teile dieser Siedlung durch Grabungen freigelegt und untersucht. Planmäßig angelegte Gehöfte kamen hier zum Vorschein. Neben den Alltagsgegenständen fanden sich auch diverse Importgüter wie die Reste bemalter griechischer Trinkschalen aus dem 5. Jahrhundert v. Chr. Im Außenbereich des Museums ist ein typisches, auch in Hochdorf nachgewiesenes, keltisches Gehöft nachgebaut. Hier stehen ein großes Wohnhaus, ein Hochspeicher sowie ein kleiner Erdkeller und ein Grubenhaus. Neben einem Feldbereich sind auch ein Garten sowie ein großes Beet mit Färbepflanzen angelegt, so dass sich dem Besucher ein guter Überblick über die verschiedenen Nutzpflanzen dieser Zeit bietet.

Ein Meer von Hügeln

Mehr noch als die Grabhügel der Bronzezeit haben die Grabhügel der Hallstatt- oder älteren Eisenzeit die Landschaft geprägt. Noch heute sind im Südwesten Hunderte sichtbar, vor allem in den Waldgebieten. Denn in der Feldflur verebnet und zerstört die intensivierte Landwirtschaft die Grabhügel mehr denn je. Es müssen einst Tausende gewesen sein, die sich bevorzugt auf Höhenrücken, aber auch in Tallagen gruppierten. Dutzendweise wurden sie schon im 19. und frühen 20. Jahrhundert von einzelnen Enthusiasten oder die vielerorts entstandenen Geschichts- und Altertumsvereine leider oft wenig professionell, häufig sogar als Nebenverdienst im Auftrag von Museen, angegraben. Die Funde dieser meist schlecht oder gar nicht dokumentierten „Ausschachtungen", vor allem die prächtigen, mit Kerbschnittmustern und kontrastierenden Einlagen verzierten Keramikensembles, füllen die Magazine kleiner und großer Museen und Sammlungen im Land.

Diese zahlreichen, in der Regel nur einige Meter breiten Hügel gehören in der Regel dem 8. und 7. Jahrhundert. v. Chr. an, seltener der Bronzezeit.

Schon gewusst?! Ode an das Hügelgrab

Hünengrab

Siehst Du das Grab des alten Hünen liegen
Hoch aufgeschüttet an dem Donaustrand,
Bewegungslos die Flügel ausgespannt
Darüber einen Königsadler fliegen?
Des Donauflusses blaue Wellen wiegen
Sich weich und wonnig durch das grüne Land,
Und heute sind am fernsten Himmelsrand
Die Schneegebirge strahlend aufgestiegen.
Einst brauste hier am heil'gen Staub des Toten
Vorbei das Volk der Hunnen und der Goten
Vom Boden fegend alles Römerwerk.
Noch immer aber über Thal und Dünen
Schaut unversehrt das hohe Grab des Hünen
Ein künstlich aufgetürmter Riesenberg.

Eduard Paulus d. J. (1892)

Etwa ab 620 v. Chr. entstanden dann auch jene Großgrabhügel, in denen die zentralen „Fürstengräber" oft von Dutzenden bescheidenerer Nachbestattungen umgeben sind. Rekonstruierte Beispiele wie der Hohmichele nahe der Heuneburg bei Hundersingen, der Grabhügel bei Eberdingen-Hochdorf oder der über 100 m durchmessende Magdalenenberg bei Villingen geben einen Eindruck ihrer respekteinflößenden Größe und der ohne alle technische Hilfen bewegten Erdmassen. Sie liegen häufig in Sichtweite von befestigten „Fürstensitzen", die entweder bei Ausgrabungen als solche nachgewiesen wurden (z. B. Heuneburg bei Hundersingen, Ipf bei Bopfingen) oder doch höchstwahrscheinlich welche waren (Hohenasperg).

FUNDSTELLE 28

Im Sternbild des Grabhügels – Der Keltenpfad „Magdalenenberg"

Villingen-Schwenningen, Schwarzwald-Baar-Kreis

56 Der Magdalenenberg bei Villingen-Schwenningen

Er ist mit seinen noch rund 100 m Durchmesser und einer Höhe von 7 m einer der größten hallstattzeitlichen Grabhügel Europas: der Magdalenenberg bei Villingen-Schwenningen. Neben dem Zentralgrab beherbergte er sage und schreibe weitere 126 Grablegen mit 136 Nachbestatteten. Und noch eine weitere Sensation hält der frühkeltische Grabhügel bereit: Neueste Forschungen sehen in der Anlage eine bewusste Orientierung am Sternenhimmel und wollen damit ein astronomisches Bauwerk erkennen. Ob das stimmt? Auf eine Spurensuche kann sich der Besucher auf dem seit 2014 bestehenden Lehrpfad begeben. So informieren im Umfeld des Grabhügels neun Infotafeln über den „Magdalenenberg", die Grabungen und seine Funde und Befunde. An schönen Tagen bietet sich darüber hinaus von der Aussichtsplattform auf dem Hügel eine wunderbare Aussicht, die bis zu den Alpen reicht.

Wir beginnen unsere Wanderung im Franziskanermuseum Villingen-Schwenningen. Anhand eines Hügelmodells, eines Dioramas, von Originalfotos und -filmen der beiden archäologischen Grabungen sowie einer Einführung in die am Magdalenenberg eingesetzten archäologischen Methoden, erhält man hier reichhaltige Informationen über die Fundstelle. Darüber hinaus geben viele Exponate Einblicke in das keltische Alltagsleben und sogar die teilrekonstruierte Grabkammer – übrigens der

57 Keltischer Luxus – reiche Grabbeigaben aus dem „Fürstengrab" von Eberdingen-Hochdorf

ten Deutschlands in der Parkanlage „Hubenloch" und gelangen über die Laiblestraße direkt zum Warenbach. Nach dessen Überquerung steigt der weiterhin durchgehend befestigte Weg an und führt entlang des Waldrandes mitten durch das Landschaftsschutzgebiet hinauf zum Warenberg. Dessen höchster Punkt ist der auf 760 m Höhe gelegene Magdalenenberg, das Ziel unserer Wanderung. Im Halbrund entlang des Hügelfußes informieren acht für Kinder gut sichtbare Infopulte über die Geschichte des nach den Grabungen wieder aufgeschütteten Großgrabhügels. Neben der Forschungsgeschichte werden hier die neuen Erkenntnisse rund um die These des Mondkalenders diskutiert und auch die Frage der zugehörigen Siedlung wird angesprochen.

Der Magdalenenberg, in grauer Vergangenheit noch als Hexentreff und Hort eines Schatzes angesehen, wurde 1890 erstmals archäologisch untersucht. Umso größer war die Enttäuschung, als man

größte hallstattzeitliche Holzfund Mitteleuropas – kann heute im Franziskanermuseum besichtigt werden. Auch die kostbarsten Funde der 136 Nachbestattungen, wie Schmuck und Waffen, sind in der Dauerausstellung präsentiert.

Nach dem Besuch des Museums folgen wir dem Wegweiser des Lehrpfads in Richtung Magdalenenberg. Gekennzeichnet ist der Weg durch das Keltenpfad-Logo in Form eines Vogels. Der Spaziergang zum Grabhügel dauert rund 30 Min. und führt uns durch das Riettor, einem mittelalterlichen Stadttor Villingen-Schwenningens, aus der Altstadt hinaus in Richtung „Rosengarten". Wir durchqueren nun den höchstgelegenen Rosengar-

> Über die A 81 Singen-Stuttgart, Ausfahrt 35 Villingen-Schwenningen, auf die B 27 Richtung Bad Dürrheim abfahren. In Bad Dürrheim geht es auf die B 33 nach Villingen-Schwenningen, Ausfahrt Villingen-Mitte. Der Schwenninger Str./Bickenstr. für 800 m folgen. Nach der Brücke rechts auf den Klosterring/Benediktinerring abbiegen und der Straße für ca. 1 km folgen. Parkplätze rechter Hand im Parkhaus „Theater am Ring", genau gegenüber des Museums.
>
> 48°02'39.6"N, 8°26'37.2"E
>
> Halbtagestour
>
> Weitestgehend barrierefrei und ganzjährig begehbar
>
> Franziskanermuseum Villingen-Schwenningen, Rietgasse 2, 78050 Villingen-Schwenningen, Tel. 07721/822351, franziskanermuseum@villingen-schwenningen.de, www.villingen-schwenningen.de. Öffnungszeiten: Di.–Sa. 13–17 Uhr, So. u. feiertags 11–17 Uhr.

zwar eine gut erhaltene hölzerne Grabkammer im Inneren des Hügels vorfand, diese aber leider bereits von antiken Grabräubern geplündert worden war. Die Grabkammer selbst kann mittlerweile anhand der Jahresringe ihrer Holzbalken präzise in das Jahr 616 v. Chr. datiert werden.

Viele der berühmten und wertvollen Funde kamen erst 80 Jahre später bei weiteren Ausgrabungen zu Tage. Hierbei wurde der gesamte Hügel mustergültig ausgegraben und die 136 Nachbestattungen geborgen. Sogar den hölzernen Spaten der Grabräuber entdeckten die Ausgräber noch gut erhalten unter dem weiteren Fundgut.

Die vielen naturwissenschaftlichen Untersuchungen der vergangenen Jahre rückten den Magdalenenberg und seine Funde in ein neues Licht. Mehrere zur Hügelmitte ausgerichtete Pfostenreihen, die unterirdisch durch liegende Hölzer verbunden sowie gegen seitlichen Druck verankert waren, geben bis heute Rätsel auf: Dienten sie zur Orientierung beim Aufschütten des Riesenhügels oder etwa zur Himmelsbeobachtung? Die Pfostensetzung wurde unterhalb des Hügels rekonstruiert. Aber handelt es sich darüber hinaus bei der frühkeltischen Grablege tatsächlich um einen keltischen Mondkalender?

Die letzte Station unserer Tour ist die Hügelspitze, auf der eine Kiesfläche die einstige Lage und Größe der Grabkammer im Hügelinneren verdeutlichen soll. Von hier oben hat man einen wunderbaren Blick über den Schwarzwald und die Baarhochmulde. Auf jeden Fall sollte man innehalten und die Gegenwart wie auch die Vergangenheit auf sich wirken lassen, bevor man den Rückweg in Richtung Museum bzw. Parkplatz antritt.

Nicht nur die Römer kannten Orgien

Den aufwendigen Großgrabhügeln entsprachen die nun immer prunkvoller werdenden Grabausstattungen der „Fürstengräber". Die Führungsschicht inszenierte sich zunehmend elitär. Neben die althergebrachten Statussymbole, wie die vierrädrigen Wagen samt Schirrung, Bronzekessel und -geschirr sowie die mit großer Kunstfertigkeit hergestellten Textilien, mit welchen die Gräber ausgestattet waren, traten nun häufiger goldene oder mit Gold verzierte Gegenstände. Hinzu kamen Trinkgeschirr und sogar Liegemöbel, die aus dem griechisch-etruskischen Bereich stammten und dort zum Luxus des *symposion*, dem „Weintrinken in vornehmer Gesellschaft", gehörten.

Offenbar orientierte man sich aber nicht nur am Lebensstil der südlichen Standesgenossen, denn auch technische Neuerungen wie das Drechseln oder die schnelllaufende Töpferscheibe fanden im 6. und frühen 5. Jahrhundert v. Chr. den Weg über die Alpen. Man war anscheinend gut informiert über die Nachbarn am Mittelmeer, was eigentlich nur durch regelmäßige Besuche erklärbar ist.

> **Schon gewusst?!**
> **„Stonehenge" am Schwarzwaldrand?**
>
> Die Meldung ging 2011 als „archäologische Sensation" um die Welt: Allard Mees vom renommierten Römisch-Germanischen Zentralmuseum (RGZM) in Mainz habe mittels einer NASA-Software erkannt, dass die Lage der Gräber im Magdalenenberg die Sternbilder über ihnen widerspiegle. Ungeklärt blieb dabei, warum es etwa Gräber gab, die nicht in das Muster der Sternbilder passten. Und wie überhaupt gelangten die damals eigentlich nur in Babylonien bekannten Sternbilder 600 v. Chr. in den Schwarzwald? Im Gegensatz dazu erscheinen die Fragen nach astronomischen Gründen für die Stangensetzungen und die Ausrichtung der Gräber im Hinblick auf bestimmte Mondwenden immerhin bedenkenswert – ob man sie je wirklich klären kann, darf bezweifelt werden.

FUNDSTELLE 29

Die Heuneburg – Ein „Fürstensitz" von wehrhafter Stattlichkeit

Hundersingen, Kreis Sigmaringen

58 Die Heuneburg – eine beeindruckende Freilichtanlage

Sie gilt heute als der bislang am besten erforschte frühkeltische „Fürstensitz", die Heuneburg an der oberen Donau – Höhenburg und Umschlagplatz in einem. Hier an der Achse der schon damals wichtigen Handelswege entwickelte sich im Laufe der Eisenzeit einer der größten „Füstensitze" des sogenannten Westhallstattkreises, der etwa vom Lech bis in die Schweiz und nach Ostfrankreich reichte. Mit der Zeit entstand eine große stadtartige Siedlung mit mediterranem Flair. Enge Häuserzeilen, schmale Gassen mit Abwasserkanälen sowie Handwerkerbetriebe und das Fürstenhaus sind in der Hauptburg auf dem Geländesporn oberhalb der Donau zu finden. Eine Lehmziegelmauer mit weißem Kalkanstrich schützte die Anlange nach außen hin und gab ihr ein erhabenes, ja nordwärts der Alpen einmaliges Aussehen. Heute befindet sich auf der Heuneburg ein Freilichtmuseum. Ein Lehrpfad rund um die Anlage lädt darüber hinaus zu einem Spaziergang ein.

Wir beginnen unsere Tour unbedingt am Heuneburgmuseum in Hundersingen, denn das Museum hält alle wichtigen Informationen rund um die herausragende Fundstelle der Heuneburg und die Besiedlungsgeschichte im Umfeld der Anlage bereit. Informative Texttafeln, viele Originalfunde sowie eindrucksvolle Inszenierungen bieten einen Einblick in das Alltagsleben, Kunst, Kultur und die weitverzweigten Handelsbeziehungen der Kelten. Und auch die 30-jährige Grabungsgeschichte wird hier erzählt. Nun, mit ein wenig Vorwissen, können wir uns getrost dem Besuch des Freilichtmuseums Heuneburg (Keltenstadt Pyrene) widmen. Hierfür gibt es zwei Möglichkeiten: Wer einen Ganztagesausflug plant, der sollte sich auf Spurensuche entlang des ca. 8 km langen Lehrpfades begeben. Dieser führt über elf Stationen vom Heuneburgmuseum bis zur Freilichtanlage der Keltenstadt und wieder zurück. Von der ersten Station (Heuneburgmuseum) ausgehend, gelangt man zu den verschiedenen Schauplätzen und Fundstellen im Umfeld des „Fürstensitzes". Übersichtstafeln an den einzelnen Stationen geben Auskunft über die teils im Gelände noch erkennbaren Fundstellen: die Grabhügel am Lehenbühl (GPS: 48°04'58.2"N, 9°24'22.1"E), Gießbühl/Talhau (GPS: 48°05'49.7"N, 9°24'20.8"E) sowie den Hohmichele (GPS: 48°05'37.3"N, 9°23'00.7"E), die spätkeltische Viereckschanze (GPS: 48°07'36.8"N, 9°24'01.7"E) sowie die Außensiedlungen der Heuneburg und die mittelalterliche Baumburg (GPS: 48°05'04.6"N, 9°24'31.1"E). Der Weg ist gut ausgeschildert und muss daher hier nicht im Detail beschrieben werden. Der rote Pfeil markiert den Rundgang entsprechend der Tafelnummerierung. Den Rückweg finden Sie mit dem weißen Pfeil. Ein Flyer hierzu ist in beiden Museen erhältlich.

Ist man mit Kindern unterwegs oder bringt weniger Zeit mit, fährt man die Freilichtanlage am besten direkt mit dem Auto an. Vom Parkplatz am Freilichtmuseum erreicht man die „Keltenstadt Heuneburg" in wenigen Minuten über einen bequemen, gut ausgebauten Weg. Übrigens: Die Fürstengrabhügel Gießbühl/Talhau liegen direkt an der Straße K 82261 von Binzwangen her kommend, kurz vor dem Parkplatz der Freilichtanlage und sind vom Parkplatz aus gut sichtbar!

Oben angekommen, öffnet sich nach dem Passieren des Kassenhäuschens ein großes Hochplateau. Hier oben stand einst der bekannteste frühkeltische „Fürstensitz" nördlich der Alpen, der die Hallstattforschung wie keine andere Fundstelle in den letzten Jahrzehnten geprägt hat. Mittlerweile sind einige Teile der Hauptburg rekonstruiert worden. So zum Beispiel das „Fürstenhaus", verschiedene Handwerkerhäuser sowie ein Teil der bei Grabungen entdeckten Lehmziegelmauer. Auch ein Museumsbereich wurde eingerichtet und veranschaulicht die Situation und die Geschichte der Fundstelle auf eindrückliche Weise.

Bereits zwischen 1950 und 1979 wurde ein Drittel der Anlage auf dem Bergplateau ausgegraben. Die Funde und Befunde zeigten, dass hier bereits seit der Jungsteinzeit Menschen siedelten. In der Bronzezeit wurde die Siedlung dann mit einer ersten Holz-Erde-Mauer befestigt, um sich gegen Feinde zu schützen. In der Eisenzeit erlebte die Höhen-

> Über die B 312 Reutlingen-Zwiefalten und weiter auf der B 311 Richtung Mengen bis Herbrechtingen (Heuneburgmuseum). Oder über Ravensburg die B 32/B 311 bzw. A 96 Friedrichshafen-Ulm, Ausfahrt 127 Berkheim, B 312 Richtung Riedlingen. In Riedlingen auf die B 311 nach Herbrechtingen. Das Heuneburgmuseum liegt im Ortskern Hundersingens. Parkplätze gegenüber des Museums. Von hier aus zur Heuneburg folgt man der Binzwanger Str./K 8261 für 2,2 km in Richtung Binzwangen. Parkplatz an der Straße unterhalb der Freilichtanlage. Das Freilichtmuseum ist gut ausgeschildert.
>
> Heuneburg: 48°05'42.9"N, 9°24'40.9"E
> Heuneburgmuseum: 48°04'46.1"N, 9°23'58.7"E
>
> Halbtages-/Tagesausflug
>
> Bedingt barrierefrei
>
> **Heuneburgmuseum**, Binzwanger Straße 14, 88518 Herbertingen, Tel. 07586/920838 oder 07586/1679, info@heuneburg.de, www.heuneburg.de. Öffnungszeiten: April–Oktober: Di.–So. u. feiertags 11–17 Uhr (letzter Einlass: 16.30 Uhr).
>
> **Freilichtmuseum Heuneburg – Keltenstadt Pyrene**, Heuneburg 1–2, 88518 Hundersingen, Tel. 07586/8959405, info@heuneburg-keltenstadt.de, www.heuneburg-keltenstadt.de. Öffnungszeiten: April–Oktober: Di.–So. 10–17 Uhr.

siedlung dann ihre Blütezeit. Allein zwischen dem ausgehenden 7. Jahrhundert v. Chr. und der Zeit um 400 v. Chr. konnten die Archäologen 14 Siedlungsphasen sowie zehn unterschiedliche Außenbefestigungen nachweisen. Auf eine Holz-Erde-Mauer folgte um 600 v. Chr. die Lehmziegelmauer, nach mediterranem Vorbild erbaut, mit ihren Rechtecktürmen, einem überdachten Wehrgang und einem weißen Kalkanstrich. Im Inneren erreichte die Siedlung in dieser Zeit ein stadtähnliches Aussehen.

59 Der Goldschmuck der „Fürstin"

Schon gewusst?!
Ein Prunkgrab auf Reisen

Groß war die Sensation, als 2010 auf dem Grabhügelfeld „Bettelbühl" unterhalb der Heuneburg ein weiteres Zentralgrab zu Tage kam. Aufgrund der Witterung und der Bergungsbedingungen wurde die gesamte Grabkammer als 80 t schwerer Block geborgen und „am Stück" ins Labor zur vollständigen Untersuchung abtransportiert. Knochen-, Textil-, Bronze- und Goldfunde – die Ausstattung der „Fürstin", die hier begraben worden war, waren atemberaubend: ein Brustkollier aus grazil verzierten Goldperlen und Bernsteinanhänger! Neben einer weiteren Bestattung eines kleinen, ebenfalls reich ausgestatteten Mädchens handelt es sich hierbei um das bislang älteste „Fürstinnengrab" Baden-Württembergs.

Neben der Siedlungsstruktur, wie sie zu dieser Zeit eher aus dem südlichen Europa bekannt ist, weisen auch die Funde aus der Hauptburg auf weitreichende Fernkontakte hin. So zeigt nicht nur die Lehmziegelmauer mediterrane Einflüsse, sondern auch der nachgewiesene Gebrauch der Drehbank sowie Importgüter; Amphoren aus Südfrankreich oder wundervoll bemalte griechische Keramik und andere Kleinfunde belegen weitreichende Handelskontakte in den Mittelmeerraum. Bernsteinfunde dagegen zeigen Beziehungen in den Norden.

Aufgrund des mediterran geprägten reichen Fundgutes der Heuneburg hielt eine weitere Vermutung in der Forschung Einzug. Waren es wirklich südeuropäische Händler, die auf der Durchreise auf der Heuneburg ihre Waren verkauften oder holten sich die Einheimischen selbst die Anregungen und Ideen aus der Fremde? Die älteste schriftliche Aussage über das Volk der Kelten findet sich bei dem griechischen Geschichtsschreiber Herodot (5. Jh. v. Chr.). Hier ist auch eine Keltenstadt an der Donauquelle mit Namen „Pyrene" erwähnt. Viele Forscher und Historiker sind heute der Meinung, dass diese verschollene Stadt mit der Heuneburg gleichzusetzen sei.

Bei den Grabungen unterhalb der Nordspitze der Burg wurde 2004/5 ein 7 m tiefer Graben freigelegt. Die darin enthaltenen Hölzer konnten dendrochronologisch untersucht werden. Sie lieferten ein Fälldatum um 580 v. Chr. und könnten zu einer Brückenkonstruktion gehört haben. Viel interessanter sind aber die neuen Erkenntnisse, welche Grabungen im Außenbereich rund um die Höhenburg erbrachten. Innerhalb der teilweise noch sichtbaren Wallanlagen befand sich eine weitere Vorsiedlung, deren Zugang wohl eine 7 m hohe Toranlage bildete. Diese dürfte im Aussehen ebenso imposant gewirkt haben, wenn nicht sogar noch eindrucksvoller, als die Lehmziegelmauer auf der Burg. Parallel hierzu existierten im nordwestlichen, vermutlich auch im südlichen Umfeld der Burg weitere ausgedehnte Außensiedlungen, welche teils durch Wälle und Gräben in verschiedene Bereiche unterteilt waren. Insgesamt 25 bis

40 Gehöfte konnten hier erfasst werden. 550 v. Chr. zerstörte eine Feuersbrunst die Stadt wie auch die nordwestliche Außensiedlung. Während die Burganlage in etwas kleinerem Maße und diesmal nur noch durch eine Holz-Erde-Mauer gesichert wieder aufgebaut wurde, findet sich im Bereich des ehemaligen Dorfes nun ein Bestattungsplatz mit mehreren Großgrabhügeln.

Hervorzuheben ist nun ein Gebäude der „neuen" Hauptburg, welches alle anderen um ein Vielfaches überragt haben musste – das Herrenhaus! War dies der Sitz des „Fürsten"? Der Handel boomte in dieser Phase weiterhin: Transportamphoren aus Frankreich und die Einführung der schnell rotierenden Töpferscheibe zeigen die regen Kontakte in südliche und westliche Gefilde. Westlich des Burgplateaus entstand eine neue Außensiedlung innerhalb der nun durch Wall und Graben gesicherten Vorburg. Erst in der ersten Hälfte des 5. Jh. v. Chr. scheint sich das Blatt endgültig zu wenden. Burg und Vorburgsiedlung endeten in einer weiteren Brandkatastrophe und wurden daraufhin vollständig aufgegeben.

Mit ihren imposanten und mächtigen Bauwerken, die sicherlich nicht nur der Verteidigung, sondern vielmehr der Machtdemonstration dienten, sowie der über 100 ha großen Außensiedlung im Vorfeld kann die Heuneburg mit gutem Recht als eine frühkeltische Stadt ersten Ranges bezeichnet werden.

Das Ende der Herrlichkeit

Um die Mitte des 5. Jahrhunderts v. Chr. ging es im Südwesten binnen weniger Jahrzehnte mit der Herrlichkeit der „Fürsten" zu Ende. Die Heuneburg brannte ab und wurde nicht wieder aufgebaut. In manche Großgrabhügel wurden offenbar noch vereinzelte Nachbestattungen eingebracht, aber keine neuen Hügel mehr errichtet. Stattdessen erschien das „Fürstenphänomen" dann weiter nordwestlich, in Hessen und vor allem in den linksrheinischen Gebieten. An die Stelle der Prunk- oder Fürstengräber traten durchaus nicht arme, aber wesentlich bescheidenere und gleich-

60 Hallstattkeramik

förmigere Bestattungen. Bei den Männern dominierte jetzt das kriegerische Element: Lanzen, Schwerter, Schilde, manchmal Helme bestimmten ab dem späten 5. Jahrhundert v. Chr. das Bild der Grabbeigaben.

Auch im Kunsthandwerk vollzog sich ein deutlicher Wandel hin zu dem, was wenig später „typisch", wenn nicht gar „klassisch keltisch" genannt werden kann. Auf die geometrischen, sehr bilderarmen und immer stark stilisierten Verzierungen der Hallstattzeit folgte als Übergangsphase eine immer noch stark geometrische und oft hoch komplizierte Ornamentik, die mit dem Zirkel konstruiert wurde. Aus den griechischen Lotosblüten- und Wellenrankenmustern entwickelte sich im 4. Jahrhundert v. Chr. der ganz eigenständige, unverwechselbar keltische Stil, der am längsten auf den britischen Inseln bis ins frühe Mittelalter gepflegt wurde.

Über die Vorbedingungen und Auslöser für diesen Umschwung wird seit Langem gerätselt. Eine Invasion von außen gilt heute als unwahrscheinlich, stattdessen vermutet man eher ein Bündel von Ursachen, vielleicht eine Art von Kettenreaktion, die schließlich zu diesem geistigen und gesellschaftlichen Umbruch geführt hat. Der engere Kontakt mit der Kultur der Mittelmeerwelt war aber sicher einer der wesentlichen Faktoren, die dazu beigetragen haben.

Vielleicht ist es kein Zufall, dass gerade aus dieser Zeit um 450 v. Chr. in der schriftlichen Über-

61 Keltische Kleidung

> **Schon gewusst?!**
> **Modebewusste Kelten**
>
> Anscheinend sind schon die griechischen und römischen Geschichtsschreiber, u.a. Diodor, beeindruckt von der Farbenpracht der keltischen Kleider gewesen. Sonst hätten sie wohl kaum Platz in den großen Werken gefunden: *„Sie kleiden sich sehr auffällig: gemusterte Hemden in verschiedenen Farben und lange Hosen, die sie bracas nennen. Als Überwurf dienen gestreifte Mäntel, die an der Schulter mit einer Spange befestigt werden, und zwar im Winter flauschige, im Sommer glatte, die mit einem dichten, bunten Würfelmuster geschmückt sind."* (Diodor, Weltgeschichte 5,30,1, 1. Jh. v. Chr.).

chen Siedlungen scheint sich kaum verändert zu haben, so dass es auch heute für die Archäologen schwierig ist, die Überreste eines Weilers oder Dorfes dem frühen oder späten 5. Jahrhundert zuzuweisen – oft lautet die Datierung salomonisch „Späthallstatt/Frühlatène".

Wehrhafte, kampferprobte Migranten

Nur wenig später, um 400 v. Chr., setzten die „keltischen Wanderungen" ein. Eine für diese Zeit nachweisbare Klimaverschlechterung dürfte der letzte Anstoß dafür gewesen sein. Als weitere Motive wurden schon in der Antike Übervölkerung und die Verlockungen des Südens in Betracht gezogen. Vermutlich haben aber schon die vorhergehenden Umwälzungen im Verlauf des 5. Jahrhunderts v. Chr. die Voraussetzungen geschaffen. Doch gerade was gesellschaftliche Zustände angeht, liegt dieser für weite Teile Europas und des Mittelmeerraumes so folgenreiche Abschnitt der europäischen Vergangenheit ziemlich im Dunkeln. Denn keine historische Überlieferung hilft uns, die archäologischen Befunde richtig zu deuten und zu verstehen.

Ab etwa 400 v. Chr. nahmen keltische Stämme weite Teile Oberitaliens bis hinunter nach Rimini in Besitz. 387 v. Chr. eroberten sie eher zufällig das damals noch unbedeutende Rom, aus dem sie nach einigen Monaten (und gegen ein erhebliches Lösegeld) wieder abzogen; ein Trauma, das den Römern noch jahrhundertelang im Bewusstsein bleiben sollte. Auch der Balkan und Griechenland blieben nicht verschont, wo ein keltischer Verband 279 v. Chr. das Heiligtum von Delphi plünderte. Damit war der keltische Leumund auch bei den bis dato eher sympathisierenden Griechen ruiniert. Einige Stammesgruppen gelangten anschließend bis nach Anatolien, wo sie sesshaft wurden und als Galater in die Geschichte eingingen. Einer ihrer drei Hauptorte war Ancyra, das heute Ankara heißt und die Hauptstadt der Türkei ist.

Als Söldner kamen die kampferprobten keltischen Krieger im gesamten Mittelmeerraum herum, sogar bis nach Oberägypten.

lieferung von dem schon erwähnten Griechen Herodot, dem „Vater der Geschichtsschreibung", die ersten zuverlässigen Berichte über die Kelten stammen.

Die jüngere Eisen- oder Latènezeit

In der Einteilung der Archäologie beginnt nach diesem Umbruch um die Mitte des 5. Jahrhunderts v. Chr. eine neue Epoche: die jüngere Eisen- oder Latènezeit, benannt nach einer Untiefe im Neuenburgersee in der Schweiz, wo seit 1857 zahllose Funde dieser Periode geborgen wurden.

Von den allermeisten Zeitgenossen wurde dieser „Umbruch" sicher weniger einschneidend und dramatisch erlebt. Das Alltagsleben in den ländli-

Auf ganz andere Weise vollzog sich die Ausbreitung der keltischen Kultur nach Westen und Nordwesten bis auf die britischen Inseln. Hier scheinen nicht Völkerschaften, sondern Sprache, Kunst und Kultur nacheinander und auf verschiedenen Wegen eingewandert zu sein. So finden sich etwa die ersten „typisch keltischen" Gegenstände im sogenannten Latènestil in Irland kaum vor 300 v. Chr. Die heute oft irrtümlich als „Urkelten" betrachteten Inselbewohner wurden in der Antike übrigens nicht einmal zu den Kelten gerechnet! Im Norden Britanniens sind „typisch keltische" Funde in vorrömischer Zeit ebenfalls Ausnahmen; die Vorfahren der Schotten kamen erst im Frühmittelalter von Irland aus dorthin. Die keltische Sprachfamilie war aber offenbar schon vorher in mehreren Zweigen auf den Inseln verbreitet – ein Umstand, der bis heute nicht befriedigend erklärt werden kann. Er macht aber deutlich, dass die keltische Sachkultur, wie sie die Archäologie vorfindet, keltische Sprache(n) und „Volkszugehörigkeit" nicht zwangsläufig deckungsgleich sein müssen.

Rückkehrer und Daheimgebliebene

Im 3. Jahrhundert v. Chr. wendete sich das Blatt allmählich gegen die Kelten in Südeuropa. Ein kleiner Stadtstaat am Tiber, den ein keltisches Heer noch eineinhalb Jahrhunderte zuvor eher nebenbei besetzt hatte, schwang sich zur Herrschaft über die Apenninhalbinsel auf und schickte sich an, eine Großmacht zu werden. Die dort ansässigen keltischen Stämme wurden von Rom nach und nach unterworfen. Einige, die dies nicht wollten, scheinen in die Heimat der Väter jenseits der Alpen zurückgekehrt zu sein. Allzu viele waren es wohl nicht, denn zumindest in Südwestdeutschland sind nur wenige Siedlungen und Gräberfelder dieser Zeit bekannt. Auch auf dem Balkan schwang das Pendel langsam wieder zurück. Am längsten konnte sich die keltische Kultur noch auf der iberischen Halbinsel in Gestalt der Keltiberer und verwandter Völkerschaften so-

wie in Anatolien halten, wo zumindest die galatische Sprache noch um 400 n. Chr. vom Kirchenvater Hieronymus bezeugt wird.

Späte Blüte, große Städte – Die Oppida-Kultur

Vom Atlantik bis nach Ungarn entstanden im 2. und 1. Jahrhundert v. Chr. in der keltischen Welt schwer befestigte Zentralorte, die man nach einem von Caesar überlieferten Begriff *oppida* nennt (Einzahl: *oppidum*). Als Mittelpunkte von Handel und Handwerk waren sie wohl meist auch Hauptorte von Stammesverbänden. Hinter mächtigen Toranlagen und Stein-Holz-Erde-Mauern lagen weite Freiflächen, Gehöfte, Handwerkerquartiere, Straßen und Plätze, zum Teil in geplanter Regelmäßigkeit. Hier produzierten spezialisierte Handwerker für ein größeres Absatzgebiet. Einem florierenden Handel, der sich bis ans Mittelmeer erstreckte, dienten Marktplätze und Magazine. Man bezahlte mit Münzen und notierte auf Wachstäfelchen, meist in griechischer Schrift.

Schon gewusst?!
„Wir fürchten nichts, außer ..."

Im Jahr 335 v. Chr. suchte, neben vielen anderen, auch eine keltische Gesandtschaft Alexander den Großen an der unteren Donau auf, wo er vor seinem großen Zug nach Asien einen Feldzug im Hinterland seiner makedonischen Heimat geführt hatte. Er fragte sie, was sie am meisten fürchteten – und hatte wohl als Antwort erwartet „Dich, o großer Alexander". Da erklärten sie ihm, sie fürchteten sich vor gar nichts, außer dass ihnen der Himmel auf den Kopf fallen könnte. Ganz diplomatisch fügten sie aber hinzu, dass sie die Freundschaft eines so großen Mannes wie Alexander sehr zu schätzen wüssten. Hinterher soll Alexander (wohl leicht verschnupft) gesagt haben, diese Kelten seien schon rechte Angeber.

Zehn Jahre später wird erneut von einer keltischen Gesandtschaft bei Alexander berichtete – diesmal in Babylon(!).

FUNDSTELLE 30

Tarodunum – Ein keltisches Oppidum gibt Rätsel auf

Kreis Breisgau-Hochschwarzwald

62 Wallabschnitt des keltischen Oppidum bei Kirchzarten

Das sich über mindesten 200 ha erstreckende spätkeltische Oppidum Tarodunum bei Kirchzarten nahe dem Dreisamtal gibt bis heute Rätsel auf. Denn wenngleich man den Nachweis einer typisch keltischen Pfostenschlitzmauer erbringen konnte, so liegt die einzig wirklich fundreiche und für eine städtische Anlage sprechende Siedlungsstelle eigentlich außerhalb des umwehrten Gebietes. Handelte es sich womöglich gar nicht um eine befestigte Stadt, sondern nur um eine Fliehburg für Notzeiten? Heute ist das gesamte Areal des vermeintlichen Oppidums durch einen ca. 7 km langen Rundwanderweg erschlossen. Hinweistafeln bei der Tarodunum-Grundschule in Burg-Birkenhof, beim Kreisverkehr Birkenhof, bei der Westspitze oberhalb des Zusammenflusses von Rotbach (Höllenbach) und Wagensteigbach sowie beim ehemaligen Gasthaus Schüssel am nördlichen Ende des „Heidengrabens" ergänzen den Lehrpfad und geben interessante Informationen über die keltische Besiedlung des Dreisamtals. Auf den Spuren der eisenzeitlichen Befestigungsanlage wandelnd, besticht der Weg mit einer wunderbaren Aussicht über die Umgebung Kirchzartens am Rand des Schwarzwaldes.

Der Weg beginnt an der Tarodunum-Schule in Kirchzarten-Burg in der Höfener Str. 107. Dort sind auch genügend Parkplätze vorhanden. Außerdem befindet sich der Bahnhof Himmelreich in unmittelbarer Nähe (ca. 8 Min. zu Fuß). Der ca. 7 km lange Rundwanderweg führt recht gemütlich ohne größere Steigungen über gut ausgebaute Wege und ist für Jung und Alt bestens geeignet. Kinderwagen oder Fahrräder können voll zum Einsatz kommen.

Hier, am Beginn der Tour, kann man mit etwas aufmerksamem Blick den mit Bäumen und Sträuchern zugewachsenen ehemaligen keltischen Befestigungswall erkennen, der an dieser Stelle noch mehrere Meter hoch erhalten geblieben ist. Aber wozu gehörte dieser Wall nun überhaupt?

Das Oppidum Tarodunum, heute im Bereich Kirchzartens am Rand des Schwarzwaldes gelegen, gehörte zu einer der vielen spätlatènezeitlichen Befestigungsanlagen Südwestdeutschlands. Diese sogenannten Oppida waren teils riesige befestigte stadtähnliche Anlagen mit eingeschlossenen Wirtschaftsflächen. Sie entstanden im 2. Jahrhundert v. Chr. Geschützt wurden diese Zentralorte mit überregionaler Bedeutung in den rechtsrheinischen Gebieten durch sogenannte Pfostenschlitzmauern. Links des Rheins hingegen zumeist durch einen Murus Gallicus (Gallische Mauer). Diese Befestigungstechnik wurde erstmals durch Iulius Caesar in seinem *De Bello Gallico* (58–51/50 v. Chr.) beschrieben und ist heute noch unter diesem Namen bekannt.

Auch in der heute nur noch als Wall erkennbaren Befestigungsanlage zwischen Rotbach und Wagensteigbach befinden sich die Überreste solch einer typisch „gallischen" Mauer. Aufgrund dieser Befunde wurde überhaupt erst – sieht man einmal von den antiken Quellen ab, zu denen wir im Folgenden noch kommen werden – von einem Oppidum gesprochen. Die Befestigungsanlage Tarodunum nimmt ein lang gezogenes Dreieck ein, das einst von den Quellflüssen der Dreisam aus der Niederterrasse mit bis zu 15 m hohen Böschungen herausmodelliert wurde und teils schon einen natürlichen Schutzwall bot.

Nach der ersten Tafel an der Schule halten wir uns links und folgen der Markierung mit der keltischen Münze zum Höllenbach (Rothbach) beziehungsweise entlang des ehemaligen Walls in Richtung Birkhof. Nach 400 m biegen wir rechts ab und erreichen nach wenigen weiteren Metern die Höllentalstraße. Von hier geht es links bis zum Kreisverkehr, an dem die zweite Hinweistafel weitere Informationen zum Befestigungswall von Tarodunum bereithält. An dieser Stelle ist übrigens noch die zur Terrassenkante hin ansteigende, rampenartige Aufschüttung der Mauerfront sowie deren Oberkante zu erkennen. Viele der in der Mauer verbauten Steine wurden in jüngerer Zeit für den Bau neuer Hofanlagen entnommen und so an anderer Stelle als Baumaterial wiederverwendet

Der Weg führt uns nun für ca. 1 km entlang der Höllentalstraße bis zur nächsten großen Straßenkreuzung. Hier folgen wir kurz der Höllentalstraße weiter nach links und biegen sofort wieder rechts in den kleinen, schattigen Aumattenweg ein. Dieser führt uns unter der B 31 hindurch zum Zusammenfluss von Höllenbach (Rotbach) und Wagensteigbach, der Dreisam. Nach 600 m erreichen wir diese Stelle sowie die dritte Hinweistafel.

Die keltische Anlage von Kirchzarten wurde schon seit dem 19. Jahrhundert mit dem von dem antiken Geographen Claudius Ptolemaios überlieferten Namen Tarodunum gleichgesetzt. Somit gehört dieses Oppidum zu den wenigen Oppida,

Schon gewusst?!
Caesar und der Murus Gallicus

„Alle Mauern der gallischen Festungen sind in der Regel folgendermaßen gebildet. Zuerst werden gerade Balken ihrer ganzen Länge nach in gleichen Entfernungen immer zwei Fuß voneinander horizontal auf den Boden gelegt. Diese werden an der inneren Seite verklammert und reichlich mit Erde bekleidet. Die erwähnten Zwischenräume werden auf der Vorderseite der Mauer mit gewaltigen Felsstücken ausgefüllt. Wenn diese so hingelegt und fest miteinander verbunden sind, wird darüber eine andere Reihe hinzugefügt, und zwar in der Art, dass der gleiche Zwischenraum beibehalten wird, die Balken sich aber nicht berühren, sondern, durch gleiche Zwischenräume getrennt, dadurch fest zusammenhalten, dass nach jedem Balken ein Felsstück eingeschoben wird. So wird der Reihe nach Lage um Lage gefügt, bis die Mauer die gehörige Höhe erreicht hat . . ." (Caes. Gall. 7, 23).

die namentlich aus der Antike überliefert sind. Die ältere Forschung brachte den Namen Tarodunum sehr früh mit den Wallresten des sogenannten „Heidengrabens" in Verbindung, dessen Verlauf wir gleich weiter in Richtung Burg am Wald folgen wollen. Trotz der Namensüberlieferung gibt Tarodunum dennoch Rätsel auf. Warum? Dazu kommen wir nun. Neben der Mauerbefestigung, die wir bereits kennengelernt haben, nutzten deren Erbauer ebenso die bis zu 15 m hohen Böschungen der beiden hier fließenden Quellflüsse der Dreisam – Wagensteigbach und Höllenbach (Rotbach) – als natürliches Grabensystem. Leider erbrachten auch intensive Geländebegehungen sowie mehrfache Grabungen an und in der Wallanlage des hier vermuteten Oppidums kaum Spuren einer längeren spätkeltischen Besiedlung innerhalb der Befestigung. Bis auf eine Handvoll Scherben und Nägel ließen sich keinerlei bemerkenswerte Funde machen, welche Indiz für eine bedeutende Stadtanlage hätten sein können. Handelte es sich womöglich gar nicht um eine befestigte Stadtsiedlung, sondern eher um einen Zufluchtsort der Bevölkerung in Zeiten der Not? Das allerdings wäre nicht zu vereinbaren mit den schriftlichen Quellen. Denn die bei dem griechischen Geographen Ptolemaios erwähnte Keltensiedlung rechts des Rheins war immerhin bis nach Alexandria bekannt geworden! Merkwürdig ist in diesem Zusammenhang auch, dass bereits 1987 in einer Ausgrabung des Landesdenkmalamtes Baden-Württemberg nachgewiesen werden konnte, dass die mächtige östliche Pfostenschlitzmauer gar nicht fertiggestellt und ihr Bau wohl recht abrupt abgebrochen wurde. Ob dies mit den römischen Besatzern zu tun hatte oder welche Ursachen dahintersteckten, ist bislang leider unklar.

Östlich der Westspitze der Anlage konnten u.a. römische Siedlungsreste nachgewiesen werden, wie sie auch von anderen Orten rund um das Dreisamtal bekannt sind. Neben der hier vermuteten römischen Straßenstation nahe einer alten Handelsroute könnten die römischen Besatzer aber auch noch einen ganz anderen Grund gehabt haben, sich hier niederzulassen. Schon in keltischer Zeit bildete nämlich u.a. der Bergbau einen Hauptgrund für eine Besiedlung dieses Raumes. Das hier vorkommende Eisenerz war wertvolles Gut und wurde bereits in der Eisenzeit hier abgebaut und weiterverarbeitet. Gerade im Dreisamtal sowie rund um den Schauinsland konnte der Abbau des begehrten Rohmaterials bereits zu dieser frühen Zeit nachgewiesen werden. Und Eisen stellte sicherlich auch für die Römer eine wichtige Ressource dar.

Wir folgen dem Weg für weitere 1,2 km und bewegen uns direkt auf der Wallkrone bis zum Ortseingang des Dörfchens Burg am Wald. Hier laufen wir für ca. 4 Min. entlang der Markenhofstraße bis zur Kreuzung Alte Ibentalstraße und gehen bis zum Ende dieser Straße. Ein kurzer Verbindungsweg führt uns auf den Geh- und Radweg entlang der K 4909. Wir überqueren die Mühlenstraße und den Wagensteigbach. Auf dieser Wegstrecke gehen wir ca. 200 m direkt auf dem „Keltenwall" und werfen einen Blick (links) auf das steil abfallende Gelände in den Wagensteigbach. Rechts vor uns sehen wir das Sportgelände von Buchenbach und können die Konturen der Wallanlage deutlich erkennen. Vor der Brücke überqueren wir die K 4909 und laufen auf dem Vogtweg (Gemarkung Buchenbach) bis zur Burgerstraße und zum ehemaligen Gasthaus Schüssel, zur vierten und letzten Hinweistafel. Hier, am Knickpunkt des mittlerweile stark verflachten und durch die landwirtschaftliche Nutzung in Mitleidenschaft gezogenen „Heidengrabens", erbrachten Grabungen 1901 die Reste einer Toranla-

63 **Regenbogenschüsselchen – das Geld der Kelten**

ge. Ein der Mauer vorgelagerter Graben ist an dieser Stelle unterbrochen. Die Mauer hingegen knickt zu beiden Seiten der Toranlage rechtwinklig ein und bildet eine zangenartige Torgasse, die im Ernstfall leicht zu verteidigen war. Die einst durch das Tor führende Straße scheint, wie einzelne Funde belegen, auch im frühen Mittelalter noch genutzt worden zu sein und war wohl der Zugang zu den Höhen des Schwarzwaldes.

Nun begeben wir uns auf den Rückweg. Der Burger Straße weiter folgend, gehen wir in östlicher Richtung bis zur Buchenbacher Hauptstraße. Dort folgen wir dann rechts dem Radweg wieder zurück nach Burg. Nach ca. 1 km blicken wir links auf den Bahnhof Himmelreich, unterqueren hier die Höllentalbahn und folgen dem Wegweiser auf dem Geh- und Radweg entlang der Höllentalstraße bis zur Höfener Straße. Nach insgesamt ca. 30 Min. gelangen wir damit wieder zum Ausgangspunkt unserer Tour. Und da dieser letzte Wegabschnitt keine größeren sichtbaren Spuren bereithält, widmen wir uns noch etwas der neueren Forschungsgeschichte des rätselhaften Oppidums.

Außerhalb der Befestigungsanlage konnte 1987 südwestlich von Zarten im Gewann Rotacker eine weitere keltische Siedlungsstelle nachgewiesen werden. Unter den Funden fanden sich latènezeitliche Keramikscheiben, Bruchstücke importierter römischer Weinamphoren sowie auch keltische Münzen. Solche Fundstücke sind typische Indikatoren einer spätkeltischen Großsiedlung des 2. und 1. Jahrhunderts v. Chr. Interessant sind aber vor allem Münzrohlinge, sogenannte Schrötlinge, sowie Rohmaterialreste. Diese Funde weisen sicher darauf hin, dass hier vor Ort sogar keltische Goldmünzen geprägt wurden.

Es scheint sich also um eine große, wohlhabende Siedlung mit florierendem Handel und Handwerk, Luxus- und Importgütern gehandelt zu haben. Lag hier vielleicht das eigentliche Tarodunum, das „weltweit" Bekanntheit erlangt hatte? Wo auch immer diese Siedlung wirklich gelegen haben mag, zumindest der Name konnte sich offensichtlich bis in nachrömische Zeit halten. Denn eine frühmittelalterliche Urkunde aus St. Gallen nennt bereits im Jahr 765 n. Chr. den Ort „Zarduna" für Zarten. So hat sich letztlich wenigstens der auf die keltische Ortsbezeichnung zurückgehende Wortstamm bis heute im Ortsnamen Zarten erhalten können.

> Über die A 5 Offenburg-Basel, Ausfahrt 62 Freiburg-Mitte, auf die B 31a bis Freiburg und dann auf der B 31 Richtung Donaueschingen. In Kirchzarten die Ausfahrt Buchenbach/Himmelreich nehmen. In Richtung Kirchzarten/Birkhof der Höllentalstraße für 200 m folgen und links in die Höfener Straße abbiegen. Parkplätze stehen bei der Tarodunum-Grundschule kostenlos zu Verfügung. Tarodunum ist bereits an der Ausfahrt an der B 31 ausgeschildert!
>
> 47°57′41.8″N, 7°59′01.9″E
>
> ca. 2 Stunden
>
> Barrierefrei

Luxusgüter aus dem Süden

Aus dem Süden kamen Luxusgüter für die Oberschicht, vor allem Wein aus Italien. So berichtet eine antike Quelle des 1. Jahrhunderts v. Chr. über die Kelten: *„Den Wein, der von Kaufleuten eingeführt wird, gießen sie unvermischt in sich hinein … bis sie berauscht in Schlaf oder einen Zustand von Delirium fallen. …"* (Diodor, Weltgeschichte 5,30,1). Die Scherben der Amphoren, in denen der Wein transportiert wurde, finden sich häufig in den Oppida.

Exportiert wurden hingegen Dinge wie Pökelfleisch, Honig, Wolle, Flachs, Tierhäute, Textilien, Eisen und Sklaven. Wo immer möglich, nutzte man Wasserwege und lud anschließend auf Wagen oder Tragtiere um. Zumindest in Gallien wurden sogar Zölle erhoben.

Mit etwa 17 km² ist der „Heidengraben" oberhalb von Bad Urach das größte Oppidum der keltischen Welt. Weitere Oppida im Südwesten sind in Finsterlohr-Burgstall im Taubertal, in Altenburg/Rheinau (Kr. Konstanz) und in Tarodunum bei Kirchzarten nahe Freiburg i. Br. zu finden.

FUNDSTELLE 31

Der Heidengraben – Die große Keltenfestung der Schwäbischen Alb

Kreis Esslingen / Kreis Reutlingen

64 Teilrekonstruiertes Zangentor G vom Heidengraben

Mit seinen fast 17 ha ist das keltische Oppidum am Heidengraben die größte bekannte spätkeltische Befestigungsanlage Europas. Neben den langen, im Gelände noch gut sichtbaren Wall- und Grabensystemen der spätkeltischen Zeit zeugen auf dem Hochplateau die hallstattzeitlichen Grabhügel beim Burrenhof als stille Wächter von den ersten keltischen Bewohnern des weitläufigen Siedlungsareals. Zur Veranschaulichung wurde eines der „Zangentore" der Pfostenschlitzmauern rekonstruiert. Hier oben, zwischen den Gemeinden Erkenbrechtsweiler, Hülben und Grabenstetten kann man nach Herzenslust wandern oder Fahrrad fahren. Denn der Heidengraben ist Thema des 27 km langen „Achsnagelweges", der mit insgesamt 19 Tafeln die verschiedenen archäologischen Denkmäler erläutert. Im Grabenstettener Keltenmuseum sind darüber hinaus Originalfunde vom Heidengraben ausgestellt. Den Museumsbesuch sollte man sich bei einem Tagesausfluge – denn so viel Zeit muss man für einen Besuch hier auf jeden Fall einplanen – nicht entgehen lassen.

Der Heidengraben gehört wohl zu den bekanntesten archäologischen Geländedenkmälern Baden-Württembergs und war mit seinen sagenumwobenen Gräben und Wällen zu allen Zeiten ein magischer Anziehungspunkt und willkommener Anlass für kontroverse Diskussionen über dessen Entstehung. Erste Quellen berichten schon um 1454 von dem „Haidengraben zu Nyffen", der wohl in grauer Vorzeit von alten Völkern, den „Haiden", errichtet worden sei. Im 18. und 19. Jahrhundert setzten sich Historiker, Landeskundler sowie Einheimische vermehrt mit den teils noch gut erkennbaren Befestigungsresten auseinander. Erst wurden die Wälle als römisch angesehen, dann jedoch recht schnell als zwar römisch „angehauchte" Bauwerke, aber keinesfalls von den Römern erbaut. Handelte es sich wirklich um durch eine Befestigung geschützte Ländereien der Einheimischen, die so während der römischen Okkupation der Alb in der 2. Hälfte des 1. Jahrhunderts. n. Chr. ihr Land vor einfallendem „gallischem Gesindel" bewachen wollten? Dies beschreibt, wenn auch nicht den Heidengraben speziell betreffend, der römische Geschichtsschreiber Tacitus in seiner *Germania*. Erst um 1841 wurden die Wall- und Grabensysteme des Heidengrabens mit der keltischen sogenannten „Oppida-Kultur" (Stadtkultur) in Zusammenhang gebracht und damit der Grundstein für eine weitere, über hundertjährige Forschung gelegt. Die Grabungen durch F. Hertlein in den Jahren 1905/06 und 1909 bestätigten endlich diese Einschätzung. In dem als „Elsachstadt" bezeichneten Gelände innerhalb des Heidengrabens sah der Archäologe, der sich auch mit ähnlichen Anlagen in Finsterlohr bei Creglingen beschäftigt hatte, den Hinweis auf ein weiteres „echt keltisches" Oppidum gegeben. Ein Problem stellten dabei die Grabhügel beim Burrenhof dar, deren frühkeltische Zeitstellung scheinbar im Widerspruch zur Datierung der Wallanlagen stand. Erst 1934 plädierte Kurt Bittel – bekannt für sein frühes Werk „Die Kelten in Württemberg" – für eine ältere Vorgängersiedlung des spätkeltischen (latènezeitlichen) Oppidum am Heidengraben, die in Verbindung zu den älteren, hallstattzeitlichen Grabhügeln am Burrenhof stehen könnte. Überreste einer solchen Siedlung der Hallstattzeit (die wohl nicht die Einzige war) wurden inzwischen im Bereich der „Strangenhecke" ausgegraben.

Das Zentrum des Oppidums wird heute in der „Elsachstadt" gesehen. Denn auch diese Frage blieb lange Zeit ungeklärt. Die Grabungen, Sondagen und Begehungen der letzten Jahrzehnte erbrachten eine Vielzahl nicht unwichtiger Funde in diesem Bereich. Unter den in die späte Latènezeit datierenden Funden waren auch römische Importe, wie etliche Bruchstücke großer Weinamphoren. Diese datieren in die Zeit um 120 bis 80 v. Chr. und zeigen weitreichende Handelskontakte einer keltischen Oberschicht.

Dennoch sind schon im Hinblick auf die riesige Fläche des Heidengrabens immer noch viele Fragen offen, so dass man auf die Untersuchungen der Zukunft gespannt sein darf. Es scheint aber, als ob der Heidengraben zwei Funktionen besessen habe: Zum einen beherbergte er eine befestigte, stadtartige Siedlung mit einer wohl zentralörtlichen Funktion. Zum anderen scheint er mit seinen riesigen Ausmaßen und seinen Außenbefes-

> Über die A8 Stuttgart-Ulm, Ausfahrt 57 Kirchheim unter Teck Ost, auf die B 465 Richtung Dettingen unter Teck und Lenningen. Kurz vor dem Ortsausgang von Lenningen geht es rechts auf die K 1264 nach Erkenbrechtsweiler. Oder man fährt über die B 28 nach Bad Urach und über die L 250 nach Hülben.
>
> Rekonstruktion Tor G: 48°33′41.4″N, 9°26′09.1″E, Burrenhof: 48°32′14.2″N, 9°25′00.1″E, Elsachstadt (Parkplatz): 48°32′03.6″N, 9°26′11.2″E, Falkensteiner Höhle: 48°30′50.6″N, 9°27′09.3″E
>
> Halbtages-/Tagesausflug
>
> Keltenmuseum Heidengraben, Böhringer Straße 7, 72582 Grabenstetten, Tel. 07332/387 (Rathaus Grabenstetten), kontakt@kelten-heidengraben.de, www.kelten-heidengraben.de. Öffnungszeiten: Mai–September: So. 14–17 Uhr, sowie nach Absprache.
>
> Für genauere Infos und Wegangaben vgl. Führer zu archäolog. Denkmälern in BW, Bd. 27, Der Heidengraben – ein keltisches Oppicum auf der Schwäbischen Alb, Hrsg. Landesamt f. Denkmalpflege BW (Stuttgart 2013).

65 Wieder aufgeschüttete Grabhügelnekropole beim Burrenhof

tigungen ein geschütztes Refugium dargestellt zu haben, das den Bewohnern der Umgebung samt Habe und Vieh in Kriegszeiten Schutz bot.

Da die Begehung des 27 km langen Rundwanderweges, der insgesamt eine Fläche von 1662 ha umschließt, zu Fuß an einem Tag kaum möglich ist, werden wir unsere Tour auf mehrere, mit dem Auto erreichbare Stationen verteilen sowie kleine Abschnitte der Befestigungsanlage erwandern. Wir starten unsere Route nördlich von Erkenbrechtsweiler. Hier befindet sich ein Wanderparkplatz (von Beuren kommend vor dem Ort. Von Bad Urach über Hülben kommend nach der Ortsdurchfahrt von Erkenbrechtsweiler an der K 1262 nach Beuren). Eine Infotafel gibt hier eine kurze Übersicht über die Befestigung des Heidengrabens. Folgt man dem kurzen Fußweg in südöstlicher Richtung, gelangt man nach ca. 250 m zur Rekonstruktion des so bezeichneten Tores G. Wozu gehörte nun dieses Tor? Die steilen Talabfälle der Hochfläche bilden über weite Strecken schon von sich aus einen natürlichen Schutz und wurden nur an den Stellen durch Wall- und Grabensysteme ergänzt, an denen die topografische Situation eben diesen nicht mehr gewährleisten konnte. Letzteres ist am Tor G der Fall. Diese Engstelle riegelt effizient das recht unübersichtliche, schwer zu sichernde Vorgelände, das „Bassgeige" genannt wird, vom Innenraum des Oppidums ab. Damit sollte wohl auch der Zugang von Beuren und vom Lenninger Tal herauf kontrolliert werden. Die Rekonstruktion des Tores vermittelt nur annähernd das imposante Aussehen der ehemaligen Toranlage. Während alle anderen Tore des Heidengrabens mediterranen Einfluss vorweisen, weichen die Tore G sowie H und D von der normalen Bauweise ab. Denn die Mauerwangen bilden hier nicht wie sonst üblich die rechtwinklig einbiegende Torgasse des typischen Zangentors, sondern sind eher trichterförmig angelegt. Östlich des Tores ist der weitere Verlauf des Walls noch bis zur Hangkante deutlich im Gelände zu erkennen. Übrigens: Die Pflasterung im Bereich des Tores ist tatsächlich das original keltische Straßenpflaster!

Nach diesem kleinen Abstecher fahren wir mit dem Auto durch Erkenbrechtsweiler in Richtung Hülben. An der Abzweigung Hülben/Erkenbrechtsweiler/Grabenstetten liegt der Burrenhof, und links daneben, an der Straße nach Grabenstetten, sehen wir schon von weitem das Grabhügelfeld. Die lange Zeit zu Gunsten des Oppidums vernachlässigte Grabhügelnekropole erfreute sich erst in den vergangenen Jahren wieder verstärkt der archäologischen Forschungen. Das Grabhügelfeld war bereits im 19. Jahrhundert wenig fachkundig ausgegraben worden. Denn zu dieser Zeit beschränkte man sich auf die direkte Ausschachtung der Hügel in Richtung der zentral liegenden Hauptgrabkammer. „Angetrichtert" nennen Archäologen heute dieses Vorgehen. Leider wurde bei dieser Art der Ausgrabung wenig Augenmerk auf den Gesamtbefund gerichtet und wichtige Details dabei nicht gesehen bzw. dokumentiert. Erst im Zuge von Straßenbauarbeiten geriet das Gräberfeld in den 80er- und 90er-Jahren des vergangenen Jahrhunderts wieder in den Fokus der modernen archäologischen Forschung. Leider waren in den Jahrzehnten zuvor viele der noch sichtbaren Grabhügel der Landwirtschaft und dem Straßenbau zum Opfer gefallen, so dass nun zügig mit der Untersuchung der letzten verbliebenen Hügel begonnen wurde. Die Erwartungen wurden durch die herausragenden bronze- sowie eisenzeitlichen Funde bei Weitem übertroffen, und groß war das Erstaunen, als 2004 weitere Hügel in den Äckern der Umgebung „angepflügt" wurden. Insgesamt konnten so 30 Grabhügel mit insgesamt 40 Bestattungen der frühen Eisenzeit nachgewiesen werden. Des Weiteren kamen im Bereich zwischen bzw. unter den Hügeln acht Brandgrubengräber der Hallstattzeit (800–450 v. Chr.) sowie drei urnenfelderzeitliche Gräber zu Tage. Insgesamt umfasste das Gräberfeld wohl ca. 90 Grabhügel mit vermutlich 120 bis 150 Bestattungen über einen Zeitraum von mindestens 600 Jahren. Dabei datieren die ältesten Bestattungen in die Zeit um 1200 bis 800 v. Chr., die jüngsten in die frühe Latènekultur (450–375 v. Chr.). Interessant ist weiterhin die Tatsache, dass mitten durch das Hügelfeld ein „grabfreier" Korridor geführt zu haben scheint, der einst wohl als Weg angelegt wurde – parallel dazu verläuft die heutige Straße.

Genau gegenüber, in südwestlicher Richtung des wieder aufgeschütteten Grabhügelfeldes verläuft ein weiteres Wallstück des Heidengrabens mit Tor F. Vom Burrenhof sind es nur 200 m bis dorthin. Einer Infotafel folgend kann man dem von Bäumen bewachsenen und gut erkennbaren Wallverlauf bis zum Steilabfall ins Kaltental folgen.

Nach einer kleinen Stärkung im Burrenhof fährt man weiter zum Parkplatz am Bannholz (kurz vor dem Segelflugplatz auf der rechten Seite der Straße). Hier lag einst die „Elsachstadt", also das eigentliche Zentrum des Oppidums. Achtung: Der alte Rundweg musste 2009 aufgrund des Biosphärenschutzgebietes teils geändert werden und man sollte sich besser zu Gunsten des Naturschutzes nicht abseits der ausgeschilderten Wege begeben! Wer möchte, kann hier ein kleines Stück auf größtenteils geteerten und auch barrierefreien Feldwegen zurücklegen. Von Tor A (GPS: 48°32′01.9″N, 9°25′55.4″E) im Westen des Walls geht es in östlicher Richtung zu Tor B (GPS: 48°31′55.5″N, 9°26′17.0″E) und noch weiter in Richtung „Unter dem Kreuz" bis Tor C (GPS: 48°31′37.0″N, 9°26′27.7″E). Zwei Infotafeln informieren genauer über die hier festgestellten Befunde. Nun geht es weiter nach Grabenstetten. Der kurze Rund- bzw. Fußweg ist in gut 40 Min. gemütlich zu bewältigen. Hier lohnt sich ein Besuch des kleinen aber feinen Keltermuseums, das eine Anzahl Originalfunde des Heidengrabens in seiner Dauerausstellung vorzuzeigen hat. Wer danach noch Lust und Zeit hat, bzw. lieber abseits der viel befahrenen landwirtschaftlichen Wege auf dem Heidengraben-Plateau wandeln möchte, der sollte einen letzten kleinen Abstecher zur Falkensteiner Höhle unternehmen. Dazu verlassen wir Grabenstetten auf der K 6758 in Richtung Böhringen. 600 m nach dem Ortsausgang Grabenstettens erreichen wir rechter Hand der Straße den

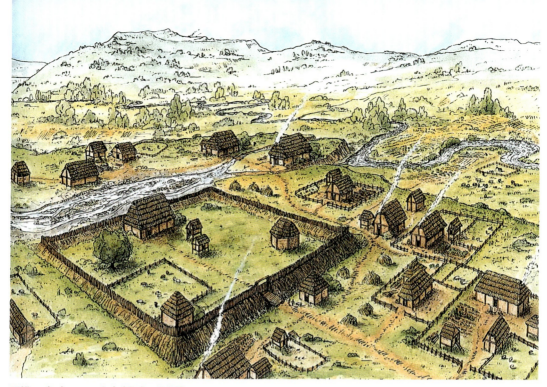

66 Viereckschanze – ein keltisches Gehöft

Parkplatz „Heidengraben". Hier, wo die Landstraße von Grabenstetten nach Böhringen den alten Wallverlauf durchschneidet, stand einst Tor E (GPS: 48°30'51.9"N, 9°27'34.1"E). Dieses riegelte, ähnlich wie bereits Tor G am Anfang unserer Tour, die einzige „Landbrücke" ab, die direkten Zugang zur Albhochfläche bot. Das Tor samt Hinweistafel befindet sich nur 150 m westlich der Straße direkt auf dem Weg zur Falkensteiner Höhle (vom Parkplatz sind es nur ca. 20 Min. Fußweg). Die rund 5 km lange Höhle ist eine der längsten Höhlen der Schwäbischen Alb und in ihre Richtung zog sich auch der keltische Wallverlauf, hier übrigens in beeindruckender Höhe. Da die Höhle jedoch wasserführend ist, sollte ohne Erfahrung und richtige Ausrüstung vom Betreten unbedingt abgesehen werden, denn vor allem nach Regenfällen kann der Höhlenbach innerhalb von Minuten zum Sturzbach werden! Ca. 400 m hinter der Höhle erreicht man die Elsach, deren Wasser übrigens direkt aus der Falkensteiner Höhle kommt. Hier, an einem kleinen Teich mit winzigem Quellbach befindet sich eine große Wiese mit Grillmöglichkeit – ein kleines Paradies für Kinder und hungrige Selbstversorger und ein gelungener Abschluss der Erkundungstour quer durch das Oppidum Heidengraben.

Viereckschanzen – kultisch oder einfach nur keltisch?

Auf dem flachen Land verteilt lagen zahlreiche befestigte und annähernd quadratische Herrenhöfe. Diese waren ca. 1 ha groß und mit Palisaden, Wall und Graben umgeben. Sie sind oft noch heute im Gelände erkennbar und werden als „Viereckschanzen" bezeichnet. Zuerst wurden sie als Schanzanlagen, dann als Gehöfte und später als Heiligtümer interpretiert. Moderne Ausgrabungen führten zur heutigen Deutung als Herrenhöfe des „Landadels" mit Wohnhäusern, Ställen, Speichern, Werkstätten, Brunnen und auch Kultbauten. Der Zugang erfolgte zumeist über eine Holzbrücke und durch einen massiven hölzernen Torbau. Sie dürften gleichzeitig die Mittelpunkte der umgebenden ländlichen Siedlungen, Versammlungsorte sowie lokale Handelsplätze gewesen sein.

FUNDSTELLE 32

Von Grabhügeln und Riesenschanze – Geschichtlicher Lehrpfad „Federlesmahd"

Kreis Esslingen

67 Grabhügelfeld im Wald – Federlesmahd

Mitten im Wald, bei Leinfelden-Echterdingen liegt sie, die Riesenschanze, umsäumt von einem Meer von Grabhügeln. Denn wo heute Bäume bis in den Himmel ragen, fand sich einst eine fruchtbare Hochfläche, wie wir sie heute von den Fildern noch gewohnt sind. „Altsiedelland" nennen die Archäologen solche Gegenden, in denen seit jeher Menschen lebten und Landwirtschaft betrieben. Neben bandkeramischen Siedlungsresten der Jungsteinzeit finden sich auch Relikte aus der Bronzezeit sowie der Kelten. Im Gewann „Federlesmahd", wo die am besten erhaltenen Befunde zu Tage kamen, die Dank der dichten Bewaldung von der Landwirtschaft verschont geblieben sind, führt heute ein 2,5 km langer geschichtlicher Lehrpfad seine Besucher vorbei an einer Vielzahl von Grabhügeln zur sogenannten Riesenschanze von Leinfelden-Echterdingen.

Wir parken das Auto am großen Parkplatz am Waldrand und begeben uns hinein ins lichte Grün. Der Weg ist eigentlich zu allen Jahreszeiten gut begehbar, wenn auch nicht immer ganz barrierefrei. Vor allem in den wärmeren Monaten oder im Herbst ist es hier jedoch besonders schön, durch den Wald zu wandeln. Denn dieser Ausflug ist ein Gang in die Vergangenheit, man könnte ihn allerdings schon fast „meditativ" als einen Ort der Stille bezeichnen (selbst wenn ab und an ein Flugzeug in Richtung Flughafen vorbeidonnert). Am Eingang zum Lehrpfad befinden sich die „Tafel 1" sowie die „Tafel 10". Letztere gibt Auskunft über die Geologie des Schönbuchs und der fruchtbaren Fildern sowie deren Entstehung. Auch wenn es sich um die letzte Tafel handelt, so lohnt es sich, diese sofort zu lesen, um besser verstehen zu können, warum sich hier Menschen seit vielen Jahrtausenden niedergelassen haben. Wir begeben uns dann entlang der ehemaligen Poststraße auf den Weg in den Wald hinein und folgen immer den hölzernen Hinweisschildern mit der Aufschrift „Lehrpfad". Achtung: An den Kreuzungen sollte man gut aufpassen, dass man diese nicht übersieht! Nach dem Passieren der zweiten Tafel links des Weges, welche über die Alte Poststraße, deren Funktion und Entstehung Auskunft gibt, folgen wir noch einige Meter dem befestigten Weg, bis linker Hand ein unbefestigter Waldweg abzweigt. Hier beginnt der romantische Teil der Tour. Durch den Wald wandernd, treffen wir auf „Tafel 3", welche uns die Waldgeschichte des Schönbuchs vor Augen führt. Vor allem in der Hallstattzeit scheint auch das Waldgebiet besiedelt gewesen zu sein. Denn aus allen anderen Epochen finden sich die meisten Siedlungsspuren eher auf den freiliegenden und sehr fruchtbaren Fildern- oder den Gäuflächen. Von der Nutzung und Rodung des Waldes schon in früheren Epochen bis zur Aufforstung des Waldgebietes seit dem 19. Jahrhundert – hier erhält man einen kleinen aber feinen Überblick über alle wichtigen Fakten. Weiter geht es zu „Tafel 4". Diese zeigt speziell die Entwicklung des Echterdinger Waldes an. Beim Schild „Station 5" biegen wir rechts ab. Dort angekommen beginnt die geschichtliche bzw. archäologische Erörterung zur Besiedlungsgeschichte. Während sich, wie bereits angesprochen, auf den lössreichen Filderebenen viele Siedlungsfunde seit einer Zeit von vor über 7000 Jahren nachweisen lassen, fanden die Archäologen im Wald vor allen Dingen eines, nämlich die Bestattungsplätze. Darunter auch das Grabhügelfeld der späten Bronze- und frühen Eisenzeit, welches wir im Folgenden erkunden werden. Übrigens: Neben den Römern schätzten auch die Alamannen des frühen Mittelalters das fruchtbare Fildern-Land. Viele Ortsgründungen heutiger Dörfer gehen bis in diese Zeit zurück!

Nun erreichen wir das gerade genannte Grabhügelfeld („Station 6" und „7"). Insgesamt konnten im Waldstück „Federlesmahd" 29 Gräber der Hallstattzeit (um 500 v. Chr.) die Jahrtausende unbeschadet überstehen. Einer der hier überall noch erkennbaren Hügel wurde 1981 freigelegt, danach wieder rekonstruiert und bildet heute das Herzstück des Gräberfeldes. Seine Höhe betrug zwar gerade einmal 2,5 m, jedoch fanden die Archäologen auf seiner Kuppe eine Steinstele in menschlicher Form. Eine Nachbildung dieser Stele ziert den wieder aufgeschütteten Hügel. Um die Bedeutung dieses Platzes zu untermalen, wurden am Rand des rekonstruierten Hügels mehrere weitere keltische Steinstelen, wie sie im Umland auf anderen Grabhügeln zu Tage kamen, aufgestellt. Es handelt sich bei allen um Nachbildungen, darunter auch die des „Kriegers von Hirschlanden" mit seinem Birkenrindenhut, wie wir ihn bereits vom Hochdorfer Keltenfürsten kennen. Ein heiliger Hain? Vielleicht, auf jeden Fall ein stiller Ort der Andacht und der Ruhe, der eine ganz besondere Ausstrahlung besitzt und das absolute Highlight dieses Spaziergangs ist!

Über die A 8 Stuttgart-München, Ausfahrt 52a Kreuz Stuttgart-Degerloch/Möhringen, auf die B 27 Richtung Tübingen. Gleich die erste Ausfahrt nach Echterdingen auf die Hauptstraße/L 1208 auffahren. Im Kreisverkehr die zweite Ausfahrt nehmen und weiter auf der Hauptstraße für ca. 1,5 km durch den Ort. Nach der Rechtskurve folgt man dem Straßenverlauf der Tübinger Straße und biegt nach 500 m links in die Waldenbucher Straße ab. Diese führt direkt zum großen Wanderparkplatz Waldheimstr./Alte Poststraße.

Einstieg in den Lehrpfad: 48°40'48.7"N, 9°09'02.9"E

1 Stunde

Bedingt barrierefrei

Weiter geht es durch den Wald zur Riesenschanze. Sie liegt bedeutsamer Weise am höchsten Punkt des Gemeindewaldes „Federlesmahd" und ist eine typisch keltische Viereckschanze wie aus dem Bilderbuch. Nun wird man sich beim ersten Anblick fragen, was man sich unter diesem quadratischen Wallrest denn nun bitte vorstellen soll? Die Tafel von „Station 8", welche wir hier finden, gibt die Antwort durch eine gelungene Rekonstruktionszeichnung. Als Viereckschanze bezeichnet man heute eine viereckige Gehöftanlage aus der Latènezeit, also um ca. 100 v. Chr. Diese, durch Wall und Palisade gesicherten, frühen keltischen Gehöftanlagen verfügten über Wohn-, Stall-, Speicher- und Arbeitsgebäude. In ihrem Umfeld gruppierten sich wohl weitere, einfache und nicht gesicherte Höfe, so dass man wohl von einer „Dorfgemeinschaft" im übertragenen Sinn sprechen kann. Lange Zeit hielt man die Viereckschanzen für kultische Anlagen. Heute hingegen weiß man, dass Viereckschanzen wohl ein gesichertes Zentrum dieser ländlichen Siedlungen, wie sie in dieser Zeit typisch für den süddeutschen Raum gewesen sein dürften, darstellten. Übrigens, die Riesenschanze besaß sogar ein richtiges, wohl hölzernes Eingangstor! Ein kleiner Trampelpfad ermöglicht es dem Besucher, auf dem ehemaligen Wall der bereits 1830 entdeckten Anlage entlangzugehen. Von hier aus erreicht man die vorerst letzte Station („9") des Lehrpfades und damit noch ein weiteres Grabhügelfeld. Dieses entstammt ebenfalls der Hallstattzeit. Die hier gelegenen Hügel erreichen ein stattliches Ausmaß mit bis zu 35 m Durchmesser und 3 m Höhe. Frühe Grabungen des 19. Jahrhunderts erbrachten kostbare Schmuckstücke sowie typisch hallstattzeitliche Keramik.

Gegenüber dem Hügel gibt es eine große Wiese mit Schaukeln und Grillstelle, schön gelegen für eine Rast. Auf dem befestigten Weg geht es links abbiegend zurück zum Auto.

Der Zenith wird überschritten

Mit wenigen Ausnahmen waren die Siedlungen, Herrenhöfe und Oppida im Südwesten spätestens um die Mitte des 1. Jahrhunderts v. Chr. verwaist. Antike Autoren sprechen sogar von einer „Einöde der Helvetier", die zuvor die Landstriche zwischen Bodensee und Main bewohnt und sich vor den vorrückenden Germanen ins Gebiet der heutigen Schweiz zurückgezogen hätten. Angesichts der mächtigen Oppida, wie Finsterlohr, dem Heidengraben oder auch den hessischen und bayerischen Anlagen, kann diese Bedrohung allein nicht der einzige Grund gewesen sein. Vor allem die Oppida waren als Wirtschaftszentren abhängig von Handel und Wandel, der offenbar nachhaltig gestört war. Man kann nur vermuten, dass Caesars Unterwerfung Galliens (58–52 v. Chr.) auch rechts des Rheins Auswirkungen hatte. Welche anderen Faktoren hier sonst noch eine Rolle spielten, ist noch völlig unklar.

Man geht niemals so ganz

Völlig entvölkert war das Land aber offenbar trotzdem nicht, denn entsprechende Untersuchungen erbrachten u. a. im Neckartal und in Nordwürttemberg Pollen von Getreide und Pflanzen der offenen Landschaft aus dieser Zeit. Wer aber dort noch lebte und ackerte, wissen wir leider nicht.

Auch an der oberen Donau und auf der westlichen Schwäbischen Alb könnten noch Siedlungen bestanden haben, als die Römer im Verlauf des von Kaiser Augustus befohlenen Alpenfeldzugs 15 v. Chr. den Bodensee erreichten. Vielleicht haben sie ja anfangs noch römische Garnisonen mit Lebensmitteln etc. beliefert? Am Hochrhein blieben allem Anschein nach sogar die Oppida von Altenburg-Rheinau und Konstanz zunächst bestehen und dienten den Römern als Stützpunkte, bis diese ihre ersten eigenen Kastelle anlegten.

FUNDSTELLE 33

Finsterlohr-Burgstall – Und noch ein keltisches Oppidum!

Main-Tauber-Kreis

68 Rekonstruierte Pfostenschlitzmauer

Das Oppidum von Creglingen-Finsterlohr gehört zu den weithin bedeutendsten keltischen Befestigungsanlagen Mitteleuropas und ist heute ausgewiesenes Kulturdenkmal. Der Wall sowie die Reste der einst mächtigen Pfostenschlitzmauer der keltischen Anlage aus dem 2. und 1. Jahrhundert v. Chr. sind heute noch gut im Gelände sichtbar. Ein 2,5 km langer Lehrpfad, der an der 12 m langen Rekonstruktion der Pfostenschlitzmauer vorbeiführt, erschließt dieses Meisterwerk keltischer Baukunst in seinen interessantesten und landschaftlich schönsten Abschnitten. Nahe der Nachbildung eines Keltenhauses steht auch noch das denkmalgeschützte Flachsbrechmuseum innerhalb der einstigen Siedlungsfläche. Selbst wenn hier kein direkter weiterer Zusammenhang zum Oppidum gegeben ist, so lohnt sich ein Besuch des kleinen Museums in Verbindung mit dem schönen Rundweg auf jeden Fall.

Creglingen ist den meisten eigentlich eher bekannt durch seinen Riemenschneider-Altar in der Herrgottskirche. Dabei hat der Ort noch weitaus Älteres zu bieten. Denn zumindest der kleine Teilort Finsterlohr-Burgstall befindet sich inmitten der weithin sichtbaren Reste eines über 100 ha großen keltischen Oppidum. Bereits bei der Anfahrt erwarten uns direkt an der Straße nach Burgstall an einer Infostation zwei Tafeln mit Informationen zur Anlage.

Um 1318 wird in mittelalterlichen Quellen hier ein Burgstall erwähnt, d. h. der Ort einer aufgegebenen Burganlage. Dass es sich hierbei aber keineswegs um eine „Ritterburg" handelt, das erkannten Wissenschaftler erst viele hundert Jahre später.

Mit dem Steilabfall zur Tauber sowie zur Schonach- und Holderbachschlucht bot das Gelände nach Norden, Osten und Süden hin bereits einen guten natürlichen Schutz. Nur ein 1,2 km langer Abschnitt zwischen den beiden Schluchten musste zum Schutz des auf der Höhe liegenden keltischen Oppidums also künstlich gesichert werden. Und dennoch wurde die gesamte Berghalbinsel zusätzlich mit einer über 5 km langen Ringmauer umgeben. Diese Mauer war in Pfostenschlitzbauweise errichtet und mit einem dammartigen Wall und Graben versehen. Verschiedene Grabungen erbrachten den Nachweis für insgesamt drei Bauperioden, die für eine lange Nutzung der Anlage sprechen. Da jedoch hauptsächlich im Umfeld vor den Toren der Anlage recht viele keltische Siedlungsfunde gleicher Zeitstellung zu Tage kamen, ist die Frage, welche Funktion die Befestigung wirklich hatte? War es womöglich ganz ähnlich wie in Tarodunum (Kirchzarten) gar keine Stadtanlage, sondern doch nur eine Fluchtburg? Auch hier bleiben noch viele Fragen offen, die hoffentlich irgendwann beantwortet werden können.

Heute führt ein Rundweg mit insgesamt sechs Stationen den Besucher durch einen Teil des Oppidums. Dabei veranschaulichen ein rekonstruierter Abschnitt der Pfostenschlitzmauer sowie ein Keltenhaus die Baukunst der Kelten und liefern dem Besucher zusätzliche Eindrücke dieser Epoche.

Wir beginnen unseren Weg am Infozentrum gleich neben dem Parkplatz. Hier erhält der Besucher erst einmal einen Überblick zur Lage des Oppidums, zur Kultur und zum Ausbreitungsgebiet der keltischen Völker. Nun halten wir uns links des Waldes und folgen der Beschilderung in Richtung „Station 1", die einen Überblick über die Besiedlung der Region von der Steinzeit bis ins Mittelalter gibt. Weiter am Waldrand entlang, sieht man bald die Palisade oberhalb der angeschütteten Erdrampe. Dort angekommen erwartet uns „Station 2" und ein Teilstück der rekonstruierten Pfostenschlitzmauer. Ein unglaubliches Bauwerk, das einen nur staunen lässt angesichts der ausgeklügelten Bautechnik! Weiter entlang des ehemaligen Walls – heute des Waldrandes – geht es zur „Station 3". Diese gibt Auskunft über das Münzwesen sowie die Sprache der Kelten; sie befindet sich übrigens direkt an der Grenze von Baden-Württemberg zu Bayern!

Wir folgen der alten Befestigungslinie. An der vierten Station des Rundweges, am sogenannten Alten Tor, befand sich einst der Zugang zum Inneren der Anlage. Wie bei eigentlich allen Oppida handelt es sich wieder um ein Zangentor, das es Feinden erschweren sollte, die Befestigung zu erstürmen, da man sie so im wahrsten Sinne des Wortes „in die Zange nehmen" konnte. Bereits 1929 hatte der Archäologe Kurt Bittel bei Grabungen im Nordwesten des Oppidums die Reste des Tores entdeckt. Es ist noch heute an dieser Stelle zu erkennen und wird auf der Infotafel erläutert.

Bei „Station 5" angekommen, zeigt ein Blick in Richtung des steil abfallenden Taubertals, wie in früheren Zeiten die Befestigungsanlage durch die natürlichen Gegebenheiten der Hangkante ge-

> Über die A 7 Würzburg-Ulm, Ausfahrt 107 Bad Windsheim, auf die St 2416 Richtung Adelshofen/Tauberscheckenbach. In Tauberscheckenbach fahren Sie in der Ortsmitte geradeaus in Richtung Burgstall. In Burgstall durch den Ort und am Ortsausgang nach rechts. Am Waldrand erreicht man das Infozentrum.
>
> Flachsbrechhütte/Einstieg in den Lehrpfad:
> 48°40'48.7"N, 9°09'02.9"E
>
> Ca. 1 Stunde
>
> Frei zugänglich, aber nur bedingt barrierefrei

69 **Modell des Osttors des Oppidums von Manching (Bayern) in seiner ersten Bauphase**

schützt war. Hier werden keltische Meisterwerke der Schmuck- und Gewebeherstellung erläutert.

Beim „Alten See" treffen wir auf „Station 6", die letzte auf unserem Weg. Hier erfahren wir mehr über die häusliche Inneneinrichtung und das keltische Handwerk. Auch wird die Zuordnung von Herrenhöfen und Talsiedlungen zum Oppidum erwähnt. Neben den Abbildungen von diversen Alltagsgegenständen ist auch die Lage der Siedlung zu den alten Fernhandelswegen zwischen Maindreieck und Schwäbischer Alb/Donau ebenso ein Thema wie die Salzgewinnung im nahe gelegenen Bad Mergentheim.

Die Neuen aus dem Norden

Während sich nun die keltische Bevölkerung allmählich ins Gebiet der heutigen Schweiz zurückzog, sickerten ostgermanische Siedler im 1. Jahrhundert v. Chr. allmählich in den Südwesten ein.

Gleichzeitige germanische und keltische Siedlungsspuren im Taubertal lassen ein vorwiegend unkriegerisches Nebeneinander zwischen 100 und 50 v. Chr. vermuten.

Für die Jahrzehnte vor der Zeitenwende ist ein zweiter Schub germanischer Zuwanderer aus dem Gebiet Thüringens in Mainfranken und im Taubertal nachweisbar. Nun wurde das germanische Element vorherrschend. Die keltische Kultur verschwand allmählich.

Die weitere Zukunft gehörte den Germanen – vorerst jedoch nur zum Teil, denn Rom hatte seine Startlöcher bereits gegraben und sollte weite Teile des Südwestens in den kommenden drei Jahrhunderten nachhaltig prägen.

FUNDSTELLE 34

Der Heiligenberg –
Bis heute ein mystischer Ort

Heidelberg, Rhein-Neckar-Kreis

70 Klosterruine St. Michael auf dem Heiligenberg

Der Heiligenberg bei Heidelberg ist nicht nur ein recht mystischer Ort, sondern hat auch eine geschichtsträchtige Vergangenheit, die bis in die Steinzeit zurückreicht. In der Zeit der Kelten stand dort oben eine befestigte keltische Höhensiedlung, deren mächtige Ringwälle stellenweise bis heute im Gelände sichtbar sind. Und selbst die Römer siedelten hier und verehrten ihre Götter. Im Mittelalter entstanden die mächtige Michaelsbasilika und das Stephanskloster, welche heute nur noch als Ruinenstätten das Bergplateau prägen.

Neben Wanderern und Touristen trifft man hier auch manches Mal unheimliche Gestalten – dem Besucher kann es nämlich durchaus passieren, in ungewöhnlich düstere Hochzeitsgesellschaften zu geraten, welche hier oben ihr Schicksal ganz „neuheidnisch" in Götterhände legen.

Schon die Anfahrt den steilen Berg hinauf und in den dichten Wald hinein lässt es vermuten: der Heiligenberg ist ein ganz eigener Ort. Wir parken das Auto am ausgeschilderten Parkplatz nahe der

🚗 Über die A 5 Karlsruhe-Frankfurt/Main, Ausfahrt Kreuz Heidelberg, auf die B 37 in Richtung des Stadtteils Handschuhsheim. Über den Neckar geht es links der Berliner Str. folgend nach Handschuhsheim-West. In der Ortsmitte links auf die B 3, Richtung Dossenheim einbiegen. Die zweite Straße rechts in die Kriegsstraße abbiegen und der Beschilderung zum Heiligenberg über die Mühltalstr. folgen. Den Waldweg hinauf geht es zum Parkplatz kurz vor der Waldschenke.

📍 Thingstätte: 49°25′24.4″N, 8°42′22.9″E;
Michaelskloster: 49°25′33.2″N, 8°42′23.4″E,
Äußerer Ringwall: 49°25′33.2″N, 8°42′23.4″E,
Heidenloch: 49°25′33.2″N, 8°42′23.4″E,
Heiligenbergturm: 49°25′10.7″N, 8°42′14.7″E

🕐 1 ½–2 Stunden

♿ Nur bedingt barrierefrei

❗ Besuchen Sie auch das Kurpfälzische Museum in Heidelberg. Das Museum hat eine tolle archäologische Sammlung!

Waldschenke. Hier erwarten uns erste Hinweistafeln rund um die Geologie und Geschichte des Heiligenbergs. Wir folgen nun der Ausschilderung des „Keltenweges" und bewegen uns erst einmal zur neuesten und leider nicht sehr rühmlichen Geschichte des Berges, der sogenannten „Thingstätte". Am 22. Juni 1935 wurde dieser nationalsozialistische „Versammlungsplatz" als einer von insgesamt 40 im „Deutschen Reich" vom Propagandaminister Joseph Goebbels persönlich eröffnet. „*In diesem monumentalen Bau haben wir unserem Stil und unserer Lebensauffassung einen lebendigen, plastischen und monumentalen Ausdruck gegeben…*", erklärte Goebbels seinen Zuhörern. Die „Thingstätte", angeblich auf einem germanischen Kultplatz errichtet, diente als Kulisse für die Blut-und-Boden-Mystik der Nazipropaganda. Ein kleiner Trost nur, dass die Ränge dieses „Amphitheaters" nur dieses einzige Mal bei der Eröffnung wirklich voll gewesen sind!

Dieses traurige Kapitel hinter uns lassend, folgen wir dem Weg hinauf zur Klosterruine St. Michael. Bevor wir deren Überreste genauer betrachten, sollten wir uns jedoch bewusst werden, dass wir bereits auf einem der beiden keltischen Ringwälle unterwegs sind. Denn genau auf dieser Anhöhe stand einst eine mächtige keltische Höhenburg des 5. und 4. Jahrhunderts v. Chr. Obgleich das Plateau auch schon in der Bronzezeit bewohnt und, wie Funde zeigen, auch von jungsteinzeitlichen Jägern und Sammlern hin und wieder aufgesucht worden war, so sind es doch einmal mehr die keltischen Reste, die noch heute sichtbar im Gelände zu bewundern sind. Der frühen keltischen Siedlung des 5. Jahrhunderts v. Chr. folgte eine durch zwei Ringwälle befestigte Anlage. Der innere Wall, der immerhin eine Gesamtlänge von 2,1 km aufweist, umgab das Zentrum dieser Siedlung. Hier oben dürfte sehr viel Platz für zahlreiche Häuser und Hütten gewesen sein. Weitere Wohnstätten befanden sich zwischen dem ersten und dem zweiten, wesentlich unterhalb am Berghang verlaufenden über 3 km langen Ringwall. Was aber bewog die Kelten hier oben zu siedeln? Denn außer dem Schutzcharakter weist das Bergplateau auf den ersten Blick keinerlei profitable Nutzungsmöglichkeiten auf. Archäologische Funde aus dem Bereich der Siedlung lüfteten das Geheimnis: Denn Gussstiegel, Schmelzschlacken und Eisenerzfunde weisen auf einen frühlatènezeitlichen Erzabbau hin. Und nicht nur abgebaut wurde hier, sondern gleichzeitig verarbeitete man das Rohmaterial vor Ort weiter. Der kostbare Rohstoff führte zu einer wirtschaftlichen Blüte und vermutlich zu großer Bedeutung der immerhin 53 ha und über 400 Hütten umfassenden stadtartigen Siedlung. Übrigens: Entlang des gut ausgeschilderten Kelten-Pfades sind noch Reste der Wälle im Gelände sichtbar!

Erst durch die Römer fand die keltische Besiedlung am Heiligenberg ein jähes Ende. Auch die römischen Besatzer nutzten den Ort weiter und erbauten hier einen Merkurtempel. Diesen finden wir, indem wir uns zu den noch deutlich sichtbaren Ruinen des Michaelsklosters begeben, welches wiederum auf den Resten eines römischen Tempels erbaut worden ist. Von der „Thingstätte" aus erklimmen wir die vielen Treppenstufen hinauf zur Klosterruine. Ein wunderschöner, fast schon ein wenig mystischer Ort erwartet uns hier auf dem nördlichen Hauptgipfel. Nach den Kelten und Römern hatten auch die Menschen des frühen Mittelalters diesen Platz aufgesucht. Merowingerzeitliche Gräber des 7. Jahrhunderts n. Chr. belegen dies. Der *Lorscher Codex* erwähnt ein durch Benediktinermönche der Abtei Lorsch im Jahr 870 erbautes Kloster, das archäologisch jedoch bislang nicht fassbar ist. Erst im Jahr 1023 wurde das Kloster Sankt Michael und die Michaelsbasilika von Abt Reginbald, dem späteren Bischof von Speyer, erbaut. Erst jetzt erhielt der Heiligenberg seinen heutigen Namen!

Vermutlich im Zuge der Reformation wurde das Kloster im 16. Jahrhundert aufgegeben; die Gebäude fielen später in den Besitz der Heidelberger Universität, welche die Anlage 1589 kurzerhand zum vollständigen Abbruch freigab. Selbst vor der großen dreischiffigen Basilika wurde nicht haltgemacht.

Nun geht es entlang des westlichen Berghangs zum südlichsten Punkt des Bergplateaus, dem sogenannten „Heidenloch". Es handelt sich um einen Wasserschacht, der vermutlich schon in vorgeschichtlicher Zeit der Wasserversorgung gedient haben dürfte, auf jeden Fall aber von den mittelalterlichen Mönchen genutzt wurde.

Letzte Station des Rundwegs ist die zweite Klosterruine St. Stephan am Heiligenbergturm. 1090 von einem Benediktinermönch als Klause mit kleiner Kapelle erbaut, wurde das Stephanskloster erst im 12. Jahrhundert mit einer dreischiffigen Basilika versehen und dann durch die Prämonstratenser im 14. und 15. Jahrhundert stark ausgebaut. Auch dieses Kloster ereilte im 16. Jahrhundert das gleiche Schicksal wie St. Michael.

Zurück am Parkplatz sollte man vor allem an heißen Sommertagen unbedingt eine Rast auf der schattigen Terrasse der „Waldschenke" einlegen und die Geschichte des Berges noch einmal Revue passieren lassen.

71 **Die „Thingstätte" auf dem Heiligenberg**

72 Alles zum Angriff! – Römertage im Limesmuseum Aalen

Die römische Kaiserzeit oder: Achtung, die Römer kommen!

Als die Römer frech geworden …

„… zogen sie nach Deutschlands Norden…" schrieb der bekannte deutsche Dichter Victor von Scheffel im Jahr 1847. Dieses Lied als auch die weiterhin sichtbaren und mittlerweile teils gut erforschten und konservierten Reste des „romanisierten" Baden-Württembergs sind wohl den meisten unter uns doch irgendwie geläufig. Aber war die Geschichte mit den Römern wirklich wie in dem von Scheffel besungenen Lied?

Eigentlich geriet das nördliche Europa verhältnismäßig spät in den Fokus des bereits seit dem 5. Jahrhundert v. Chr. ständig expandierenden römischen Imperiums. Der äußerste Norden war nämlich nach gängigem Glauben der Griechen und Römer von „pferdefüßigen Wesen" besiedelt, deren Kleidung aus ihren übergroßen Ohren bestand. Um 378 v. Chr. kam es erstmals zu einer direkten Konfrontation Roms mit den Bewohnern der Regionen unmittelbar nördlich der Alpen. Keltischen Stammesverbänden war es nämlich gelungen, die aufstrebende Stadt am Tiber einzunehmen und zu plündern. Und spätestens nach dem Erscheinen der germanischen Kimbern und Teutonen am Ende des zweiten vorchristlichen Jahrhunderts beherrschte Rom ein traumatischer „Furor teutonicus", also die Angst vor den barbarischen Nordvölkern. So etwas konnte das Römische Reich nicht auf sich sitzen lassen. Jedoch sollte es noch eine ganze Weile dauern, bis

Rom auch die Volksstämme nördlich der Alpen unterwarf.

Im Jahr 51 v. Chr. hatte Caesar seinen „Gallischen Krieg" siegreich beendet und die keltischen Stämme im heutigen Frankreich unterworfen. Seit dieser Zeit bildete der Rhein die Ostgrenze des *Imperium Romanum*. Die Eroberung und Besetzung des südwestdeutschen Raums jedoch war eine Spätfolge der sogenannten Germanienpolitik des seit 27 v. Chr. regierenden Kaisers Augustus (31 v. Chr.–14 n. Chr.). Zunächst war dessen strategisches Ziel die Unterwerfung der Gebiete bis hin zur Elbe, um die gefürchteten germanischen Stämme zu unterwerfen. Die vernichtende Niederlage des Varus im Jahr 9 n. Chr., die auch Victor von Scheffel in seinem Lied besang, führte jedoch sehr schnell zu einer Korrektur dieses Plans und einer Grenzsicherung entlang des Rheins.

Und so startete Rom einen weiteren Feldzug gegen die aufsässigen Germanen. Bereits 15 v. Chr. hatten die kaiserlichen Stiefsöhne Drusus und Tiberius den gesamten Alpenraum und das nördliche Alpenvorland bis zur Donau erobert. Dabei kam es sogar zu einer Seeschlacht auf dem Bodensee und zu einem Vormarsch bis zu den Donauquellen. Die neue Grenzlinie entlang der beiden großen Flüsse Donau und Rhein wurde unter den Kaisern Tiberius (14–37 n. Chr.) und Claudius (41–54 n. Chr.) durch zahlreiche Militäranlagen, die sogenannten Kastelle, und ein gut ausgebautes Straßennetz gesichert. Im Hinterland entstanden große Nachschubbasen und Legionslager zur weiteren Versorgung und Sicherung der neuen Grenzen sowie auch Kastelldörfer im Umfeld dieser Militärbasen. Aus diesen entwickelten sich später teils bedeutende Städte wie Augsburg (*Augusta Vindelicum*), Windisch (*Vindonissa*), Straßburg (*Argentorate*), Speyer (*Noviomagus*), Worms (*Borbetomagus*), Mainz (*Mogontiacum*) oder Trier (*Trevorum*).

Sie kamen über die Alpen – die Römer in Baden-Württemberg

Weitere militärtaktische Überlegungen der Kaiser Vespasian (69–79 n. Chr.), Domitian (81–96 n. Chr.), Trajan (98–117 n. Chr.) und Antoninus Pius (134–161 n. Chr.) führten in den kommenden Jahrzehnten zu einer etappenweise angelegten Besetzung der südwestdeutschen Landschaften zwischen Rhein und Donau. Diese Gebiete bezeichneten die Römer als *Decumates agri* (Dekumatland). Nach den Aussagen antiker Berichterstatter wie Publius Cornelius Tacitus und Claudius Ptolemäus lebten dort zu Beginn des 1. Jahrhunderts n. Chr. nur noch wenige Kelten und Germanen. Diese Bewohner des heutigen Baden-Württembergs wurden wenig schmeichelhaft als „durch die Not leichtfertig gewordene Gallier" (*levissimus quisque Gallorum*) charakterisiert.

Im Oberrheintal und in der Gegend von Heidelberg und Ladenburg (*Lopodunum*) siedelten germanische Neckarsueben (*Suebi nicrenses*). Als Verbündete der Römer bildeten ihre Wehrdörfer einen vorgeschobenen Grenzschutz im rechtsrheinischen „Feindesland".

Entlang der Donau entstand eine ganze Reihe neu erbauter Kastelle zur Sicherung des besetzten Gebietes.

FUNDSTELLE 35

Die Römer auf der Schwäbischen Alb – Römischer Wanderweg Mengen-Ennetach

Kreis Sigmaringen

73 Leider geschlossen – Das ehemalige Römermuseum Mengen-Ennetach

Mitten auf dem Ennetacher Berg, wo bereits Bronze- und Eisenzeitler siedelten, entstand zu Beginn des 1. Jahrhunderts n. Chr. eines der ältesten römischen Kastelle nördlich der Alpen. Mit seiner verkehrsgeografisch und strategisch günstigen Position lag das Holz-Erde-Kastell direkt an der neuen Grenzlinie. Mit einer Besatzung von 500 Soldaten sicherte es die Nordgrenze des Imperiums entlang der Donau. Mittlerweile sind das Kastell und das dazugehörende Kastelldorf überbaut. Nachdem das Römermuseum Mengen-Ennetach im Dezember 2015 geschlossen wurde, kann man sich hier nur noch entlang des archäologischen Rundwanderweges auf Spurensuche der vorgeschichtlichen und römischen Vergangenheit begeben. Aber auch das ist überaus lohnenswert.

Wir beginnen unsere Tour am ehemaligen Römermuseum Mengen-Ennetach. Leider musste das überaus gut konzipierte Museum zum Ende des Jahres 2015 aus Kostengründen seine Pforten schließen. So begeben wir uns bedauerlicherweise ohne weitere Vorabinformationen auf den 2,5 km langen Rundwanderweg. Dieser führt den Besucher in ca. zwei Stunden zu verschiedenen archäologischen Denkmälern rund um den Ennetacher Berg.

Auf den ersten beiden Infotafeln vor dem Museum erhält man einen Überblick über die archäologischen Denkmäler und die rund 4000-jährige Geschichte des Ortes.

Anschließend läuft man die „Holzstraße" gegenüber des Museums hinauf und folgt nach 250 m der rechts abbiegenden Straße "Am Berg". Hier stand einst die heute leider überbaute römische Siedlung, über die „Tafel 3" Auskunft gibt. Von hier aus geht es dann über eine Treppe hinauf auf den Ennetacher Berg. Oben angekommen folgt man dem Weg rechts durch den Wald. Am Waldrand angelangt geht es linker Hand zu den „Infotafeln 4" bis „6", die direkt an einer Wegkreuzung stehen.

Aufgrund der siedlungsgeografisch besonders günstigen Lage mit gutem Blick über das sich gegen Westen ausbreitende Donautal wurde der Ennetacher Berg zu allen Zeiten von Menschen aufgesucht. Erste Funde sind bereits aus der Steinzeit belegt. Die Besiedlung ging dann kontinuierlich von der Bronze- bis in die Eisenzeit weiter. Dann ließen sich die Römer an diesem Platz nieder. Das Holz-Erde-Kastell der frühen römischen Okkupationszeit lag direkt an der wichtigen Straßenverbindung entlang der Donau und kontrollierte damit den Grenzverlauf sowie die Heerstraße. Das kleine Kastell bestand von der zweiten Hälfte des 1. Jahrhunderts n. Chr. nur wenige Jahre bis Ende des 1. Jahrhunderts n. Chr. Hier waren verschiedene Einheiten stationiert; Fußsoldaten, Bogenschützen, Reiter und Hilfstruppen fanden hier während der kurzen Bestehenszeit Unterkunft. Nach dem Abzug der Truppen wurde das Kastell aufgegeben und die Straßensiedlung im Vorfeld des Kastells ausgebaut. Sie existierte bis ins 3. Jahrhundert n. Chr.

Von der Wegkreuzung aus sieht man schon die nächsten zwei Stationen („Tafel 7" und „8"). Hier erfährt man etwas über die Ausgrabungstechniken, in diesem Fall die Luftbildarchäologie. Vor allem aber trifft man auf das, was war, bevor die Römer kamen, nämlich eine sogenannte keltische Viereckschanze.

Von der A 81 Stuttgart-Singen, Ausfahrt Tuttlingen, auf die B 31. Über Tuttlingen geht es nach Meßkirch und weiter nach Mengen. In Mengen am Kreisverkehr die zweite Ausfahrt nehmen und weiter auf der B 311 bis zum nächsten Kreisverkehr. Hier biegt man die dritte Ausfahrt in die Kastellstraße ab und erreicht nach 600 m das ehemalige Museum in der Kastellstraße. Oder: Von Ulm über die B 311 Ehingen/Donau. In Herbertingen auf der B 32 bis Mengen fahren. Hier auf der B 32 bleiben und die dritte Ausfahrt auf die K 8263/Scheerer Str. abbiegen. Diese führt direkt zum ehemaligen Museum. Von Friedrichshafen gelangt man über die B 30 Ravensburg, B 32 Saulgau über Hundersingen nach Mengen.

Museum: 48°03′08.5″N 9°19′06.8″E

Halbtages-/Tagestour

Der Wanderweg ist nicht barrierefrei.

74 Rekonstruktion des Römerkastells Aalen

Nach einer guten halben Stunde erreichen wir „Station 9". Entlang der Hangkante führt der teils schmale Weg zu einer Wiese. Nach dieser folgt man an der nächsten Kreuzung dem Wegweiser nach rechts und nach ca. 30 m sofort wieder nach links. Am Ende des Weges geht man links und nach ca. 15 m wieder rechts. Dort ist „Tafel 9" bereits zu sehen. Hier befindet sich ein kleines Quellheiligtum mit einem Apollo-Weihestein und einer Ruhebank mit wunderbarem Blick ins Donautal.

Schon gewusst?! Wie baut man ein Kastell?

Genau wie die größeren Siedlungen und römischen Städte, folgten auch die Kastelle einem immer wiederkehrenden Bauplan. Dabei variierten sie nur in der Größe und der Verwendung des Baumaterials. Wie hier in Mengen-Ennetach bestanden die frühen Kastelle zumeist aus Holz und waren von Erdwällen umgeben. Spätere Kastelle wurden durch stabilere Steinbauten ersetzt. Die sehr häufig rechteckige Lagerumwehrung bestand zumeist aus abgerundeten, mit Türmen versehenen Ecken. Nach allen vier Himmelsrichtungen öffnete sich ein Tor. Durch diese Tore verliefen die vier Lagerhauptstraßen, die im Mittelpunkt des Kastells zusammenliefen. Die wichtigste Ausfallstraße war die *Via praetoria*, welche zum Haupttor (*Porta praetoria*) hinausführte. In der Mitte des Kastells befand sich das Stabsgebäude mit dem Fahnenheiligtum, das daran angrenzende Wohngebäude des Kommandanten sowie die Getreidespeicher. Darauf folgten Stallungen und Mannschaftsbarracken. Je nach Größe und Art der Einheit konnte ein großes Reiterkastell bis zu 60 000 m² erreichen, ein einfaches Lager jedoch nur 300 m².

Nach 50 m biegen wir links ab und folgen dem Wegverlauf. An der ersten Kreuzung geht es nach rechts und an der zweiten wiederum nach links. Anschließend führt der Wegweiser nach rechts zur „Tafel 10" bei den Harthöfen. Hier erfährt man so einiges über die Geologie der Region.

Wieder geht es gemäß den Wegweisern ein Stück geradeaus, dann weiter nach links und später nach rechts zu den „Tafeln 11" und „12". Hier über dem Ablachtal befand sich einst ein Straßenheiligtum, welches dem Gott Merkur geweiht war. Direkt daneben ist noch ein frühkeltisches Grabhügelfeld erkennbar.

Die letzten Meter muss man am Waldrand über die Wiese gehen oder wieder zurücklaufen und dann den Berg nach rechts hinunter. Ab hier ist der Rückweg zum Parkplatz (ehemaliges Museum) wieder ausgeschildert.

Römische Truppen entlang des Neckars

Der Selbstmord des Kaisers Nero (54–68 n. Chr.) zog die schwere politische Krise des „Vierkaiserjahrs" (69 n. Chr.) nach sich. Die zumeist friedliche Siedlungsentwicklung an Rhein und Donau wurde durch schwere Kämpfe infolge der Aufstände von Helvetiern und Batavern unterbrochen. Erst 70 n. Chr. gelang es Kaiser Vespasian, die alte Ordnung mit Hilfe einer acht Legionen umfassenden Armee wiederherzustellen. Während des Bataveraufstands hatten sich die Truppenbewegungen zwischen Donau und Rhein aufgrund der noch unzureichend ausgebauten Infrastrukturen als sehr zeitaufwendig und somit als taktisch problematisch erwiesen. Deshalb befahl Vespasian bereits 74 n. Chr. den Bau einer neuen Straße vom Legionslager Straßburg über den Schwarzwald zum Oberen Neckar und weiter über die Schwäbische Alb bis zur Donau. Unter dem Kommando des Legaten Cnaeus Pinarius Cornelius Clemens rückten die Verbände der oberen Heeresgruppe (*exercitus Germanici superioris*) über den Rhein und durch das Kinzigtal vor. Im Raum Rottweil entstand ein neues militärisches Zentrum zur Sicherung des neu eroberten Territoriums mit Straßenverbindungen nach Straßburg und nach Windisch, über Tuttlingen in Richtung Donau sowie in Richtung Neckar und Schwäbische Alb. Allein im Bereich dieses Verkehrsknotenpunkts wurden in Rottweil zeitlich versetzt fünf zwischen 1,6 und 16,6 ha große Kastelle errichtet. Allein das Kastell I auf dem Nikolausfeld beherbergte rund 4000 Soldaten.

Schon gewusst?!
Römische Soldaten – Legionäre aus allen Himmelsrichtungen

Die Soldaten Roms waren eine, heute würde man sagen „internationale" Truppe. Hier trafen angeworbene Söldner aus allen besetzten und verbündeten Ländern Roms mit römischen Bürgern zusammen. Von Syrien bis Spanien und nach Germanien – die Soldaten Roms legten in ihrer 25-jährigen Dienstzeit, je nachdem wo es gerade brannte, meist große Entfernungen zurück. Dabei wog das Marschgepäck zwischen 30 und 40 kg. Der Soldat erhielt Kleidung, Waffen und ein geringes Gehalt. Bei einfacher Verpflegung und wenig Komfort wurde strenge Disziplin gefordert. Neben dem Reparieren der Waffen und Geräte, mussten die Soldaten Gräben ausheben, Wälle errichten, Brücken und Straßen bauen, und ganz nebenbei sollten sie die Sicherheit der Republik bzw. des Kaiserreiches gewährleisten bzw. wenn Krieg war natürlich kämpfen. Wer die 25 Jahre Kriegsdienst überlebte, der bekam Geld und ein Stück Land. Wenn er kein römischer Bürger war, erhielt er manchmal das römische Bürgerrecht.

FUNDSTELLE 36

Arae Flaviae – Rottweil, die älteste Stadt Baden-Württembergs

Kreis Rottweil

Sie gilt als älteste Stadt Baden-Württembergs und ist für alle Römerfans ein Muss. Am Rand des Schwarzwaldes gelegen, blickt die mittlerweile recht große Kreisstadt Rottweil auf eine wechselvolle und sehr interessante 4000-jährige Siedlungsgeschichte zurück. Bekannt geworden ist sie jedoch vor allem als römischer Militärstützpunkt und spätere Römerstadt namens Arae Flaviae. Der Bau der mittelalterlichen Stadt, wie sie heute im Kern noch zu finden ist, erfolgte gegen Ende des 12. Jahrhunderts. Zum Glück blieben viele der römischen Hinterlassenschaften dabei erhalten und konnten nach den archäologischen Ausgrabungen auch weitestgehend wieder zugänglich gemacht werden. Wer hier weilt, sollte ein wenig Zeit mitbringen und die verschiedenen, größtenteils konservierten Fundstätten sowie die Funde in den Museen auf sich wirken lassen.

Auch wenn die ersten Bewohner Rottweils zugegebenermaßen keine Römer waren, so ist es doch die römische Besatzungsmacht gewesen, die die Entwicklung des Ortes als Stadt im Wesentlichen vorangetrieben hat. Bereits ab 73/74 n. Chr. wurden hier in Rottweil – einem wichtigen Straßenknotenpunkt zwischen Rhein, Schwarzwald, Donau, Neckar und Schwäbischer Alb – gleich mehrere aufeinanderfolgende römische Kastelle angelegt.

Zu einem dieser frühen Holz-Erde-Kastelle Rottweils (Kastell III) gehörte auch das noch heute zu besichtigende Legionsbad unter der Pelagiuskirche. Es wurde vermutlich zeitgleich mit dem Kastell III um 74 n. Chr. unter Kaiser Vespasian erbaut. Dieses Bad zählt heute zu den wichtigsten und bedeutendsten Baudenkmälern der Stadt. Fast geheim-

75 Orpheus-Mosaik

nisvoll anmutend, kann man hier unter dem Gewölbe die alte Hypokaustenanlage bestaunen. Im Zuge der Stadtgründung wurde das Legionsbad dann zivil genutzt. Von diesem Bad stammt das heute im Dominikanermuseum zu bewundernde sogenannte *Labrum*, ein Kaltwasserbecken auf hohem Fuß. Dieses Becken galt im 1. Jahrhundert n. Chr. als Modeerscheinung und war einst in den Badeablauf integriert. Es stammt vermutlich ursprünglich aus dem Kastellbad am Nikolausfeld und wurde nach dessen

76 Römische Keramik

Aufgabe als dekorativer Springbrunnen in das neue Bad auf der anderen Neckarseite gebracht. Das alte Militärbad westlich des Neckars am Nikolausfeld ist übrigens in konservierter Form ebenfalls frei zugänglich und ein Besuch absolut lohnenswert!

Terra Sigillata – das Luxusgeschirr der Römer

Gegen Ende des 1. Jahrhunderts n. Chr. sorgte eine neue Keramikform im römischen Reich für Aufsehen: Rotglänzendes Luxusgeschirr verbreitete sich schnell auch in die nördlichen Grenzregionen. Terra Sigillata, so hieß die Keramik, wurde in großen Mengen überall im Reich in Manufakturen produziert. Häufig zeigen Produktstempel den Hersteller oder auch den Ort an und sind damit wichtiges archäologisches Beweismaterial. Leisten konnten sich jedoch nur reiche Bürger diesen Luxus. Das einfache Volk griff zu anderen Maßnahmen, um das Haushaltsgeschirr „aufzupeppen". So finden sich vor allem in der spätrömischen Phase immer häufiger Sigillata-Imitate, also Fälschungen. Zwar scheinen diese auf den ersten Blick identisch, bei näherem Hinsehen fällt jedoch die minderwertige Qualität auf. Vor allem der typische Glanztonüberzug wurde nicht getroffen.

Bei diesem Militärstützpunkt (Kastell III) ist der einzige Kastellort Rottweils greifbar, aus dem sich nach Aufgabe der Militärbasis entlang der Hauptstraße (Via principalis) in südlicher Richtung die eigentliche römische Stadt entwickelte. Bereits gegen Ende des 1. Jahrhunderts n. Chr. erhielt Rottweil als einziger Ort im Land unter Kaiser Domitian (81 bis 96 n. Chr.) römisches Stadtrecht. Dieser Rang Arae Flaviae – was übrigens „Flavische Altäre" bedeutet – als Municipium (Stadt) mit römischem Stadtrecht ist auf einem 1950 gefundenen Holztäfelchen verbrieft.

Den Höhepunkt erlebte die Arae Flaviae im 2. Jahrhundert n. Chr. Aus dem einfachen Kastellvicus entwickelte sich eine prächtige Stadt mit öffentlichen Gebäuden. Neben dem bereits erwähnten Bad gab es ein Forum, eine Basilika, einen großen Tempelbezirk sowie ein Theater im Osten der Stadt. Neben repräsentativen Privathäusern – hierzu gehört auch die sogenannte „Orpheusvilla" mit ihrem namensgebenden 1884 ausgegrabenen Mosaik – prägten typische mehrstöckige Mietshäuser das Stadtbild. Das Handwerkerviertel lag im Süden; hier konnte u. a. eine Töpferei nachgewiesen werden, die spätkeltische Ware und auch Terra-Sigillata-Imitate produzierte. Die Inhaber waren Atto und Vattus – diese Namen nennen uns zumindest die auf den Scherben eingeprägten Töpferstempel. Diese und andere Alltagsgegenstände aus dem römischen Rottweil sind in der Ausstellung im Dominikanermuseum zu sehen. Hier finden sich all die Schätze, welche das römische Rottweil lebendig werden lassen. Sie zeugen von einem hohen technischen Standardwissen der römischen Bewohner vor über 2000 Jahren.

Um die Mitte des 3. Jahrhunderts n. Chr. mussten die Römer dem zunehmenden Druck der einfallenden Germanen weichen und verließen die Stadt und das Land. Die römischen Straßen blieben jedoch erhalten. Die nun Einzug haltenden Alamannen besiedelten Rottweil und dessen Umgebung gegen Ende des 3. bzw. Anfang des 4. Jahrhunderts n. Chr., nutzten jedoch die von den Römern hinterlassene und ansich gut ausgebaute Infrastruktur kaum. Neben den archäologischen Funden dieser frühen Siedler liefern vor allem die alamannischen Bestattungsplätze der nachfolgenden Jahrhunderte weitere Nachweise der Siedlungsaktivitäten. Die Pelagiuskirche – auf den Ruinen des römischen Kastellbades in der „Altstadt" rechts des Neckars erbaut – ist ein Beleg für die im 7. Jahrhundert n. Chr. voranschreitende Christianisierung des Neckarraums. St. Pelagius gilt als die Rottweiler „Urkirche". Gegen Mitte des 8. Jahrhunderts n. Chr. wurde unter fränkischer Herrschaft auf der Hochfläche links des Neckars ein Königshof errichtet. 771 n. Chr. wird Rottweil erstmals urkundlich als *Rotuvilla* erwähnt. Zur Zeit der Stauffer weilten am Rottweiler Königshof mehrfach Herzöge, Könige und Kaiser. Diese gründeten um 1200 die neue Stadt Rottweil und verlegten sie von der „Mittelstadt" um den Königshof an ihren heutigen Platz über der Neckarschleife. Seine Privilegien als Reichsstadt erlangte Rottweil gegen Mitte des 15. Jahrhunderts und entwickelte sich daraufhin zu einem der größten reichsstädtischen Territorien Südwestdeutschlands.

Kastelle zum Schutz neuer Straßen

Zum Schutz der von Straßburg nach Rottweil führenden Straße errichtete man auf dem Schafbühl bei Waldmössingen ein Kohortenkastell. Dieses

🚌 Über die A 81 Stuttgart/Singen, Ausfahrt 34 Rottweil. Von der B 462 links auf die B 14 abbiegen und dieser bis zum Kreisverkehr folgen. Hier die erste Straße in Richtung Altstadt/Oberndorfer Str. abbiegen und für ca. 2 km folgen. Dann links in die Nägelestr. abbiegen. Nach ca. 1 km geht es am Kreisverkehr rechts zum Kriegerdamm. Mehrere Parkmöglichkeiten in der Nähe des Museums.

📍 St. Pelagius; Römerbad: 48°09′42.2″N 8°38′21.0″E

⏱ Halbtages- bis Ganztagestour

♿ Bedingt barrierefrei

🏛 **Dominikanermuseum Rottweil**, Kriegsdamm 4, 78628 Rottweil. Tel. 0741/7662, *dominikanermuseum@rottweil.de*, www.dominikanermuseum.de. Öffnungszeiten: Di.–So. 10–17 Uhr.

Stadtmuseum Rottweil im Herderschen Haus, Hauptstraße 20, 78628 Rottweil, Tel. 0741/494330, www.rottweil.de. Öffnungszeiten: Di.–So. 14–16 Uhr, feiertags geschlossen.

Römisches Bad unter der Pelagiuskirche, Pelagiusgasse 2, 78628 Rottweil. Geöffnet: April–Oktober 9–18 Uhr, November–März nur auf tel. Anfrage beim Pfarramt St. Pelagius, Tel. 0741/21263. Der Eintritt ist frei!

❗ Gegen eine kleine Gebühr gibt es ganz neu, jedoch nur im Dominikanermuseum erhältlich, ein interaktives Museumsspiel zur römischen Geschichte Rottweils. „Ein Tag im römischen Rottweil" könnte damit noch interessanter werden!

wurde zunächst in Holz-Erde-Bauweise errichtet und später in Stein ausgebaut. Auch bei Sulz am Neckar entstand um 74 n. Chr. oder etwas später ein Holz-Erde-Kastell zur Sicherung einer Fernstraßenkreuzung.

Infolge der Geländegewinne des Jahres 74 n. Chr. verloren ältere Kastelle der Donaulinie wie Hüfingen und Mengen-Ennetach ihre militärische Bedeutung und wurden deshalb aufgegeben. Und wieder rückte die römische Grenze ein Stückchen weiter nach Norden vor.

FUNDSTELLE 37

Kastell Waldmössingen – Nicht ganz bauplangerecht

Kreis Rottweil

77 Rekonstruiertes Kastell Waldmössingen

Es ist mittlerweile ein beliebtes Ausflugsziel der Region um Schramberg, das Römerkastell in Waldmössingen. Das einst gut befestigte und geschützte Militärlager liegt 500 m nordöstlich des Ortes auf dem „Schafbühl". Bereits seit über 100 Jahren gruben und forschten hier immer wieder Archäologen nach den Überresten des römischen Militärstützpunktes. Nach den Grabungen der 70er-Jahre des vergangenen Jahrhunderts wurden der Südturm sowie ein Teil der steinernen Außenumwehrung rekonstruiert. Eine Dauerausstellung im Kastell informiert über die Funde im Umfeld des Kastells.

Auf einer spornartigen Erhebung etwa auf halbem Weg zwischen Neckar und Kinzig befand sich vor ca. 2000 Jahren das Grenzkastell von Waldmössingen. Es entstand vermutlich 74 n. Chr. im Zusammenhang mit dem Bau der Kinzigtalstraße, welche aus militärischen und wirtschaftlichen Gründen eine schnellere Verbindung zwischen den Rhein- und Donauprovinzen ermöglichen sollte. Ausgangspunkt dieser Straße war Straßburg (*Argentorate*). Von dort verlief die Straßenverbindung weiter durch das Kinzigtal, über Waldmössingen bis Rottweil (*Arae Flaviae*) und weiter über Tuttlingen bis an die Donau. Zum Schutz dieser Straßenverbindung entstand eine Reihe von Kastellen.

Wir parken das Auto am besten beim Sportplatz oder Wildgehege/Schaubauernhof in der Weiherwasenstraße. Von hier aus führt ein gut ausgebauter Weg den Berg hinauf zum Kastell.

Das Kastell nahm eine durchaus verkehrsgeografisch und damit strategisch wichtige Position ein. Hier gabelte sich die Straße nach Südosten zu den Kastellen von Rottweil (*Arae Flaviae*) und nach Nordosten zum Kastell von Sulz am Neckar.

Das Kastell Waldmössingen wurde zunächst in Holzbauweise errichtet und zu einem späteren Zeitpunkt durch ein Steinkastell ersetzt. Leider ist über die hier stationierte römische Einheit nichts bekannt. Der Größe der Anlage nach zu urteilen, handelte es sich jedoch um eine Einheit von rund 500 Mann. Es dürfte also eine Hilfseinheit (*Auxiliartruppe*) gewesen sein, die hier zum Schutz der Straße und gleichzeitig der Grenze stationiert war. Wohl aufgrund der Geländebedingungen ist dieses, im Übrigen stark gesicherte Kastell nicht wie sonst üblich rechteckig, sondern für römische Verhältnisse doch recht unregelmäßig angelegt worden.

Vom Kastell kann man entweder den direkten Weg zurück zum Parkplatz nehmen oder aber einen Abstecher über den kleinen Weiher am Waldrand östlich des Kastells machen. Der weiterhin gut begehbare Weg führt ca. 1,2 km durch das nahe gelegene Wäldchen zu den zwei kleinen Weihern am Heimbach. Hier findet sich ebenfalls ein lauschiges Plätzchen zum Verweilen. Nun führt uns der Weg direkt zurück zum Sportplatz/Schaubauernhof. Letzterer bietet eine nette Möglichkeit zum Einkehren. Dort gibt es für Kinder nicht nur ein Eis sondern auch jede Menge Tiere zu sehen.

> Von der A 81 Stuttgart-Singen, Ausfahrt 33 Oberndorf. Hier auf die L 415/Balinger Str. in Richtung Oberndorf abbiegen. In Oberndorf geht es weiter auf der K 415/419 über Beffendorf nach Waldmössingen. Nach dem Ortseingang die erste Möglichkeit rechts in die Weiherwasenstr. abbiegen. Parkplätze in der Kastellstr./Weiherwasenstr. (beim Sportplatz oder Erlebnisbauernhof/Wildgehege).
>
> Kastell: 48°16'26.1"N 8°29'36.0"E
>
> 1–1 ½ Stunden
>
> Weitestgehend barrierefrei

Die Römerstraße Neckar-Alb

Während der Regierungszeit des Kaisers Domitian wurden 85 n. Chr. der Feldzug gegen den germanischen Stamm der Chatten und 88 n. Chr. der Krieg gegen die Daker – ein Volksstamm im Gebiet des heutigen Rumänien – siegreich beendet. Auch der politisch brisante Aufstand des Mainzer Legionslegaten Saturninus konnte 89 n. Chr. niedergeschlagen werden. Nach wie vor gab es während dieser Auseinandersetzungen Probleme mit den Truppenbewegungen. Als Konsequenz forderte das römische Militär eine weitere Optimierung der Verkehrssituation zwischen Rhein und Donau. Im Zwickel zwischen den beiden großen Flüssen wurde eine neue Fernstraße angelegt, die von Mainz über Ladenburg nach Stuttgart-Bad Cannstatt am mittleren Neckar führte. Von dort zog sie durch das Filstal und über die Schwäbische Alb bis zur Donau und weiter nach Augsburg (*Augusta vindelicum*).

Zum Schutz dieser taktisch und wirtschaftlich bedeutenden Straßenverbindung wurden die bisher „nassen" Reichsgrenzen vom Rhein weiter nach Osten und von der Donau nach Norden vorgeschoben.

Der Schutz des Imperiums – ein Grenzwall entsteht

Durch die Wälder des Taunus und der Wetterau hatten die römischen Pioniere bereits zu Beginn des Krieges gegen die Chatten (81 – 96 n. Chr.) breite Schneisen (*limites*) gezogen, die man nach 85 n. Chr. durch Wachtürme und Kastelle zu einer „trockenen Grenze" ausbaute. Bis 89 n. Chr. entstanden auch am Main, im Odenwald und am mittleren Neckar zahlreiche neue Kastelle. Zur Neckarlinie gehörte neben den Kohortenkastellen in Bad Wimpfen und Heilbronn-Böckingen auch das zunächst in Holz-Erde-Bauweise errichtete und später in Stein ausgebaute Kohortenkastell Walheim. Vermutlich lag hier die 1. Kohorte der teilweise auch berittenen spanischen Soldaten (*Asturer*). Weitere Kastellstandorte waren Benningen, Stuttgart-Bad Cannstatt und Köngen (*Grinario*). Alle diese Anlagen wurden um 100 n. Chr. in Stein ausgebaut. Das sogenannte Alenkastell in Stuttgart-Bad Cannstatt war Stützpunkt einer 500 Mann starken Reitertruppe, vermutlich die *Ala I Scubulorum*.

FUNDSTELLE 38

Grinario – Der Römerpark Köngen

Kreis Esslingen

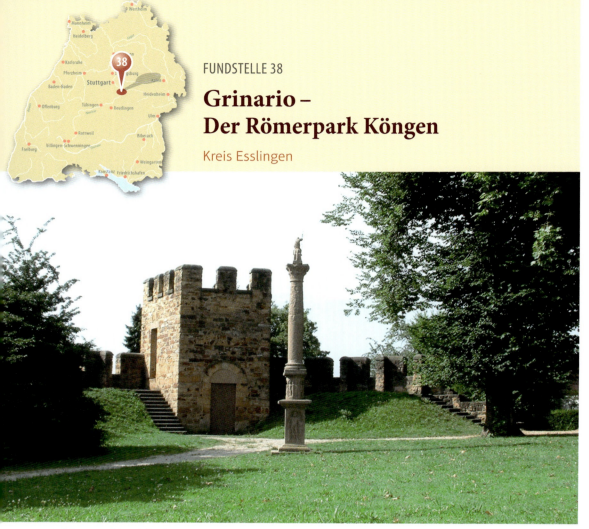

78 Eckturm auf dem Gelände des Römerparks Köngen

Auf einer Hangterrasse westlich des Neckars, mit weitem Blick über das Neckartal, liegt der Römerpark Köngen. Einst stand hier ein römisches Kohortenkastell, das bereits 85/90 n. Chr. auf den Resten einer keltischen Siedlung erbaut worden war. Direkt an der Hangkante gelegen, sicherte es den Neckarübergang der römischen Fernstraße von Mainz (Mogantiacum) nach Augsburg (Augusta Vindelicum). Über das Leben in Grinario, das Kastell und den sich im Nordwesten anschließenden Kastellvicus informiert der Römerpark mit eigenem Museum. Er liegt auf dem ehemaligen Kastellgelände.

Am schönsten sind die Besuche des Römerparks Köngen am Vormittag, wenn es noch ruhig ist. Dann bekommt man am ehesten einen Eindruck von der Größe und der strategischen Lage des Kastells. Das soll aber nicht heißen, dass Köngen nicht zu allen Zeiten einen Ausflug wert wäre. Das Museum hat allerhand zu bieten, und auch kleine Gäste werden freundlich empfangen und kommen dort voll auf ihre Kosten. Grabungsfunde, Schautafeln und Rekonstruktionen geben Auskunft über das einstige Grinario.

Sehr anschaulich sind die Themen rund um den Alltag der Soldaten und Dorfbewohner dargestellt.

Auf zwei Stockwerken erfahren die Besucher viel Interessantes zu den Themenbereichen Wohnen, Essen und Trinken, pflanzliche Nahrungsmittel, Schmuck und Kosmetik, Gräber und Bestattungsbräuche sowie Religion. Ein Highlight ist das bei den Grabungen gefundene und erstaunlich gut erhaltene Epona-Relief aus der Zeit um 193 n. Chr. Die Frisur der eigentlich keltischen Pferdegöttin aus Köngen gleicht auf diesem Relief übrigens derjenigen der römischen Kaiserin Julia Domna (170–217 n. Chr.).

Absolut lohnenswert ist der Besuch der Aussichtskanzel des Museums im 1. Stock. Hier oben findet sich ein großes Diorama mit Zinnfiguren. Es zeigt die Rekonstruktion Grinarios sowie die Grabungsgeschichte Köngens seit dem 19. Jahrhundert. Aber nicht nur das Diorama, sondern auch der Blick über die restaurierte Außenanlage ist eindrucksvoll.

Das Kastell von Köngen ist das einzige römische Kastell am Neckarlimes, welches nie vollständig überbaut worden ist. Seit seiner Wiederentdeckung im 18. Jahrhundert fanden immer wieder Grabungen statt. Die Ortsgruppe des Schwäbischen Albvereins Köngen setzte sich gegen Ende des 19. Jahrhunderts für den Schutz und die Präsentation des archäologischen Denkmals ein. So

79 Epona-Relief

wurden die südliche Kastellmauer und Teile des Turmfundaments konserviert und der Turm 1911 anhand der Befunde wieder aufgebaut. In diesem rekonstruierten Teil der Anlage findet man heute eine kleine Ausstellung zum Thema „Römisches Militär".

Bis auf den wieder errichteten Südturm sind die einstigen Außenmauern der Anlage nur durch Erdwälle und durch die von Hecken und Bäumen gesäumte Wege gekennzeichnet. Pappeln zeigen die Stellen der ehemaligen Tore an. Die Grundrisse der Innenbebauung sind durch Steinplatten erkenntlich gemacht. Wunderschön ist auch der Obstgarten, den die Universität Hohenheim nach antikem Vorbild angelegt hat. Dass Obst in Grinario eine große Rolle gespielt haben muss, darauf deuten die Funde aus einem 1979 entdeckten Brunnenschacht hin. In der Verfüllung fanden Archäologen viele Apfel- und Kirschkerne. Da die Veredelung von Wildobstbäumen den Römern bereits bekannt war, kann man also ohne Weiteres von einem Obstgarten ausgehen. Bewiesen ist das jedoch nicht.

Mit der Verlegung des Limes nach Osten (um 155 n. Chr.) wurde das Kastell Grinario überflüssig und die Truppen nach Lorch versetzt. Wäh-

> **Schon gewusst?!**
> **Epona – Schutzgöttin der Pferde und Kavallerie**
>
> Die Göttin Epona galt bereits bei den Kelten als Schutzgöttin der Pferde und der Fruchtbarkeit. Der Name leitet sich vom altkeltischen Wort „epos" ab, was so viel wie „Pferd" bedeutet. Die römische Reiterei sowie die Wagenführer übernahmen die keltische Göttin und verehrten sie weiterhin. Ihre Schreine standen häufig direkt bei den Pferdeställen. Der römische Satiredichter Juvenal verhöhnte einst die römische Obrigkeit, da sie wie ihre Pferdeknechte eine „Figur auf stinkenden Stallwänden" anbeteten – ein arger Spott auf die doch sonst so zivilisierte Elite des römischen Reiches!

- A 8 Richtung Stuttgart-Ulm, Ausfahrt 55 Wendlingen. Dort auf die B 131 Richtung Plochingen/Köngen und in Köngen in Richtung Zentrum fahren. Am Kreisverkehr – übrigens mit Rekonstruktion einer römischen Jupitersäule – links der Ausschilderung „Römerpark" über die Ringstraße folgen. Parkplätze direkt vor der Anlage.
- 48°40'38.7"N 9°21'39.0"E
- 1–1 ½ Stunden
- Weitgehend barrierefrei
- Römerpark Köngen, Altenberg 3, 73257 Köngen, Tel. 07024/85802, museum@koengen.de, www.koengen.de. Öffnungszeiten: April–November: Di., Mi., Do. 9:30–12 Uhr und 14–16 Uhr, jeweils 1. und 3. So. im Monat 13–17 Uhr, feiertags 13–17 Uhr. Mo., Fr., Sa. geschlossen oder Fr./Sa. für Gruppen auf Anfrage.

rend das Kastell verfiel, entwickelte sich der Vicus entlang der Fernstraße nach Stuttgart-Bad Cannstatt und Rottenburg (Sumelocenna) stetig weiter. Ab 155/160 n. Chr. wurde auch das Gelände westlich des Kastells besiedelt. Wirtschaftliche Grundlagen der Siedlung bildeten das Töpferhandwerk und die Metallverarbeitung sowie der Handel mit Waren von nah und fern. Im Zuge der unsicher werdenden Grenzen und der vermehrten Übergriffe der Alamannen wurde der Vicus um die Mitte des 3. Jahrhunderts zerstört und endgültig aufgegeben. Aus dieser Zeit stammt wohl auch ein Schatzfund, der 1967 in einem römischen Keller südwestlich des Kastells gemacht wurde. Es handelt sich um ein Tongefäß mit 555 Silbermünzen, das dort vergraben worden war.

Der Alblimes

Um 90 n. Chr. bildete der neue Main-Odenwald-Neckar-Limes zusammen mit dem fast gleichzeitig angelegten Alblimes die neue Reichsgrenze. Der Alblimes bestand aus einer Reihe von Kohorten- und Kleinkastellen. Eine Verbindungsstraße entlang des Albtraufs ermöglichte schnelle Truppenbewegungen und den Nachschubtransport. Die kleine Lücke zwischen Neckar und Schwäbischer Alb schloss eine durch das Lautertal führende Befestigungslinie. Dieser als „Sybillenspur" bekannte Lautertal-Limes führt vom Kastell Köngen zum Kastell Donnstetten (Clarenna), das heute verborgen unter den Äckern des Ortes liegt. Er bestand aus einem Erdwall mit hölzerner Frontverstrebung und zwei davor angelegten Spitzgräben. Zu seinem Schutz legte man bei Dettingen unter Teck ein zusätzliches Kleinkastell an.

Die von Kaiser Domitian begonnenen militärischen Operationen und Baumaßnahmen zur Sicherung der neuen Reichsgrenze wurden von Kaiser Trajan (98–117 n. Chr.) fortgeführt und zumindest vorübergehend abgeschlossen. Die Gebiete am mittleren Neckar und auf der Schwäbischen Alb waren Grenzland geworden und standen im Brennpunkt der militärischen Grenzsicherung. Infolge dieser Entwicklung verloren die älteren Kastelle an der Donau und auch die Aufmarschbasen im Raum Rottweil ihre militärische Bedeutung. Sie dienten nur noch als Station für den Nachschub

Schon gewusst?!
Luftbildarchäologie – verborgene Schätze von oben betrachtet

Die Sybillenspur (Lautertal-Limes) umfasst eine Strecke von 23 km, die schnurgerade durch das Gelände verläuft. Woher man das weiß? Der Archäologe erkennt solche Befunde anhand von Bewuchsmerkmalen oder noch besser durch Luftbilder. Vom Flugzeug aus gesehen, eröffnet sich nämlich ein ganz neues Bild auf Felder und Wiesen. Das geübte Auge erkennt in den Strukturen und Verfärbungen sofort die historischen Überreste – sei es ein Grabhügel, eine alte Straße oder ein römisches Kastell. Auch wenn es mittlerweile noch weitere Möglichkeiten wie Satellitenaufnahmen oder geometrische Messungen gibt, so sind Luftbildaufnahmen auch weiterhin ein bewährtes Mittel. Im Boden Verborgenes kann so wieder sichtbar gemacht werden.

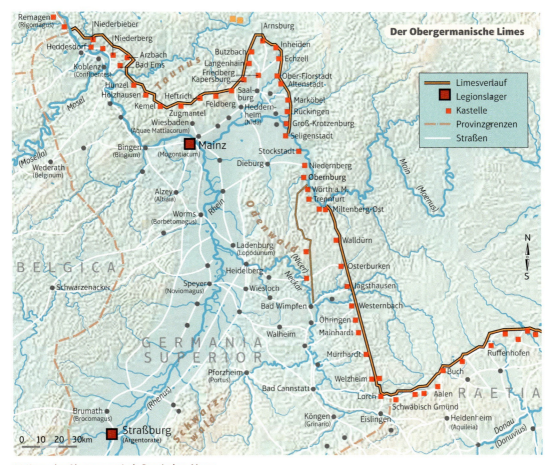

80 Karte des Obergermanisch-Raetischen Limes

und wurden nach und nach aufgelöst. Die Zivilsiedlungen der Kastelle blieben jedoch erhalten.

Palisaden und Mauern – Der Obergermanisch-Raetische Limes

Unter der Regierung des Kaisers Antoninus Pius (134–161 n. Chr.) erfolgte bis 160 n. Chr. eine letzte große Korrektur der Grenzlinie nach Osten und Norden. Mit dem Bau des Obergermanischen Limes entstand zwischen Miltenberg am Main und dem Rotenbachtal bei Schwäbisch Gmünd ein nahezu schnurgerade verlaufendes Grenzbollwerk. Es bestand zunächst nur aus einer Holzpalisade und hölzernen Wachtürmen. Im Rahmen einer um 180 n. Chr. erfolgten Ausbauphase ergänzte man diese Grenzbefestigung durch einen dahinter liegenden Spitzgraben und einen Wall. Zur gleichen Zeit wurde auch die Palisade des Raetischen Limes zwischen dem Rotenbachtal und dem Kastell Eining an der Donau (Bayern) durch eine massive Steinmauer ersetzt. Auf Höhe der Kohortenkastelle Lorch und Schierenhof bei Schwäbisch Gmünd im Remstal macht die Grenze einen scharfen Bogen nach Osten. Über Aalen, Rainau-Buch sowie Ruffenhofen, Ellingen und Weißenburg im heutigen Bayern führt der Limes bis Eining an der Donau. Heute ist der Obergermanisch-Raetische Limes übrigens UNESCO-Welterbe und durch einen Limes-Wanderweg auf einer Länge von 550 km gut erschlossen.

FUNDSTELLE 39

Die Römer im Rotenbachtal – Zwischen Teufelsmauer und Holzpalisaden

Schwäbisch-Gmünd, Ost-Alb-Kreis

81 Grenzsituation im Rotenbachtal

Die wohl am aufwendigsten gesicherte Grenze des römischen Reiches ist durch die Gründung der Reichs-Limeskommission sowie die Aufnahme in die Liste des UNESCO-Welterbes 2005 in ihrer Bedeutung gestärkt worden. Viele Fundstellen und Überreste entlang der 550 km langen, sich über mehrere Bundesländer erstreckenden römischen Grenze, sind rekonstruiert und konserviert sowie mittlerweile durch den Deutschen Limes-Wanderweg erschlossen worden. Auch im Remstal sowie im Schwäbischen Wald werden die Entwicklung und die Geschichte des Obergermanisch-Raetischen Limes an vielen Stellen nachvollziehbar. So befinden sich im Rotenbachtal nahe Schwäbisch Gmünd nicht nur die Reste eines Kleinkastells, sondern auch die Schnittstelle, an der die raetische Mauer und der Palisadenzaun des Obergermanischen Limes aufeinandertrafen.

Unsere Tour startet am Waldparkplatz am Eingang zum Rotenbachtal in Kleindeinbach, einem Vorort von Schwäbisch Gmünd. Der neue, beliebig zu erkundende archäologische Rundwanderweg erschließt eine einzigartige Grenzsituation. Denn hier, am Westhang des Rotenbachtals, verlief die Grenze zwischen den römischen Provinzen Raetien und Obergermanien. Die raetische Mauer – auch „Teufelsmauer" genannt – und der aus hölzernen Palisaden und einem Wall bestehende obergermanische Limes trafen dort aufeinander. Ungewöhnlich dicht platzierte Kastellanlagen schützten diesen wichtigen Grenzabschnitt. Während auf der rätischen Seite die Besatzung des Kastells Freimühle die Provinzgrenze sicherte, war es auf der obergermanischen Seite das Kastell Kleindeinbach.

Vom Parkplatz aus begeben wir uns zum kleinen überdachten Infozentrum Rotenbachtal. Hier informieren Tafeln nochmals genauer über die Befundsituation im Rotenbachtal. Nun geht es auf dem Rundwanderweg – gekennzeichnet durch einen Römerhelm – hinein in das bewaldete Tal. Die erste Station ist nach wenigen Metern erreicht. Man durchschreitet den imposanten Grenznachbau mit Palisade, Wall und Graben auf der einen und der über 3 m hohen Steinmauer auf der anderen Seite des Weges. Dann geht es weiter zum Originalfundplatz tief im Inneren des Rotenbachtals. Der Fahrweg ist von mehreren Weihe- und Altarsteinen – Wegweiser und stumme Zeugen aus vergangener Zeit – gesäumt. Nach etwa einer halben Stunde erreichen wir die Rotenbachbrücke. Hier, direkt am und sogar im Flüsschen, liegt eine der beiden Originalfundstellen. Leider etwas verwittert, aber schon fast romantisch und etwas unheimlich anmutend, finden wir eine Palisadennachbildung sowie ein Stück der echten, konservierten raetischen Steinmauer. Dank des feuchten Bachbetts erhielten sich an dieser Stelle die hölzernen Reste der Palisaden und konnten wissenschaftlich untersucht und datiert werden. Die Analyse der Jahresringe ergab, dass die Hölzer im Winter 163/164 n.Chr. geschlagen wurden.

Steigt man anschließend den Hang ein kurzes Stück hinauf, kommt man zu einer weiteren Limes-Fundstelle. Hier ist neben der konservierten Steinmauer auch die Rekonstruktion eines Weihealtars zu bewundern. Auch informieren Tafeln über den Fundplatz und seine Bedeutung. An dieser Stelle treffen wir übrigens auf den Deutschen Limes-Wanderweg, der dem Limesverlauf folgend hinauf zum Kastell Kleindeinbach führt. Wir gehen aber am besten auf demselben Weg zurück zum Parkplatz. Wer mag, folgt dem Rundweg hinauf in den Wald und weiter, dem im Gelände noch sichtbaren Limesverlauf folgend, zum Kastell Freimühle. Dieses erreicht man auch direkt vom Parkplatz aus. Mit dem Rücken zum Rotenbachtal stehend, führt rechter Hand ein steiler Weg hinauf zum ehemaligen Kastell Freimühle, das sich ca. 40 m über dem Eingang zum Rotenbachtal befindet. Die Reste dieses Kleinkastells sind heute nur noch als grasbe-

> Über die B 29 Stuttgart-Aalen oder über die A 7 Ulm-Würzburg, Ausfahrt 114 Aalen/Westhausen ebenfalls über die B 29 Richtung Aalen/Schwäbisch Gmünd. Von Stuttgart kommend noch vor dem Ortseingang von Schwäbisch Gmünd oder von Aalen die letzte Ausfahrt Schwäbisch Gmünd-Industriegebiet „Krähe" abfahren. Hier geht es unter der Bahnlinie hindurch zum Wanderparkplatz am Rotenbachtal, das sich rechter Hand von Schwäbisch Gmünd in den Wald hinein erstreckt.

> Kastell Freimühle: 48°47'29.4"N, 9°45'49.1"E, Originalfundstelle am Bach: 48°47'54.2"N, 9°45'33.3"E

> 1–2 ½ Stunden, frei kombinierbare Wegstrecke zwischen 2–5 km.

> Der Fahrweg ist barrierefrei und zumindest bei trockenem Wetter gut begehbar. Die Wege im Wald sind nicht barrierefrei und nur mit gutem Schuhwerk zu meistern. Vor allem der Aufstieg zum Kastell Freimühle sollte im Winterhalbjahr lieber vermieden werden.

> Der Rundweg ist kombinierbar mit dem auf der anderen Talseite liegenden Kastellbad „Schirenhof". Die Anfahrt erfolgt in Richtung Schwäbisch Gmünd-West und weiter der Beschilderung Schirenhof folgend. Die Fundstelle ist frei zugänglich und barrierefrei (GPS: 48°47'11.1"N, 9°46'37.2"E). Viele Originalfunde sind darüber hinaus im Museum im Prediger in Schwäbisch Gmünd zu sehen.

82 Romantisch gelegen – das Kastell Freimühle

wachsene Wälle auf der Höhe des Talhangs auszumachen. Der Ort hat jedoch eine ganz eigene Schönheit und Anziehungskraft. Im Innenbereich des Kastells stehen Bäume und je nach Jahreszeit wachsen unzählige Blümchen. Auf einem großen Steinbrocken findet sich auch eine kleine Rekonstruktion des ehemaligen Kleinkastells – übrigens der westlichste Truppenstandort der Provinz Raetien.

Das Kastell wurde bereits 1902 archäologisch untersucht. Dabei konnten die Reste eines trapezförmigen Eckturms sowie von zwei einfachen Zangentoren an der Ost- und Westseite des Lagers nachgewiesen werden. Zu der 55 × 55 m großen Anlage gehörte auch ein eigenes Badehaus. Gesichert durch einen Spitzgraben und eine umgebende Steinmauer, weisen Brandreste auf einen Innenbau aus Holz hin. Die Funde datieren in die gleiche Zeit wie auch das Kastell Schirenhof. Weitere Mauern südlich der Anlage verweisen auf ein zugehöriges Lagerdorf. Vermutlich sicherten hier etwa 60 Soldaten den ersten Streckenposten der raetischen Limesseite.

Direkt unterhalb des Kastells verlief übrigens eine wichtige militärische Verbindungsstraße durch das Remstal, die von Lorch kommend auf der Höhe des Kohortenkastells Schirenhof in Schwäbisch Gmünd den Fluss kreuzte.

Technische Meisterleistung – Die Koordination einer Grenze

Die technischen Meisterleistungen beim Bau des Obergermanisch-Raetischen Limes und dessen exakte Planung und Umsetzung nach einem ausgeklügelten System sind gleichsam faszinierend wie auch rätselhaft. Wie mögen es die Römer geschafft haben, ein solches Bollwerk über diese langen Distanzen zu errichten und dann auch noch zu halten?

Zum Schutz des gesamten Obergermanisch-Raetischen Limes entstand zuerst eine dichte Kette neuer Kastelle unterschiedlicher Größe und Funktion. Die meisten dieser Anlagen erhielten von Anfang an massive Wehrmauern und Türme aus Stein. Als Annäherungshindernisse dienten hintereinander gestaffelte Spitzgräben. Die vier Lagertore wurden von zumeist größeren Türmen flankiert. Im Inneren gruppierten sich die Mannschaftsbaracken um ein zentrales Kommandogebäude mit dem Heiligtum für die Feldzeichen der jeweiligen Grenzschutzverbände.

> **Schon gewusst?!**
> **Die Sage um die „Teufelsmauer"**
>
> Heute wissen wir, dass die „Teufelsmauer" Teil des von den Römern erbauten Raetischen Limes war. Nach dem Fall des Römischen Reiches geriet die rätische Grenze in Vergessenheit. Niemand konnte sich hunderte Jahre später diesen, im Gelände sichtbaren Steinwall erklären. Es ging die Sage um, dass der Teufel seine Hand im Spiel habe. So sollte dieser einst von Gott ein Stück Land erhalten, wenn er es schaffe, dieses noch vor dem ersten Hahnenschrei des nächsten Morgens mit einer Mauer zu umschließen. Trotz aller Mühe gelang es dem schwarzen Gesellen und seinen Helfern nicht, worauf er das halbfertige Bauwerk in großem Zorn zerstörte und erbost von dannen fuhr.

FUNDSTELLE 40

Obergermanischer Limes hautnah – Walldürn, Grenzschutz mit eigenem Bad

Neckar-Odenwald-Kreis

83 Rekonstruierter Limesabschnitt bei Walldürn

Walldürn, früher großes Kastell, heute ein bedeutender Wallfahrtsort! Neben einer Besichtigung des Kastellgeländes und des konservierten Kastellbads östlich von Walldürn, kann man für einige Kilometer auch recht bequem dem alten Limesverlauf folgen. Denn der „Limespfad" von Walldürn verläuft exakt parallel der ehemaligen Grenzlinie. Zahlreiche Relikte aus der Zeit der römischen Besatzung laden auf dem Weg zum Entdecken ein. Der 2,2 km lange Lehrpfad führt durch den nahen Stadtwald und für gute Läufer noch etwas weiter bis zum Kleinkastell Haselburg bei Reinhardsachsen. Vorbei geht es an einem rekonstruierten Palisadenabschnitt und mehreren Resten römischer Wachtürme. Hier erfährt man anhand verschiedener Infotafeln so einiges über den Alltag der Soldaten und das unglaubliche Unternehmen „Limes".

Als die Römer zwischen 148 und 161 n. Chr. ihre Reichsgrenze im Odenwald um ca. 30 km nach Osten verlegten, fiel nahezu der gesamte heutige Stadtbereich Walldürns an das *Imperium Romanum*. Der Limes verlief nun vom „nassen Limes" bei Miltenberg am Main, durch zahlreiche Wachtürme sowie das Kleinkastell Haselberg bei Reinhardsachsen

Anfahrt zum Kastell Alteburg/Kastellbad: Über die A 81 Heilbronn-Tauberbischofsheim/Lauda-Königshofen, Ausfahrt Tauberbischofsheim. Auf der B 27 in Richtung Tauberbischofsheim/Walldürn fahren. In Walldürn von der B 27 auf die L 577 Richtung Waldstetten abzweigen und Richtung Flugplatz fahren. Die Zufahrt zum Römerbad/Kastell ist ausgeschildert. Parkmöglichkeit vor Ort.

Anfahrt Lehrpfad: Vom Kastell zurück zur Kreuzung, hier auf die B 47 auffahren, sofort wieder links in die Würzburger Str. abfahren, nach der Kurve rechts auf die L 518 einbiegen und die erste Möglichkeit wieder links auf die K 3910/Wettersdorfer Str. abbiegen. Nach 500 m die dritte Möglichkeit rechts abfahren und der Boschstr. für 600 m bis zum Autohaus Golderer folgen. Hier gibt es kostenfreie Parkmöglichkeiten.

Kastell Walldürn: 49°34'42.2"N 9°23'13.1"E,
Römerbad: 49°34'45.0"N 9°23'06.4"E.

Halbtagestour

Barrierefrei

Besuchen sie das Heimatmuseum Walldürn. Die Römerabteilung bietet einen umfassenden Überblick über den römischen Limes rund um Walldürn.

gut gesichert, bis Walldürn. Hier machte er den sogenannten „Limes-Knick" und führte dann schnurgerade weiter bis zum 80 km entfernten Legionsstandort Welzheim.

Wir beginnen unseren Rundgang am besten am Kastell und Kastellbad Alteburg nahe des Sportflugplatzes östlich der Stadt. Von den verflachten und überwucherten Schuttwällen, die vom ehemaligen römischen Numeruskastell Walldürn übrig geblieben sind, ist für ungeübte Augen nicht mehr viel zu erkennen. Das Kastellbad, welches in den 1970er-Jahren ausgegraben wurde, ist jedoch in seinen Grundmauern rekonstruiert. Wie die archäologischen Untersuchungen zeigten, gab es zwei Bauphasen. Der rekonstruierte Zustand ist der jüngeren Anlage aus dem 3. Jahrhundert n. Chr. nachempfunden. Alle Baderäume waren hierbei hintereinander angeordnet. Durch eine große Halle, die als Umkleideraum diente, gelangte der Badegast in das angrenzende Kaltbad (*frigidarium*) mit einem Kaltwasserbecken im westlichen Bereich des Raumes. Östlich dieses Kaltbades lag der Schwitzraum, *sudatorium* genannt. Vom Kaltbad aus gelangte man direkt in das Laubad (*tepidarium*) und von dort in das mit zwei Wasserbecken ausgestattete Warmbad (*caldarium*). Nördlich davon sind noch Reste der Heizanlage (*hypocaustum*) zu erkennen. Bei den Ausgrabungen wurde in der großen Halle ein Weihestein für die Göttin Fortuna von 232 n. Chr. gefunden. Er ist heute als Kopie vor Ort zu sehen. Der Inschrift des Steines ist zu entnehmen, dass das erste Bad abbrannte und die dort stationierten Soldaten – übrigens handelte es sich um die Einheit *Numerus Brittonum*, also eine Einheit britischer Soldaten im Dienste Roms – die Anlage aus eigenen Mitteln wieder aufbauten.

Zwischen Bad und Kastell erstreckte sich das Lagerdorf, das bedeutende Bronzefunde aus dem 3. Jahrhundert n. Chr. aufweist.

Obgleich die Forschungen am Obergermanisch-Raetischen Limes jedes Jahr neue Erkenntnisse erbringen, geben einige Befunde den Wissenschaftlern immer noch Rätsel auf. So ist es auch in Walldürn. Tatsächlich stellt man sich seit Jahren die Frage, warum der Limes hier auf einmal seine gerade Bahn verlässt und einfach „einknickt". Erklärt wird dieses Phänomen durch die Lage des Numeruskastells von Walldürn oberhalb des Kastellbades. Dieses, für eine „Aufklärungseinheit" (*numeri*) von ca. 150 Mann errichtete Kastell befindet sich direkt am Marsbach. Dieser sicherte die Wasserversorgung der Anlage und des dazugehörigen Kastellbades. Die Quelle des Baches lag jedoch bereits im Feindesland östlich der Grenze. War das Problem der Wasserversorgung der Grund, warum man die Grenze hier für ein kurzes Stück einknicken ließ?

Wenige hundert Meter nordöstlich des Kastells verlief die römische Grenze in Form einer mäch-

84 Fundamente eines römischen Wachturms aus Stein am Limes bei Walldürn

tigen hölzernen Palisade mit vorgelagertem Wall-Graben-System. Begeben wir uns nun auf die Suche und entdecken entlang des Limeslehrpfads Walldürn einen Teilabschnitt der Grenzlinie.

Am besten fährt man mit dem Auto bis zum ausgeschilderten Einstieg in den Lehrpfad am Heidingsfelder Weg in Walldürn (Parkplätze finden sich gegenüber dem Autohaus Golderer). Hier beginnt der 2,3 km lange Limeslehrpfad, der übrigens Teil des Deutschen Limes-Wanderweges ist. Auf einem gut befestigten Weg geht es immer parallel des ehemaligen Verlaufs des Limes durch den Stadtwald. Hier treffen wir auf die Grundmauern ehemaliger Wachtürme; die Wall-Graben-Anlage ist im Gelände zudem noch gut sichtbar. Zu den Highlights gehört ein rekonstruierter Palisadenabschnitt. Einige Informationstafeln geben hier über den Aufbau der römischen Grenze sowie das Leben der dort stationierten römischen Soldaten Auskunft.

Türme aus Holz und Stein – stille Wächter

Die Wachtürme entlang der Grenze wurden erst aus Holz, später aus Stein errichtet und hatten drei Stockwerke. Über eine Treppe gelangte man direkt ins erste Stockwerk. Hier war der Wohnraum der Wachsoldaten. Ganz unten im Erdgeschoss lagen der Vorratsraum und die Waffenkammer. Ganz oben war der eigentliche Wachraum mit großen Außenfenstern und einer umlaufenden Außengalerie. Stand man dort oben, konnte man die Landschaft zu beiden Seiten der Grenze recht gut überblicken und hatte freie Sicht zu den benachbarten Wachtürmen. Die Abstände variierten je nach Geländebeschaffenheit zwischen 200 m bei unübersichtlichem und bis zu 1 km bei offenem Gelände. Die Kommunikation zwischen den einzelnen Türmen sowie zwischen diesen und den nächstgelegenen Kastellen war zwingende Voraussetzung für die Wirksamkeit des Limes. Die uneingeschränkte Übersicht war also das entscheidende Kriterium für die Lage der Türme. Im Falle einer Bedrohung erfolgte sofort eine Meldung der Wachposten – zum Beispiel mit Leuchtfeuern – an die Besatzungen der Kastelle. Von dort wurden dann Truppen zur weiteren Grenzsicherung losgeschickt. Ein gut funktionierendes Kontrollsystem also, das heute noch an vielen Stellen entlang der Deutschen Limesstraße anhand von Originalbefunden sowie Rekonstruktionen gut nachvollziehbar ist. Vor allem bei Lorch oder im Schwäbischen Wald bei Murrhard sind einige solcher Turmanlagen zu finden.

FUNDSTELLE 41

Hoch über den Wipfeln – Der Wachturm bei Großerlach-Grab

Rems-Murr-Kreis

85 Wachturm aus Stein

Der Schwäbische Wald besticht nicht nur durch seine vielfältige und schöne Natur, sondern auch durch eine Vielzahl von Sehenswürdigkeiten. Von einer Dampflok, einem Erlebnispark, über Mühlen und Burgen – hier gibt es viele interessante Ausflugsziele. Unser Augenmerk richtet sich aber auf die einstige Anwesenheit der Römer in diesem wunderschönen, teilweise auch unwegsamen und waldigen Gelände. Genau hier verlief der obergermanische Limesabschnitt, der sich über 80 km schnurgerade und jedem Hindernis zum Trotz von Miltenberg bis in das Remstal zog. Ein riesiger Palisadenzaun, kombiniert mit Wall und Spitzgraben, trennte einst die römische Provinz Germania superior vom Barbaricum, also dem Feindesland. Einer der vielen hier errichteten Wachtürme findet sich in rekonstruiertem Zustand beim kleinen Weiler Großerlach-Grab.

Vom Parkplatz am Waldrand aus ist unser Ziel schon zu sehen. Der Wachturm ragt markant zwischen den Baumwipfeln hervor, gesäumt von einer breiten, extra freigeschnittenen Schneise, in der der alte Limesverlauf noch gut zu sehen ist. Zur Veranschaulichung wurden hier Wall und Graben aufgeschüttet. Im oberen Bereich ist sogar der Palisadenzaun wieder rekonstruiert worden. Bevor wir dem bequemen und barrierefreien Fußweg folgen, lohnt es sich jedoch, im Gasthof Rössle in Grab den Schlüssel für den Turm zu holen. Sonst ist die Enttäuschung der Kinder oftmals groß, wenn man oben ankommt und vor verschlossener Tür steht. Für 5 Min. geht es leicht bergan, dann hat man sein Ziel schon erreicht. Der Wachposten (Wachposten 9/83) auf dem „Heidenbuckel" bietet eine grandiose Aussicht bis Mainhardt im Norden und Kaiserbach im Süden. Genau aus diesem Grund werden sich die römischen Soldaten diesen Standort ausgesucht haben, denn es handelt sich um die höchste Geländeerhebung am obergermanischen Limes. Der 4 × 4 m große und ca. 15 m hohe Turm wurde bereits 1892 durch die Reichslimeskommission aufgedeckt und nach weiteren Untersuchungen knapp 100 Jahre später wieder rekonstruiert. Vorbild für diese Rekonstruktion war übrigens die Abbildung

> Über die A 81 Kreuz Weinsberg auf die B 39 Richtung Mainhardt/Schwäbisch Hall. In Mainhardt auf die B 14 Richtung Backnang. Oder über die B 14 Stuttgart Richtung Backnang/Mainhardt. In beiden Fällen bis Sulzbach/Murr fahren und weiter in Richtung Großerlach. Nach 6,5 km rechts auf die K 1903 in Richtung Erlach abbiegen. Auf der Sulzbacher Str. geht es weiter bis Grab. In der Ortsmitte von Grab gegenüber der Kirche nach rechts auf die K 1902 abbiegen und der K 1809 geradeaus bis zum Parkplatz am Waldrand folgen.
>
> 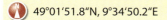 49°01'51.8"N, 9°34'50.2"E
>
> ½ Stunde
>
> Barrierefrei
>
> Einen weiteren, gut rekonstruierten römischen Wachturm, aber nun aus Holz, kann man bei Lorch bestaunen. Er befindet sich direkt beim Parkplatz am Kloster Lorch und ist frei zugänglich (GPS: 48°47'58"N, 9°42'19"E).

Große und kleine Kastelle entlang der Grenze

Neben den großen Kohortenkastellen, welche auch die Manschaften der Wachtürme stellten, gab es auch kleinere Anlagen für Abteilungen mit Sonderaufgaben. So errichtete man zwischen den Hauptstützpunkten immer wieder zusätzliche Posten wie das Kleinkastell Haselburg bei Walldürn-Reinhardsachsen oder das nördlich von Welzheim liegende Kleinkastell Rötelsee. Unweit der Nahtstelle zwischen der Wall-Graben-Palisaden-Befestigung des Obergermanischen Limes und der raetischen Mauer im Rotenbachtal standen zwei weitere, uns bereits bekannte Kleinkastelle. Es sind die Anlagen Kleindeinbach und Freimühle zwischen Lorch und Schwäbisch Gmünd.

Dem Grenzstützpunkt Mainhardt schlossen sich im Norden die großen Kohortenkastelle Öhringen, Jagsthausen, Osterburken, Hettingen und Walldürn an. Am südlichen Ende des obergermanischen Limesabschnitts lagen in Welzheim gleich zwei Kastelle.

eines solchen Turmes auf der Trajansäule in Rom. Es handelt sich um einen zweistöckigen steinernen Wachturm mit Wachraum, Wohnraum, Vorrats- und Waffenkammer. Als Zugang diente den römischen Soldaten nur eine hölzerne Leiter. Heute geleitet den Besucher immerhin eine feste Treppe ins Innere des Turmes. Die Stockwerke im Inneren – heute ebenfalls aus Sicherheitsgründen mit festen Treppen versehen – waren zu römischen Zeiten durch „Hühnerleitern" miteinander verbunden. Eng und teils ganz schön kalt wird es hier gewesen sein. Wie mögen sich die Soldaten ihren wohl recht eintönigen Wachdienst versüßt haben? Mit Würfelspielen vielleicht?

Am Limesturm Großerlach-Grab erlebt man auf jeden Fall die Faszination, aber auch die bedrückende Härte am Limes und kann erahnen, wie streng die Regeln sowie das „Wacheschieben" entlang der großen römischen Reichsgrenze wohl gewesen sein mögen.

86 Römische Würfel

Schon gewusst?!
Spiele im Römischen Reich

Auch die Römer kannten Spiele. So erfreuten sich die römischen Kinder neben Murmeln, Kreiseln, Puppen und anderem Spielzeug auch an Brett- und Würfelspielen, wie wir sie heute noch kennen. Und auch so manchem Wachsoldaten werden diese Spiele zum Zeitvertreib gedient haben. In Holz oder Stein wurden Spielfelder geritzt. Besonders beliebt war das heute noch bekannte Brettspiel Mühle oder ein Vorläufer des Backgammon. Würfel oder Spielsteine und sogar in Steinstufen eingeritzte Spielfelder sind häufig im römischen Fundgut erhalten und zeugen von einer langen Spieletradition bei Jung und Alt.

FUNDSTELLE 42

Willkommen am Limes!
Garnisonsort Welzheim

Rems-Murr-Kreis

87 Kastelltor in Welzheim

Der Bau des Limes, der römischen Reichsgrenze, war um 150 n. Chr. abgeschlossen. In der Folge gab es aber noch zahlreiche Umbaumaßnahmen. So verschwanden am obergermanischen Limesabschnitt in der Endphase die Holztürme und wurden durch Steintürme ersetzt. Über 60 größere und kleinere Kastelle mit Kohorten- und Auxiliareinheiten sicherten diesen wichtigen Grenzabschnitt des Römischen Reiches. Am strategisch günstig gelegenen Standort Welzheim befanden sich gleich drei Limeskastelle: das Westkastell mit seiner berittenen Einheit, das Numeruskastell im Osten und das Kleinkastell Rötelsee unmittelbar an der Limesbefestigung im Norden.

Über den Garnisonsort Welzheim informiert heute der Archäologische Park im Ostkastell.

Willkommen am Limes! Das mächtige, vollständig rekonstruierte Westtor im Archäologischen Park Welzheim scheint seinen Besuchern diese Botschaft fast schon entgegenzuschreien. Ehrfurcht gebietend, fast einschüchternd, wirkt der wehrhafte Torbau noch heute auf den Betrachter. Er ist wohl die Hauptattraktion des einst mächtigen Kastells. Die Aufgabe der hier stationierten 300 bis 400 Mann starken römischen Truppe war die direkte Sicherung des Limesabschnittes. Dabei stellten die *numeri*, die sogenannten Hilfssoldaten, die Aufklärungspatrouillen im Grenzvorfeld.

Das Kastell bestand nach heutigem Kenntnisstand von ca. 160 bis 220 n. Chr. Erste Abschnitte wurden bereits 1894/97 erforscht. Archäologische Ausgrabungen folgten 1976 bis 1981 entlang der südlichen und westlichen Umwehrung. Überraschende Ergebnisse erbrachten dann 1992/93 und 2012 geophysikalische Prospektionen. Die Anlage verfügt über einen fast quadratischen Grundriss mit einer Größe von 1,6 ha. Bis zu drei Spitzgräben und eine steinerne Wehrmauer mit vier Toren sowie einige Zwischentürme schützten die Garnison. Ein zentrales Stabsgebäude aus einer Kombination von Holzfachwerk und Steinbauweise, das Wohnhaus des Kommandanten, Bade- und Speichergebäude aus Stein und die Mannschaftsbaracken in Holzbauweise konnten ebenfalls archäologisch nachgewiesen werden. Eine Besonderheit stellen drei

Holzbrunnen dar. Darin fanden sich u. a. die Reste von 148 gut erhaltenen Lederschuhen, viele Holzgegenstände und Pflanzenreste. Einer der Brunnen ist heute, dem Original nachempfunden, auf der Anlage wieder rekonstruiert worden.

Das gusseiserne Modell beim Informationspavillon am Eingang zum Kastell gibt einen guten Überblick über das antike Welzheim. Hier standen zwei Kastelle: das Ost- und das Westkastell. Das Westkastell beherbergte eine berittene Einheit. Es handelt sich um die *Ala I Scubulorum*, eine 500 Mann starke Reitereinheit, die zuvor in Bad Cannstatt stationiert war. Ihr Kommandant, ein *Praefectus Alae*, war Angehöriger des römischen Ritterstandes und ranghöchster Offizier am südlichen Obergermanischen Limes. Die Aufgabe der *Ala* war die überregionale Sicherung des gesamten Limesabschnitts im südlichen Obergermanien. Es handelte sich um eine mobile Eingreiftruppe zur Verfolgung und Bekämpfung einfallender Germanengruppen, die möglicherweise auch bei Kämpfen im Limesvorfeld zum Einsatz kam. Nach dem Kenntnisstand der bislang nur in Abschnitten erforschten Anlage, bestand das

> Über die B 14/B 29 Stuttgart-Schwäbisch Gmünd oder von der A 7 Ulm-Würzburg, Ausfahrt 114 Aalen/Westhausen auf die B 29 Richtung Schwäbisch Gmünd. In Schorndorf auf die L 1150 nach Welzheim abfahren. Der Weg zum Archäologischen Park am Ostkastell ist in Welzheim gut ausgeschildert. Parkplätze vor Ort.
>
> 48°52'17.0"N, 9°38'31.8"E
>
> Besuch der Anlage ½–1 Stunde ohne weiteren Fußweg.
>
> Barrierefrei
>
> Archäologischer Park Ostkastell Welzheim, Kastellstr. 40, 73642 Welzheim, Tel. 07182/ 800815, www.ostkastell-welzheim.de. Der Archäologische Park am Ostkastell ist zu jeder Jahreszeit frei zugänglich. Alle drei Jahre erwacht das Ostkastell an den Römertagen wieder zu neuem Leben. Zelte, Händlerstände und römische Soldaten beziehen dann ihren alten Stützpunkt am Limes.
>
> Nur 1,5 km nördlich des Welzheimer Kastells liegt mitten auf den Feldern das Kleinkastell Rötelsee. Das Kastell ist konserviert und frei zugänglich (GPS: 48°53'11.8"N, 9°38'01.8"E).

Schon gewusst?!
Wenn nicht das Kind, sondern Schuhe in den Brunnen fallen …

Ein Aufsehen erregender Fund bot sich den Archäologen bei der Entdeckung eines Brunnens im Inneren des Welzheimer Kastells. Schuhe, massenhaft Schuhe kamen in der Brunnenverfüllung zum Vorschein! Es handelt sich hierbei um typisch römisches Schuhwerk wie Ledersandalen, genagelte Sohlen oder um ganz modische Typen wie Korksohlen-Pantoffeln. Andererseits wurden auch zweifellos keltisch-germanische Schuhe wie die *carbatinae* (Bundschuh aus einfachem Leder) gefunden. Viele Schuhe waren durchgelaufen. Ob es sich hierbei wirklich um den Kleidungswechsel einer Flüchtlingsgruppe handelte, die einst im Schutz des bereits verlassenen Kastells Zuflucht fand? Eine gewagte These, die wir bis heute aber nicht eindeutig bestätigen können.

Westkastell von 160/165 bis ca. 233 n Chr. Ob noch eine kleine Restbesatzung bis um 260 n. Chr. dort stationiert war, ist nicht gesichert nachweisbar.

Reiter am Raetischen Limes

Die Sicherung der raetischen Mauer auf dem Gebiet des heutigen Baden-Württemberg oblag den Mannschaften der Kohortenkastelle Unterböbingen und Rainau-Buch sowie der Besatzung des Numeruskastells Halheim. Das Zentrum der Grenzüberwachung bildete jedoch das eindrucksvolle Kastell der *Ala II Flavia milliaria* in Aalen. Mit einer Innenfläche von mehr als 6 ha war dieses Reiterkastell (*Ala*) die größte Militäranlage am gesamten Raetischen Limes. Im repräsentativ gestalteten Stabsgebäude befanden sich teilweise beheizbare Versammlungsräume, Schreibstuben, Wohnräume und ein Fahnenheiligtum.

FUNDSTELLE 43

1000 Reiter für Aalen – Ein Besuch im Limesmuseum

Ostalbkreis

88 Archäologischer Park und Limesmuseum Aalen

Um 150 n. Chr. wurde am nordöstlichen Hang der heutigen Stadt Aalen ein großes Kastell angelegt, das über 1000 Soldaten Platz bot. Es ist die bislang größte erforschte römische Militäranlage nördlich der Alpen. Heute befindet sich im ehemaligen Kastell das Freilichtmuseum Aalen. Wie bereits die römischen Vorfahren, will man in Aalen hoch hinaus – so handelt es sich bei der Zweigstelle des archäologischen Landesmuseums Baden-Württemberg um Süddeutschlands größtes Römermuseum überhaupt. Als bedeutender Ort vermittelt es anschaulich die Bedeutung des römischen Limes.

Am kleinen Flüsschen Aal erbauten die römischen Legionäre ein großes Kastell zur Sicherung des Raetischen Limes. Obgleich man in Bezug auf den kleinen Fluss „Aal", der direkt unterhalb der Südostmauer des Lagers in den Kocher mündet, meinen könnte, dass Aalen daher seinen Namen erhielt, steckt noch eine ganz andere Besonderheit in der Bezeichnung. Als Hermann Bauer in den römischen Ruinen auf den „Mauerächern" Mitte des 19. Jahrhunderts erstmals den Spaten ansetzte, stieß er auf einen mit der Aufschrift LEG (io) VIII AVG(usta) gestempelten Ziegel. Dieser könnte möglicherweise durch die Hilfstruppe der 8. Legion von Straßburg nach Aalen gelangt sein. Als Paulus d. J. und Ludwig Mayer im Jahr 1882 an anderer Stelle einen Ziegel mit dem Stempel AL (a) II FL (avia) fanden, war die Funktion der Ruinen als Militäranlage sicher belegt. Es handelte sich, wie die späteren Ausgrabungen bestätigten, um ein großes Kastell, das einst der berittenen Einheit Ala Flavia Platz für 1000 Reiter bot. Ob sich daher wohl der Name der heutigen Stadt Aalen ableiten lässt? Wir wissen es nicht mit Sicherheit. Das Flüsschen Aal jedoch hatte für das Lager sowie die angeschlossene Lagerstadt große Bedeutung, denn es diente als Wasserreservoir für Soldaten und Lagerbewohner sowie für 1000 Pferde und dürfte damit bei der Wahl des Kastellstandortes mit ausschlaggebend gewesen sein.

Die über 6 ha große rechteckige Anlage wurde von einer im Fundament 1,7 m breiten und 1,4 m starken Mauer geschützt. Allein dieser Anblick muss für die damaligen Bewohner des Tales respekteinflößend gewesen sein. Die abgerundeten Ecken der Anlage wurden von vier Türmen gesäumt und auch die vier Lagertore besaßen je zwei Türme. Deren Fundamente sind im Gelände noch gut sichtbar. Die Porta praetoria, das Haupttor des Lagers, öffnete sich nach Nordosten zum Tal des Kochers. Heute ist seine Lage durch Pflastersteine markiert. Weitere Zwischentürme und vier hintereinander gestellte Spitzgräben sicherten das Kastell gegen Eindringlinge. Die Fundamente des 63 × 68 m großen Stabsgebäudes wurden von 1979 bis 1989 vom Landesamt für Denkmalpflege Baden-Württemberg ausgegraben, konserviert und als Freilichtmuseum der Öffentlichkeit zugänglich gemacht. Seither wird die Außenanlage stetig erweitert. Das Museum steht direkt auf der einstigen Lagerhauptstraße, der Via principalis, an die sich das Stabsgebäude (principia) anschließt. Da man hier auf dem Gelände auf sehr weichen und rutschigen Untergrund stieß, war eine besondere Straßenbefestigung notwendig, wie sie bislang nur aus Aalen bekannt ist. So wurden mehrere Lagen Kies über einen aus quer verlegten Brettern und seitlichen Längshölzern konzipierten Holzrost geschüttet und damit der Untergrund verstärkt.

Herzstück des Aalener Kastells war das Stabsgebäude. Die Via principalis war direkt vor dem Stabsgebäude von einem Holzbau überdacht. Wenig später folgte diesem Vorbau eine hölzerne Halle; deren Dach ruhte auf mächtigen Eichenpfosten. Diese Situation ist heute übrigens an derselben Stelle auf dem Gelände ebenfalls durch Eichenpfosten markiert. Im 3. Jahrhundert n. Chr. wurde die Halle durch einen Steinbau ersetzt. Ihre Ausmaße von 21 m Breite und 60 m Länge waren gi-

> Über die A 7 Ulm-Würzburg, Abfahrt 114 Aalen-Westhausen oder über die B29 Stuttgart-Aalen bis Aalen. In Aalen ist das Museum mit den Wegweisern „Limesmuseum" gut ausgeschildert.
>
> Museum: 48°50′10.3″N 10°05′03.7″E
>
> 1–2 Stunden sollte man für den Besuch gut einplanen.
>
> Barrierefrei
>
> Limesmuseum Aalen, St.-Johann-Straße 5, 73430 Aalen, Tel. 07361 528287-0 , limesmuseum@aalen.de, www.limesmuseum.de. Öffnungszeiten: Di.–So. 10–17 Uhr sowie an Feiertagen. Mo. geschlossen. Kostenlose Führung jeden ersten Sonntag im Monat 14.30 Uhr.
>
> Tipp: Die Aalener Römertage finden planmäßig immer alle zwei Jahre (gerade) am letzten Wochenende im September statt und sind ein absolutes Highlight!

89 3D-Rekonstruktion des Steinkastells Aalen

gantisch. Es ist die bisher größte *Principia*-Vorhalle eines Auxiliarkastells die wir hierzulande kennen!

Zwischen all den Mauerresten ist es aber vor allem der originalgetreu nachgebaute römische Baukran in der südlichen Ecke der Anlage, der Kinderaugen größer werden lässt. Er zeigt die technischen Möglichkeiten, über die man in römischer Zeit bereits verfügte und die man zum Bau einer so großen Anlage wie in Aalen auch benötigte. Im Westen des Stabsgebäudes sind neun, teils mit Fußbodenheizung ausgestattete Räume erhalten. Diese flankieren das Fahnenheiligtum (*sacellum*), welches in keinem Kastell fehlen durfte. Hier befand sich das Standbild des Kaisers, und hier wurden die Feldzeichen der Einheit aufbewahrt. Die angrenzenden Räume dienten als Versammlungsort und Schreibstuben.

Mittlerweile wurde die Außenanlage durch rekonstruierte Ställe und Wohngebäude ergänzt. Im Rahmen der „Aalener Römertage" werden sie durch historische Gruppen bevölkert und erwachen so zum Leben.

Die Dauerausstellung im Museum zeigt Funde aus Aalen sowie weiteren römischen Fundstellen der Region. Sie informiert über die Geschichte des Limes, das Leben der Soldaten im Lager und in der Zivilsiedlung. Anhand von Tafeln, Karten, Exponaten, Funden, Modellen, Computeranimationen, Videos und Hörspielen sowie eindrucksvollen Dioramen entwickeln sich einzelne Aspekte zu einer spannenden Geschichte über das römische Weltreich und die Lage Aalens am Obergermanisch-Raetischen Limes.

Die Zeiten ändern sich

Wie wir bereits gehört haben, ersetzte man im Laufe der Zeit die anfänglich aus Holz errichteten Kastellbauten sehr bald durch Steingebäude. Das gleiche gilt auch für die Mauern und Türme dieser Wehranlagen.

Im unmittelbaren Umfeld der Limeskastelle entstanden Lagersiedlungen, die mit der Zeit immer größer wurden. Zunächst ließen sich hier Handwerker, Händler und natürlich Schankwirte sowie sonstige Anbieter von Vergnügungen aller Art nieder. Kaiser Septimius Severus (193–211 n. Chr.) erlaubte seinen Soldaten sogar zu heiraten und gestattete den Grenzsoldaten auch, die dienstfreie Zeit bei ihren Angehörigen im Kastelldorf zu verbringen.

Zu jedem Kastell gehörten auch Badeanlagen mit mehreren Becken für unterschiedlich tem-

> **Schon gewusst?!**
> **Die Toten, ihre Gräber und Geschichten**
>
> Im Gegensatz zu unseren heutigen Friedhöfen, die meist durch Mauern und Hecken von der Öffentlichkeit abgeschirmt sind, waren die Friedhöfe der Römer Bestandteil des Lebens. Da laut Gesetz die Toten nicht in der Stadt bzw. der Siedlung bestattet werden durften, legte man die Bestattungsplätze entlang der großen Straßen an. Je pompöser die Grabsteine, desto reicher und wichtiger die Verstorbenen. Inschriften und teils sogar bunte Bilder zierten die Grabsteine. Sie gaben Auskunft über die gesellschaftliche Stellung und oft auch über den Beruf des Verstorbenen. Wer hier vorbeikam, der gewahrte unweigerlich die Gräber und gedachte der Toten. Es war durchaus gebräuchlich, einen Sonntagsausflug mit der ganzen Familie etwa zum Grab der Großmutter zu unternehmen. Dabei wurde aber nicht getrauert, sondern man wollte die verstorbenen Familienangehörigen um sich haben und am Leben teilnehmen lassen.

90 **Reste des römischen Straßenfriedhofes von Les Alyscamps d'Arles (Frankreich)**

periertes Wasser, mit Fußbodenheizung und anderen Annehmlichkeiten. Solche aufwendig ausgestatteten Kastellbäder wurden in Welzheim, Schwäbisch Gmünd-Schirenhof, Aalen und Rainau-Buch freigelegt und konserviert. Nicht fehlen durften auch Heiligtümer und Kultstätten für die von Soldaten und Zivilisten verehrten Gottheiten. Die im Kastell Osterburken stationierten Beneficiarier errichteten einen umzäunten Kultbezirk mit einem Schutzhäuschen und zahlreichen Weihesteinen. Entlang der Straßen legte man Friedhöfe für Militärangehörige und Zivilisten an sowie eigene Straßenheiligtümer.

FUNDSTELLE 44

Zu Besuch am Limes – Das Römermuseum Osterburken

Neckar-Odenwald-Kreis

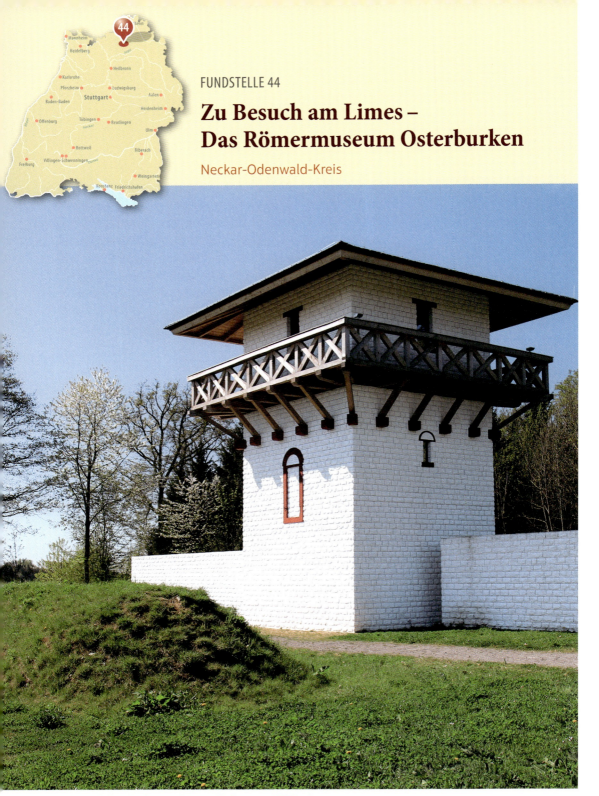

91 Limespark Osterburken – steinerner Wachturm mit Palisade

Unbedingt besuchen sollte man das Römermuseum Osterburken. Hier kommen große und kleine Besucher auf ihre Kosten! Neben einer konservierten Badeanlage bekommt man viele Originalfunde aus dem Kastell und der Region zu sehen und erhält gleichfalls Einblicke in die archäologischen Methoden sowie die Entwicklung des Neckar-Odenwald-Limes. Im Umfeld des Museums ist darüber hinaus so einiges aus der Zeit der römischen Grenze im Gelände erhalten geblieben. Nur 300 m vom Museum entfernt liegt das Kastell Osterburken. Die konservierten Mauern und ausgehobenen Gräben des bereits 1892 bis 1910 freigelegten sogenannten „Annexkastells" lassen die enorme Größe der antiken Wehranlage erahnen. Ein weiteres Highlight ist die Rekonstruktion der Limesmauer und eines steinernen Wachturms aus der Zeit des 3. Jahrhunderts n. Chr. Weitere konservierte Originalreste sind für ganz Neugierige im angrenzenden Waldstück zu finden. Mehrere Wanderrouten lassen den Besuchern je nach Lust und Laune freie Wahl bei der Erkundung des römischen Osterburken.

Als das „Eingangstor" zum Limes bezeichnet sich das Römermuseum Osterburken. Also, treten sie ein! Im Inneren erwarten den Besucher viele Überraschungen. Grundlage der Dauerausstellung sind die römischen Funde der alten großherzoglichen Sammlung. Klingt nach Langeweile? Keineswegs! Im Untergeschoss des Museums wird der Besucher erst einmal in die römische Grenzregion zu beiden Seiten des Neckar-Odenwald-Limes entführt. Wie lebten eigentlich die Menschen auf der germanischen Seite und wie die römischen Bewohner des Imperiums? Und welche Funde haben beide Seiten hinterlassen? Diese Zweiteilung zieht sich auch durch die weiteren Bereiche des Museums, in denen unter anderem die Glaubenswelten von Römern und Germanen vorgestellt werden. Die konservierten Reste der antiken Badeanlage geben weiterhin Auskunft über die ausgeprägte Badekultur der Römer. Und auch der 1982 ausgegrabene Beneficiarier-Weihebezirk ist hier im Nachbau zu sehen.

Vom Museum aus gibt es verschiedene Wanderrouten zu den rekonstruierten und konservierten Geländedenkmälern Osterburkens. Dem am Museum ausgeschriebenen Limesweg folgen wir nun über die Römerstraße nach Osten. An der nächsten Kreuzung biegt unser Weg links ab und führt am Feuerwehrhaus vorbei direkt zum Kastell.

160 n. Chr. wurde im Zuge der erneuten Grenzverschiebung des Odenwaldlimes auch das Kastell Neckarburken aufgegeben. Die neue Grenze verlief nun schnurgerade in südlicher Richtung vom Main bei Miltenberg über Walldürn in Richtung Jagsthausen. Die ehemalige Besatzung, die *cohors III Aquitanorum*, des Kastells Neckarburken errichtete um 160 n. Chr. das Kastell Osterburken. Diese rechteckige Anlage wurde 20 bis 30 Jahre später von der 8. Legion (*legio VIII Augusta*) erweitert und erhielt einen Anbau an der Südflanke. Dieser „Annex" ist heute als Parkanlage mit konservierten Grundmauern und Umwehrungen gestaltet. Leider ist sonst vom Kastell durch die moderne Überbauung nichts mehr übrig geblieben.

Schon gewusst?! Die Zoll- und Straßenpolizei

Was sind die Benefiziarier? Im Grunde waren das Straßen- oder Zollpolizisten. In dem Moment nämlich, als Rom sein riesiges Imperium im Norden vergrößert hatte, mussten nicht nur die Grenzen, sondern auch die Fernstraßen gesichert werden. Die Benefiziarier – verdiente Soldaten – waren den Stadthaltern der Städte direkt untergeordnet und wurden unter anderem zur Überwachung und Kontrolle der Straßen und des Fernhandels eingesetzt. Sie schauten nach Recht und Ordnung und erhoben neben Ein- und Ausfuhrzöllen auch Markt-, Durchfuhr- und Passierzölle. Zollpflichtig waren alle mitgeführten Gegenstände außer Reisebedarf und Reisegerät, wie etwa Wagen und Gespanne. Wichtige Kontroll- und Zollstätten des römischen Reiches waren neben Grenzübergängen und Straßenknotenpunkten auch wichtige Gebirgspässe, Häfen und Flussübergänge.

🚌 Über die A 81 Heilbronn-Lauda-Königshofen, Ausfahrt 6 Osterburken. Über die B 292/L 515 nach Osterburken fahren. Durch den Ort der L 515/Merchinger Str. und weiter der L 1095/Adelsheimer Straße folgen. Das Museum liegt in der Ortsmitte am Römerplatz neben der Volksbank. Parkmöglichkeit beim Museum, im Parkhaus und an der Baulandhalle.

🗼 Kastell: 49°25'35.8"N 9°25'27.7"E
Limesnachbau: 49°25'10.5"N 9°26'00.4"E

🥾 Wanderweg ca. 2–3 Stunden

♿ Weitestgehend barrierefrei

🏛 Römermuseum Osterburken, Römerstraße 4, 74706 Osterburken, Tel. 06291/415266, info@roemermuseum-osterburken.de, www.roemer-museum-osterburken.de. Öffnungszeiten: Di.–So., Winterzeit: 10–17 Uhr, Sommerzeit: 10–18 Uhr. Mo. geschlossen (außer an Feiertagen).

❗ Eine halbe Autostunde entfernt von Osterburken liegt im Ortskern von Jagsthausen das Freilichtmuseum Römerbad. Es handelt sich um die konservierte Badeanlage des Kastells aus der Zeit um 200 n. Chr. Die Anlage ist ganzjährig frei zugänglich und kostet keinen Eintritt.

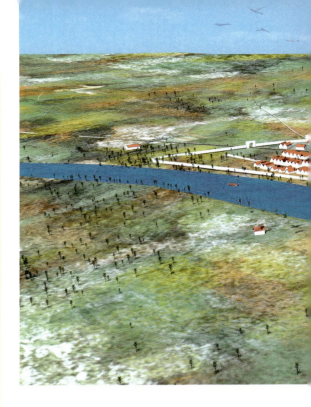

Vom Kastell aus folgen wir dem ausgeschilderten Limesweg über die Kastellstraße weiter in Richtung Süden. Am Friedhof vorbei geht es für ca. 1 km bergan bis zum Limes-Wachposten „WP 08/32 Förstlein". Der antike Steinturm wurde bereits 1881 nachgewiesen und liegt seither aber unberührt im Boden. Neben dieser nicht sichtbaren Turmstelle entstand ein Nachbau im Maßstab 1:1. Allerdings heißt es: bitte nicht erschrecken, denn der Turm hat eine moderne und eine antike Seite, so dass keine Verwechslung mit dem Original passieren kann! Von hier aus bot sich den römischen Wachsoldaten ein guter Blick über das Tal nach Norden. Wer diesen Blick gerne genießen und das Innere des Turmes erkunden will, sollte bereits vor der Wanderung eine Wertmarke im Museum lösen. Neben dem Turm ist auch die steinerne Wehrmauer der Limes-Endphase sowie Wall und Palisade rekonstruiert, so dass der Besucher ein gutes Bild von der Mächtigkeit der Grenzanlage erhält.

Vom Limes-Nachbau folgen wir entweder barrierefrei demselben Weg wieder zurück oder dem angrenzenden Feldweg für 400 m weiter in Richtung Osten. An der Waldecke biegen wir rechts ab und gehen immer bergab am Friedhof vorbei über die Straße Zum Förstlein/Wemmershöfer Str. wieder in Richtung Osterburken. Nach 1km stößt man wieder auf die Südseite des Kastells. Von hier aus geht es über die Römerstraße zurück zum Museum. Wer übrigens nicht laufen mag oder kann, sollte einfach bis zum Parkplatz am Friedhof fahren. Von da aus sind es zu Fuß nur noch wenige Minuten zum Turm- und Limesnachbau und man erspart sich die Steigung.

Die Provinzen – Verwaltungsstrukturen und zivile Aufsiedlung

Mit der Einrichtung des Obergermanisch-Raetischen Limes war das gesamte Gebiet zwischen Rhein und Donau um die Mitte des zweiten nachchristlichen Jahrhunderts zum zivilen Hinterland

92 Römisches Ladenburg: *Lopodunum* in der ersten Hälfte des 3. Jh. n. Chr.

geworden. Seit das römische Militär in Etappen nach Osten vorgerückt war, richtete man in den rückwärtigen Regionen umgehend auch eine perfekt funktionierende Zivilverwaltung ein. Die Grenze zwischen den neu geschaffenen Provinzen Obergermanien (Germania superior) und Raetien (Raetia) verlief durch die östlichen Gebiete des heutigen Baden-Württemberg. Sie endete exakt am Ort des Zusammentreffens von Obergermanischem und Raetischem Limes im Rotenbachtal bei Schwäbisch Gmünd. Die Statthalter der Provinz Obergermanien residierten in Mainz. Die Hauptstadt der Provinz Rätien war Augsburg. Der alte Kastellstandort Rottweil (*Arae Flaviae*) am oberen Neckar wurde bereits unter Kaiser Hadrian zum municipium römischen Rechts erhoben.

Am mittleren Neckar bildete Rottenburg (*Sumelocenna*) einen weiteren Verwaltungsmittelpunkt, der wie Rottweil und andere wichtige Ortschaften im heutigen südwestdeutschen Raum sogar von einer repräsentativen Stadtmauer umgeben war.

Weitere zentrale Orte von sogenannten Gebietskörperschaften (*civitates*) waren Ladenburg (*Lopodunum*), Baden-Baden (*Aquae*), Bad Wimpfen und Öhringen (*Vicus Aurelianus*).

> **Schon gewusst?!**
> **Römische Verwaltungsstrukturen**
>
> Selbst wenn viele mit Mauern und Türmen geschützte sowie mit vielen eindrucksvollen öffentlichen Gebäuden versehene römische Siedlungen ein stadtartiges Aussehen hatten, so half aller Reichtum nichts. Denn, wie wir schon von Rottweil gelernt haben, benötigte eine römische Stadt ein vom Kaiser verliehenes Stadtrecht. Erst dann durfte sie als wirkliches *municipium*, also eine Stadt römischen Rechts, bezeichnet werden. Ladenburg zum Beispiel erhielt nie das Stadtrecht, war aber ein wichtiger Verwaltungsort. Solche Hauptorte bezeichneten die Römer als *civitas*. Eine *colonia* war die begehrteste Form der römischen Stadt. Es handelte sich um eine eigenständig verwaltete große Stadtsiedlung mit Stadtrecht sowie vielen Sonderrechten ganz nach dem Vorbild Roms.

FUNDSTELLE 45

Ladenburg – Noch heute ganz im Zeichen der Römer

Rhein-Neckar-Kreis

93 Freskendekorierte Fachwerkwand aus dem Kastell *Lopodunum*

Trotz ihres einst wohl mächtigen und eindrucksvollen Aussehens mit den vielen öffentlichen Gebäuden, der Stadtmauer und den Wachtürmen – zum römischen Stadtrecht hatte es für Ladenburg nicht gereicht. Wohl wurde der große und vermutlich auch besonders wohlhabende Vicus zum Hauptort der Civitas Ulpia Sueborum Nicrensium, d. h. einer römischen Verwaltungseinheit im Stammesgebiet der hier im Neckarmündungsgebiet lebenden Neckarsueben. Dass Ladenburg rund 2000 Jahre später noch immer große geschichtliche Bedeutung haben würde, daran hätten wohl die römischen Bewohner nicht gedacht. Denn neben den vielen mittelalterlichen Resten ist Ladenburg ein antiker Stadtkern geblieben. Auf einem Rundgang durch die Stadt, entlang verwinkelter Gassen, heimeliger Plätze und der monströsen Stadtmauern, sind noch immer überall die vielen Spuren einer wechselvollen Geschichte zu entdecken.

Schon im Parkhaus am Rathaus stoßen wir auf erste Reste des römischen Ladenburgs. Hier, an der Außenseite des Rathauses, stand einst ein römischer *burgus*, ein turmartiger Kasernenbau. Dieses Bauwerk stammt zweifelsohne aus der Endphase der römischen Herrschaft im 4. Jahrhundert n. Chr. und steht im Zeichen des von Kaiser Valentinian I. veranlassten Festungsbauprogramms zur Sicherung der Grenzen an Oberrhein und Donau. Schriftliche Quellen aus dem Jahr 371 n. Chr. belegen, dass der Ladenburger *burgus* tatsächlich als Verstärkungsmaßnahme am Rheinlimes gegen die vermehrt einfallenden Alamannen diente. Darüber hinaus scheint er ebenso Teil einer Hafenanlage gewesen zu sein, denn die Mauerreste reichen bis zum damaligen Neckarlauf. Übrigens handelt es sich bei den noch über 8 m hohen Überresten des *burgus* um die in Süddeutschland höchsten überirdischen Mauerreste aus römischer Zeit.

Aber beginnen wir mit einer kurzen Erläuterung zur Vorgeschichte der Stadt. Nach dem heutigen Kenntnisstand archäologischer Forschungen beginnt die Geschichte Ladenburgs bereits in kelti-

94 3D-Rekonstruktion – römisches Forum von Ladenburg

scher Zeit. Der Name *Lopodunum* bedeutet vermutlich so viel wie „Wasserburg" und ist keltischen Ursprungs. Auch eine im Süden der Stadt entdeckte keltische Viereckschanze deutet auf die vorrömische Besiedelung an der Neckarschleife hin. Im Zuge der Sicherung der rechtsrheinischen Gebiete wurden von den Römern gezielt germanische Stämme hier angesiedelt. Im ganzen unteren Neckarraum, so auch in Ladenburg, waren es die Neckarschwaben *(Suebi Nicrenses)*. In den 70er-Jahren des 1. Jahrhunderts n. Chr. wurden dann auch die rechtsrheinischen Gebiete von den Römern besetzt. Nun entstanden erste Kastelle zur Grenzsicherung. Auch in *Lopodunum* waren zu dieser Zeit noch 500 Soldaten stationiert. Im Zuge der Kriege der Römer gegen die Daker kam es zur Neuordnung der Truppen und Grenzverteidigung an Rhein und Donau. Auch die Truppen *Lopodunums* wurden abgezogen. Um 100 n. Chr. erhielt das bereits bestehende Lagerdorf den Titel einer *civitas* und wurde damit zum Hauptort eines der Verwaltungsbezirke, wie sie von Kaiser Trajan systematisch angelegt wurden. Auf dem Gelände des verlassenen Kastells errichtete man öffentliche Bauten, ein Forum und eine Basilika.

Wir gehen vom Parkhaus am Rathaus über den Domhofplatz in Richtung Metzgergasse. Dort ist, leider nur im Rahmen von Stadtführungen, das Forum zu besichtigen. Weitere Fundamentreste

Schon gewusst?! Die Plätze öffentlichen Lebens

Neben den typisch römischen Mietshäusern, den sogenannten *insulae*, prägten vor allem die öffentlichen Gebäude und Plätze das Leben einer römischen Stadt. Das *forum*, ähnlich einem heutigen Marktplatz, bildete das Zentrum der Stadt. Hier standen das Verwaltungsgebäude, der Haupttempel und die Marktstände. Politische, verwaltungstechnische wie auch religiöse Angelegenheiten wurden dort verhandelt. Nachrichten ausgetauscht, geplaudert und eingekauft. Aber auch öffentliche Toiletten (*latrinen*), Bäder sowie ein Theater waren wichtige Kennzeichen der modernen römischen Stadt. In Ladenburg fand man ebenfalls Reste eines recht großen Theaters, das ca. 5000 Zuschauern Platz bot. Apropos Platz: Hier sind die Spender und Förderer des Theaters auf den Sitzstufen sogar namentlich verewigt!

- Über die A 5 Heidelberg-Darmstadt, Ausfahrt 35 Ladenburg. Über die L 536 in Richtung Stadtmitte fahren. Parkmöglichkeiten am Bahnhof oder aber in der Tiefgarage am Rathaus (Ausgangspunkt der Tour).
- Halbtagestour
- Lobdengau-Museum, Amtshof 1, 68526 Ladenburg, Tel. 06203/700, *lobdengau-museum@stadt-ladenburg.de*, www.lobdengau-museum.de. Öffnungszeiten: Mi. 14–17 Uhr, Sa., So. 11–17 Uhr.
- Nur wenige Kilometer von Ladenburg entfernt, liegt direkt neben der A 5 der römische Gutshof Hirschberg-Großsachsen. Wenngleich heute die Autobahn direkt am Fundplatz vorbeiführt, so ist dennoch etwas der einstigen „Landhausidylle" übriggeblieben. GPS: 49°31'02.2"N, 8°38'39.9"E.

Zu Beginn des 3. Jahrhunderts n. Chr. erhielt Ladenburg, wie auch andere Städte der obergermanischen Provinzen, eine steinerne Stadtmauer. Nach den neuesten Erkenntnissen dürfte dieses mit einem enormen baulichen Aufwand und wohl hohen Kosten verbundene Bauwerk nicht nur zu Repräsentationszwecken, sondern vielmehr auch aufgrund einer konkreten Bedrohung errichtet worden sein. Der bereits 1973 entdeckte Hortfund von 54 Bronzeobjekten datiert, wie so viele römische Hortfunde aus den römischen Nordprovinzen, in das 3. Jahrhundert n. Chr. Er untermauert die These einer Bedrohung der römischen Stadt am Neckar durch zunehmende Übergriffe germanischer Gruppen. Übrigens gehörten die im Hortfund enthaltenen Beschläge zu einem Prunkportal, das eines der prachtvollen öffentlichen Gebäude *Lopodunums* zierte.

von Forum und Basilika finden sich jedoch auch im Pfarrgarten sowie im Inneren der St. Galluskirche. Der weitere Verlauf der Fundamente ist durch Pflastersteine gekennzeichnet.

Zurück in Richtung Rathaus befindet sich ganz in der Nähe die Sebastianskapelle. In ihrem Inneren, welches leider auch nur im Rahmen von Führungen zugänglich ist, kann man durch ein „archäologisches Schaufenster" noch die Reste des ehemaligen Kastelltores besichtigen. Hier befinden sich weitere Fundamentreste und Säulen sowie ein teils rekonstruierter römischer Brunnen. Auch das Lobdengau-Museum, das weitere stadtgeschichtliche Funde sowie konservierte römische Befunde beherbergt, ist an dieser Stelle zu finden.

Die zahlreichen Grabungen erbrachten mit ihrer Fülle an außergewöhnlichen Funden und Befunden Hinweise auf einen bemerkenswerten Wohlstand der römischen Stadt. Neben Heiligtümern, einer nahezu vollständig erhaltenen Jupitergigantensäule, zwei Theatern, einem Ehrenbogen, einem Palast, aufwendigen Badegebäuden und wohl noch einem zweiten Forum, standen hier einst prächtige Wohnhäuser, Tavernen, Handwerksbetriebe und Märkte.

Arbeit, Kult, Kultur – Leben in der Stadt

Aus vielen ehemaligen Kastellsiedlungen entwickelten sich wichtige Regionalorte (*vici*) mit Handwerker- und Händlerhäusern, die in Wohn-, Werkstatt- und Ladenbereiche unterteilt waren. Diese sogenannten Streifenhäuser besaßen außerdem einen eigenen kleinen Gartenbereich hin-

---

Schon gewusst?!
Römische Garküchen –
die Imbissbuden der Antike

Aufgrund der großen Brandgefahr besaßen die großen mehrgeschossigen römischen Stadthäuser keine Kochstellen. Offenes Feuer wurde nur ungern entzündet. So nahmen die einfachen römischen Bürger ihre warmen Mahlzeiten nicht zuhause, sondern in den sogenannten Tavernen (Gaststuben) und einfachen Garküchen an der Straße ein. Dort aß man gerne *garum*, eine typisch römische Fischsoße, und andere einfache Gerichte. In den Gaststuben wurden weitere Spezialitäten serviert, so auch die von den Römern gerne verzehrten gefüllten Haselmäuse!

95 Römisches Streifenhaus mit Laden (Rekonstruktion aus Güglingen)

ter dem Haus, in dem sich Brunnen und kleine „Küchengärten" befanden. In den Städten standen dagegen mehrgeschossige Mietshäuser. In diesen sogenannten *insulae* wohnten gleich mehrere Familien. Während sich unten die besser Verdienenden einrichteten, hausten in den oberen Stockwerken die ärmeren Leute. Warum? Ganz einfach: Die oberen Stockwerke waren wegen der Einsturz- beziehungsweise Brandgefahr weniger beliebt. Diese Wohnhäuser verfügten im Gegensatz zu den Villen der reichen Leute über keine Heizungs- und Sanitäranlagen. Gekocht wurde, wenn überhaupt, am offenen Feuer.

Hinzu kamen Gasthäuser, Speichergebäude und Stallungen sowie eine Vielzahl mehr oder weniger seriöser Kneipen und Vergnügungseinrichtungen. In den großen Städten besuchte man auch gerne Zentren der Volksbelustigung. Das waren neben szenischen Theatern vor allem die Amphitheater mit ihren zumeist sehr blutigen und grausamen Darbietungen wie Wagenrennen oder Gladiatorenkämpfe. Für wenig Geld konnte man hier einem nach unseren Vorstellungen doch recht zweifelhaften Vergnügen nachgehen.

Zu den repräsentativen Bauten stadtähnlicher und ländlicher Siedlungen gehörten neben einem Forum mit Basilika auch Verwaltungsgebäude sowie die Tempelanlagen und die Heiligtümer zur Verehrung der vielfältigen römischen Götterwelt. Die Friedhöfe lagen immer *extra muros*, also außerhalb der Ortschaften an den Ausfallstraßen. Im Allgemeinen wurden die Verstorbenen auf Scheiterhaufen eingeäschert und mit verschiedenen Beigaben bestattet. Stammten die Toten aus begüterten Familien, so erhielten die Gräber teils bunt bemalte Grabsteine oder sogar aufwendig gestaltete Grabmonumente. Mitunter standen auch einzelne Kultanlagen an den Peripherien der Siedlungen. Ein gutes Beispiel ist das Mithras-Heiligtum des *vicus* von Güglingen.

FUNDSTELLE 46

Güglingen – Römische Reihenhaussiedlung mit Marktcharakter

Kreis Heilbronn

96 Rekonstruktion des Mithras-Tempels aus Güglingen

Güglingen, römische Metropole des Zabergäus. Seit 2009 besitzt die Stadt neben dem wirklich schön eingerichteten Römermuseum auch noch ein kleines Freilichtgelände. Hier, am südlichen Stadtrand mitten im Industriegebiet, wurden auch Teile des ehemaligen römischen Vicus am Originalstandort wiederaufgebaut. Vom Museum aus ist das Freilichtgelände durch einen kurzen Fußmarsch gut erreichbar und eine wunderbare Ergänzung zu den Originalfunden und tollen Rekonstruktionen des Museums. Der lohnenswerte Ausflug führt über einen Sieben-Stationen-Weg, auf dem der Besucher Schritt für Schritt die sieben Weihegrade der Mithras-Religion kennenlernt, bis er schließlich in der Freilichtanlage vor dem Heiligtum dieses antiken „Männer-Geheimkultes" ankommt.

In den Jahren 1999 bis 2005 wurde im Güglinger Industriegebiet „Ochsenwiesen/Steinäcker" eine römische Zivilsiedlung aus dem 2. Jahrhundert n. Chr.

entdeckt und ausgegraben. Entlang der Straßenzüge standen einst viele sogenannte Streifenhäuser, deren lange, schmale und mit Zäunen versehene Grundstücke akkurat eingeteilt waren. In den kleinen Gärtchen befanden sich auch Brunnen. Ein solcher 8 m tiefer Brunnen wurde unterirdisch erhalten und oberirdisch wieder rekonstruiert und mit einem authentischen Holzschindeldach versehen. Er ist heute ebenfalls auf der Freilichtanlage zu bewundern. Aber beginnen wir die Tour im Römermuseum. Es erwartet den Besucher eine spannende Reise zurück in die Zeit der römischen Besatzung vor rund 1800 Jahren. Über 1500 Originalfunde sind hier zu bestaunen und dies nicht nur in Vitrinen. Vielmehr kann man den römischen Alltag hautnah erleben! Die Dauerausstellung des Museums erstreckt sich über drei Stockwerke. Durch das Fenster eines römischen Wohnhauses blickt der Besucher direkt auf die davor gelegene Straße, läuft durch bemalte und gut ausgestattete Wohnräume, hört die lateinische Sprache der Römer und wird Zeuge einer religiösen Zeremonie sowie einer Verkaufsverhandlung. In zahlreichen Schubladen stecken Exponate zum Anfassen, und weitere Mitmachelemente ermutigen große und kleine Besucher zum Forschen!

Nach dem Musemsbesuch begeben wir uns auf dem Sieben-Stationen-Weg zur Freilichtanlage. Diese erreichen wir bequem zu Fuß in etwa 15 Min. Schon auf dem Weg wird der Besucher in ein weiteres Highlight des römischen Güglingens eingeführt. Der *vicus* beinhaltete nämlich gleich zwei religiöse römische Kultstätten des sogenannten Mithras-Kultes. Die Originalmauern des Mithräums II wurden nach den Grabungen von der Gemeinde konserviert und sind heute das eigentliche Herzstück der Anlage. Auf den konservierten Resten des Mithräums wurde die beeindruckende Konstruktion des Gebäudes wieder errichtet, das ursprünglich aus lehmverputztem Holzfachwerk bestand. Nicht nur die Ausmaße des Gebäudes, sondern gleichzeitig die Aufteilung in einen ebenerdigen Vorraum und einen in die Erde eingetieften Kultraum werden hierdurch verdeutlicht. Die Skulpturenausstattung des Mithräums war bei den Grabungen noch fast vollständig erhalten und erregte sogar internationales Aufsehen. Selbst zahlreiche Teile der Gerätschaften und des Geschirrs, die man einst in diesem „Geheimkult" verwendete, konnten geborgen werden.

Neben dem bereits erwähnten rekonstruierten Steinbrunnen, sind auch die Grundrisse der hier gefundenen Streifenhäuser sowie das durch die Siedlung führende Wegenetz angedeutet. Die Bepflanzung der Freilichtanlage orientiert sich an der im römischen Güglingen nachgewiesenen Pflanzenwelt. Über 800 verschiedene Pflanzenarten konnten anhand der aus Brunnen und Latrinenschächten entnommenen botanischen Proben analysiert werden.

Von Toiletten und Wasserkanälen – Infrastukturen

Wichtig war den Römern schon immer eine gut funktionierende Infrastruktur. Ob in der Stadt

---

Von Süden über die A 81 Stuttgart-Heilbronn, Ausfahrt Ludwigsburg-Nord, dann über die B 27 bis Bietigheim-Bissingen. Von dort in Richtung Freudental/Cleebronn (Tripsdrill) und über Frauenzimmern nach Güglingen. Oder von Westen über die A 6, Ausfahrt 33 Sinsheim nach Eppingen und über Kleingartach nach Güglingen. Parkmöglichkeiten befinden sich in der Nähe des Museums sowie am Freilichtgelände in der Emil-Weber-Straße.

Museum: 49°03'59.0"N, 9°00'01.1"E
Freilichtanlage: 49°03'41.6"N, 9°00'20.0"E

2–3 Stunden

Barrierefrei

Römermuseum Güglingen, Marktstraße 18, 74363 Güglingen, Tel. 07135/9361123, info@roemermuseum-gueglingen.de, www.roemermuseum-gueglingen.de. Öffnungszeiten: Mi.–Fr. 14–18 Uhr, Sa./So./Feiertag 10–18 Uhr, sowie nach Vereinbarung. Die Freilichtanlage ist ganzjährig frei zugänglich.

97 Nachbau des Güglinger Mithräums – Kultraum

Schon gewusst?!
Mithras-Kulte – eine von Männern geprägte Glaubensrichtung

Die spinnen, die Männer! Wird sich so manche römische Frau gedacht haben, als sich ihr Mann mehr und mehr Mithras, dem entweder von Seeräubern aus Kilikien oder einem unbekannten Morgenländer „importierten" Sonnengott zuwandte. Über drei Jahrhunderte hielt sich dieser geheime Kult, dem es streng verboten war, schriftliche Zeugnisse über seinen Glaubensinhalt niederzuschreiben. Erst mit der Christianisierung verschwand auch das Mysterium "Mithras" von der Bildfläche. Mithras-Heiligtümer wurden *Mithräen* genannt und waren oft unterirdisch angelegt. Die Zeremonien fanden nie öffentlich statt. Sieben Weihestufen mussten die Gläubigen durchlaufen. Frauen war der Zugang zum Kult streng untersagt. Übrigens: Kaiser Aurelian (270–275 n. Chr.) erklärte den Mithras-Kult sogar kurzfristig zur Staatsreligion des römischen Reiches!

oder auf dem Land – Thermen und größere Privathäuser, repräsentative Einrichtungen sowie Gutshöfe wurden über ein ausgeklügeltes Leitungssystem mit Wasser versorgt. Nach Bedarf führte man das Frischwasser sogar mithilfe gemauerter Fernleitungen heran. Diese Wasserleitungen verliefen nach der jeweiligen Beschaffenheit des Geländeprofils teils unterirdisch oder auch über Aquädukte.

Zur Verrichtung der Notdurft mussten die meisten Bürger der römischen Städte einen mehr oder weniger langen Fußmarsch aufsichnehmen, denn die Wohnungen verfügten zumeist nicht über eigene Toiletten. Wer also „musste", der suchte eine öffentliche Toilette auf, wie wir sie zum Beispiel aus dem römischen *Sumelocenna* (Rottenburg) kennen. Wem der Weg zu weit war, der behalf sich mittels eines Nachttopfs, dessen Inhalt nicht selten auch auf der Straße landete. Das Abwasser der Latrinen hingegen wurde unterirdisch durch Rohre und Kanäle abgeleitet.

FUNDSTELLE 47

Die römische Latrine von Rottenburg – Stilles Örtchen gar nicht still!

Kreis Tübingen

98 Latrine im Sumelocenna-Museum

Die kleine idyllische Bischofsstadt Rottenburg am Neckar hat weitaus mehr als nur ihr mittelalterliches Stadtbild zu bieten. Schon die römischen Besatzer fühlten sich durchaus wohl in dieser Talaue des Neckars zwischen Schwarzwald und Schwäbischer Alb. Und auch schon vor den Römern hielten sich in und um Rottenburg steinzeitliche Jäger und Sammler auf. Es folgten Ackerbauern und Viehzüchter, die an verschiedenen Stellen ihre Siedlungen erbauten. Im Osten der Stadt errichteten die Kelten einen großen Friedhof. Und auch der römische Name der Stadt *Sumelocenna* geht wohl auf die einstige keltische Siedlung zurück. Am eindrucksvollsten von allen geschichtlichen Zeugnissen der Stadt ist jedoch die römische Latrine im Sumelocenna-Museum unter dem gleichnamigen Parkhaus.

Auch in Rottenburg ließen sich einst die Römer nieder. Sie errichteten links des Neckars eine Siedlung mit einer Größe von ca. 50 ha. Rottenburg lag an der römischen Fernstraße zwischen Cannstatt und Rottweil (*Arae Flaviae*). Im Laufe der Zeit gewann die Siedlung zusehends an Bedeutung in der römischen Provinz Obergermanien. Im 2. Jahrhundert n. Chr. wurde *Sumelocenna* Hauptort einer sogenannten *civitas*, einer halbautonomen Stadt eines römischen Verwaltungsbezirkes. Charakteristisch für eine *civitas* waren öffentliche Gebäude, wie das Forum und die dazugehörende Basilika (Verwaltungsgebäude), Tempel, Theater, Bäder sowie Raststationen (*mansiones*). In Rottenburg sind jedoch zwei ganz andere öffentliche Anlagen bekannt geworden. Zum einen ist es die aus Obernau (Rommelstal) kommende 7 km lange Wasserleitung, welche die Stadt mit frischem Quellwasser versorgte. Diese Leitung konnte an 21 Stellen aufgedeckt werden. In Obernau wurde ein kleiner Abschnitt konserviert und als archäologisches Denkmal mit einem Schutzbau versehen. Zum anderen bestaunt wohl ein jeder Besucher die römische Latrine von Rottenburg. Diese „Großtoilette" befindet sich zwischen den weiteren ausgegrabenen Überresten eines riesigen römischen Gebäudes. Der dreimal umgebaute Gebäudekomplex kam im

Von der A 81 Singen-Stuttgart, Ausfahrt 29 Rottenburg auf die B 28a/L 361 nach Rottenburg/Neckar. Am Ortseingang von Rottenburg biegen Sie an der Kreuzung bei der Sülchenkirche rechts in die Seebronner Str. ab. Am Kreisverkehr die vierte Ausfahrt abfahren. Das Parkhaus „Museum" Am Stadtgraben über dem Sumelocenna-Museum befindet sich gleich auf der rechten Seite.

Museum: 48°28′41.0″N 8°56′10.3″E;
Römerbad: 48°28′39.8″N 8°56′22.3″E;
Wasserleitung Obernau: 48°27′47.4″N 8°51′47.8″E

1–2 Stunden

Das Museum selbst ist barrierefrei, die anderen Bereiche nur bedingt!

Sumelocenna-Museum, Am Stadtgraben, 72101 Rottenburg am Neckar, Tel. 07472/165351, *museen@rottenburg.de*, www.rottenburg.de. Öffnungszeiten: Di.–Fr. 10–12 Uhr u. 14–16.30 Uhr, Sa., So., feiertags 10–16.30 Uhr.

Römerbad, Eugen-Bolz-Gymnasium, Mechthildstraße 26, 72108 Rottenburg, Tel. 07472/9807, *sekretariat@ebg-rottenburg.de*. Öffnungszeiten: Mo.–Do. 8–12 Uhr u. 14–17 Uhr, Fr. 8–12 Uhr. Der Schlüssel zur Anlage ist gegen Kaution erhältlich beim Schlüsselverleih Römerbad Eugen-Bolz-Gymnasium, WTG Rottenburg am Neckar, Marktplatz 24, 72108 Rottenburg am Neckar, Tel. 07472/916236.

Römische Wasserleitung, Rottenburg-Obernau: Anfahrt von Rottenburg über die L 370 Richtung Bad Niedernau/Bieringen. Parkplatz an der Rommelstalhalle. Von hier aus geht es auf einem befestigten Wanderweg zum ca. 10 Min. entfernten Infopunkt Römische Wasserleitung.

Hier wurden Neuigkeiten ausgetauscht, Geschäfte getätigt und ganz nebenbei noch die eigentliche Notdurft verrichtet. Zu dem Gebäudekomplex gehörten auch die beheizbaren Räume einer öffentlichen Thermenanlage sowie ein Peristylhaus (repräsentatives römisches Wohnhaus mit Säulengang) und weitere, teils unterkellerte Bereiche.

Unter dem Eugen-Bolz-Gymnasium in der Mechthildstraße befindet sich des Weiteren eine der drei in Rottenburg nachgewiesenen Badeanlagen. Die bereits 1929 entdeckte Therme konnte beim Bau der Schule 1962 vollständig untersucht und konserviert werden. Die 200 m² große Anlage, deren jüngste Bauphase ins 2. Jahrhundert n. Chr. datiert, liegt unter einem Schutzbau und ist öffentlich zugänglich. Zum Staunen bringen den Besucher vor allem die im Kaltbadbereich noch erhaltenen Fresken in Form rotflossiger Fische auf blauem Hintergrund. Auch das Warmbad mit seinem Tonnengewölbe und den drei Apsiden mit den jeweiligen Wasserbecken war einst mit geometrischen, farbig ausgemalten Mustern versehen.

Im späten 2. bzw. beginnenden 3. Jahrhundert n. Chr. erhielt *Sumelocenna* vermutlich zum Schutz

Schon gewusst?!
Klatsch und Tratsch im „stillen Örtchen"

Die großen öffentlichen Latrinen waren zu römischer Zeit beliebte Treffpunkte. Hier wurde der neueste Klatsch und Tratsch verbreitet, man unterhielt sich ganz ungeniert und wickelte nebenbei auch noch wichtige Geschäfte ab. So galt der Gang zur Latrine nicht als notwendiges Übel, sondern hatte eher den Charakter einer gemütlichen Zusammenkunft, ganz so, als ginge man heutzutage in ein Café, um zu plaudern. Übrigens: Die Kritzeleien auf heutigen Schulklos finden Parallelen bei den Römern. Auch die verewigten sich nämlich mit Sprüchen und Zeichnungen an den Wänden und mögen den ein oder anderen „Notdurftler" zum Schmunzeln gebracht haben!

Zuge der Errichtung des Parkhauses am Stadtgraben zu Tage. Er wurde konserviert und ist heute Teil des Summelocenna-Museums. Das „stille Örtchen" hat immerhin eine Länge von 32 m und bot Platz für mindestens 35 Besucher! Der Abwasserkanal (*cloaca maxima*) verlief unter den hölzernen Sitzreihen. Zwei Rinnen und ein rundes Handwaschbecken lieferten Frischwasser.

vor den einfallenden germanischen Stämmen eine imposante Stadtmauer. Ähnliche Phänomene finden sich zeitgleich in Ladenburg und Bad Wimpfen. Nachdem die Römer um die Mitte des 3. Jahrhunderts n. Chr. das Land geräumt hatten, ging auch *Sumelocenna* unter.

Die seit dem 4. Jahrhundert n. Chr. nachgewiesenen Alamannen ließen sich nicht in, sondern vor den Toren der einstigen Römerstadt im Umfeld der heutigen Sülchenkirche nieder. Sechs Jahre nach der Erstnennung der Siedlung *Rotenburg* gründete Graf Albrecht II. von Hohenberg 1280 die neue mittelalterliche Stadt am Standort des alten *Sumelocenna*.

Soldaten- und Kaiserbäder – römischer Badekult

Als Inbegriff römischer Freizeitgestaltung, aber auch zur täglichen Hygiene, entstanden in allen Zentralorten prachtvoll ausgestattete Badeanlagen. Erst waren es neben den Kastellbädern eher kleine, teils private Badestuben. Im Zuge des Ausbaus der Infrastruktur der Städte entwickelten sich teils großzügig gestaltete Thermenanlagen, die zum Teil sogar mit Wasser aus Thermalquellen gespeist wurden. Dieses Wasser war nicht nur aufgrund seiner Heilkraft gefragt, sondern besaß auch schon eine angenehme Grundwärme. Schon fast pompös ausgestattet und gestaltet waren zum Beispiel die römischen Thermen in Baden-Baden.

99 Restauriertes Teilstück der römischen Wasserleitung im Rommelstal bei Rottenburg-Obernau

FUNDSTELLE 48

Baden, baden und nochmals baden – Die Thermen von Baden-Baden

Kreis Baden-Baden

100 Römische Kaisertherme Baden-Baden

Aquae, was lateinisch „die Wasser" bedeutet, nannten die Römer den beliebten antiken Badeort. Hier suchten, wie auch schon in Badenweiler (Kreis Freiburg), römische Kurgäste vor 2000 Jahren Erholung, Ruhe und Heilung. Heute sind von dem einstigen Glanz dieser großen römischen Kurmetropole nur noch Ruinen übrig geblieben. Die Zeit und der Krieg haben hier leider viele Spuren für immer beseitigt. Die eindrucksvollen Spuren der antiken Römerthermen von Baden-Baden versetzen so manchen Kurgast in Staunen, in Anbetracht der langen Badetradition dieser Stadt.

Mitten im Herzen der Stadt, genau unter dem Friedrichsbad bei der Caracalla-Therme liegen die konservierten und mittlerweile zum Museum ausgebauten Reste der einstigen sogenannten römischen Soldatenbäder. Diese Badeanlage gehörte zu einer großen römischen Siedlung, die gleich mehrere prächtige Bäder besaß. Der Ort wurde, wie zahlreiche Inschriften belegen, wohl gegen Ende des 1. Jahrhunderts n. Chr. von verschiedenen Truppenverbänden erbaut und bestand bis zur Aufgabe der Provinzen um 260 n. Chr. Wo sich das Kastell zur Unterbringung dieser Truppen befand, ist allerdings immer noch ein Rätsel.

Bereits 1848 wurden die Ruinen der Soldatenbäder ausgegraben und konserviert. Heute liegt der Eingang der Anlage ca. 1 m unter dem römischen Niveau. So erschließt sich dem Besucher besonders eindrucksvoll die unglaubliche Bauweise der Badeanlage. Schon fast wie Katakomben wirken die Hypokaustenpfeiler der römischen Fußbodenheizung im unteren Bereich des Bades. Durch einen kleinen Raum gelangt man direkt in den Heizraum (praefurnium) des Bades mit seinem antiken Tonnengewölbe. Wer die Hypokaustenpfeiler schon gesehen hat, dem dürfte auffallen, dass die Ziegel im Bereich des Kaltbades und hier unter der Sauna quadratisch sind. Die Ziegelplatten unter dem Dampfbad (sudatorium) sind jedoch rund. Die Anlage verfügte auch über ein ausgeklügeltes Abwassersystem, bestehend aus zahlreichen Kanälen. Dieses Kanalsystem durchzog die gesamte Siedlung und leitete die Abwässer direkt zur Oos, dem in der Nähe fließenden Flüsschen.

Neben den verschiedenen Badeabteilungen gab es auch Ruhe- und Gymnastikräume sowie Anwendungsbereiche. Diese sind jedoch nicht mehr erhalten. Eine Computeranimation zeigt eindrucksvoll, wie das historische Bad früher tatsächlich ausgesehen hat.

Eine weitere, heute unter dem Namen „Kaiserbad" bekannte Badeanlage fand sich im Bereich des heutigen Marktplatzes von Baden-Baden. Hier lag die Hauptquelle der Thermalwässer. Die Anlage umfasste jeweils zwei äußere und zwei innere rechteckige Wasserbassins, von denen die beiden östlichen Becken wohl als Kaltwasserzufuhr dienten. Sonst hätten sich die Badegäste in dem von Natur aus 70 Grad heißen Thermalwasser kräftig die Gliedmaßen verbrannt! Die beiden Warmwasserbecken waren mit Granit- und Marmorplatten ausgestattet und bestätigen damit den besonderen Status des von Kaiser Caracalla in Auftrag gegebenen „Kaiserbades". Heute ist von der früheren Pracht nur noch der Grundriss zu erkennen, der im Pflaster des Marktplatzes markiert ist.

🚗 Autobahnausfahrt A 5 Baden-Baden auf die B 500 Richtung Baden-Baden-Zentrum. Hier den blauen Thermen-Schildern folgen. Parkplätze finden sich in der Bädergarage direkt an der Caracalla-Therme bzw. dem Friedrichsbad. Zugang über Steinstraße/Tiefgarage Friedrichsbad.

📍 48°45'47.2"N, 8°14'33.1"E

🕐 Ca. 1 Stunde

♿ Nicht barrierefrei

🏛 Römische Badruinen „Friedrichsbad": Carasana Bäderbetriebe GmbH (Caracalla-Therme/Friedrichsbad), Römerplatz 1 bzw. Rotenbachtalstraße, 76530 Baden-Baden, Tel. 07221/275934 www.carasana.de. Öffnungszeiten: Mitte März–Mitte November: täglich 11–12 Uhr und 15–16 Uhr. Im Winterhalbjahr geschlossen (Einlass für Gruppen auf Anfrage).

Gesund an Leib und Seele – Kuren und Hygiene zur Römerzeit

Es wurde aber nicht nur zum reinen Vergnügen gebadet. Auch das „einfache Volk" in den Städten besuchte regelmäßig die Thermen. Körperhygiene und Leibesertüchtigung standen hoch im Kurs. Ein ausgiebiger Badegang setzte mehrere Schritte voraus und bedeutete keineswegs nur ein entspanntes warmes Bad. Begeben wir uns zur Veranschaulichung doch auf einen typischen römischen Badbesuch, der uns die Abläufe verständlich macht: Nach Betreten des Bades erreichte man zuerst die Umkleideräume (apodyteria), die sogar mit kleinen Sitzbänken versehen waren und über Nischen zum Ablegen der Kleidung verfügten. In großen Thermen waren diese Räume sogar bewacht. Danach betrat der Besucher

101 3D-Rekonstruktion der römischen Therme Weißenburg in Bayern

das sogenannte *frigidarium*, einen zumeist rechteckigen Raum, der nicht beheizt wurde und dessen Becken (*piscinen*) kaltes Wasser enthielten. In größeren Thermen gab es außerdem Marmorsitze, auf denen man sich mit kaltem Wasser übergießen konnte. Dieser Raum war zumeist der größte des ganzen Bades und war oft reich verziert. Parallel zum *frigidarium* schloss sich eine große Sporthalle an, in der ganz verschiedene Sportarten ausgeübt werden konnten. Das Motto lautete also: erst der Sport, dann das Badevergnügen! An das *frigidarium* schloss sich das *tepidarium* an. Der lauwarme Raum diente als Anpassungs- oder Durchgangsraum zwischen Kalt- und Warmbad. Hatte man sich langsam an die erhöhte Temperatur gewöhnt, konnte man den Badevorgang fortsetzten, indem man in das *caldarium*, das Warmbad, eintrat. Dieses war der heißeste Raum der Therme, der durch eine Hypokaustenanlage beheizt wurde. Der Fußboden war jedoch oft so warm, dass man sich leicht die Füße verbrannte. Um das zu verhindern, trugen die Besucher auch Holzsandalen. Manchmal gab es auch noch ein Schwitzbad, heute würden wir es Sauna nennen. Danach kühlte man sich gerne in einem Kaltwasserbecken ab. Des Weiteren gab es auch Ruhe- und sogenannte Salbräume. Letztere können wir heute mit den Massagebereichen in unseren Thermen vergleichen. Da die Römer bereits die heilende Funktion des Thermalwassers kannten, entstanden im Laufe der Zeit nicht nur einfache „Spaßbäder", sondern auch ganze Kureinrichtungen. Bedeutend wegen seines Römerbades und gern besucht ist der Kurort Badenweiler am Rand des Schwarzwaldes.

> **Schon gewusst?!**
> **Baderegeln – Kurzeinführung für Neueinsteiger**
>
> Zum Kuren gehören nicht nur das Baden sowie das Trinken von Heilwasser, sondern auch Massagen, gymnastische Übungen und verschiedene Ruhephasen. Dass es bei diesen Anwendungen bereits in der Antike zu Übertreibungen kam, bezeugt schon der römische Geschichtsschreiber Plinius der Jüngere (61/62–113 n. Chr.). In seinen Schriften spottet er über die skurrilen Gepflogenheiten der Kurgäste: Er habe Menschen gesehen, die so viel Mineralwasser tranken, bis sie so aufgedunsen waren, dass sie bandagiert werden mussten. Und noch etwas galt schon für die Kurgäste der Antike: Sehen und gesehen werden! Und so besuchten viele Kurgäste die Thermen, um dort Bekannte und Geschäftsleute zu treffen.

FUNDSTELLE 49

Angetreten zur Kur – Badenweiler, ein Kurort mit Tradition

Kreis Freiburg

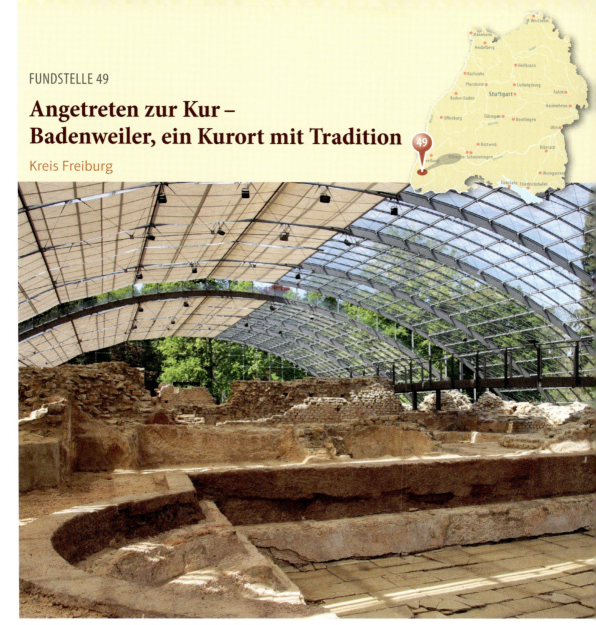

102 Die konservierte römische Badeanlage von Badenweiler

Das Römerbad in Badenweiler zählt zu den bedeutendsten römischen Denkmälern in Baden-Württemberg. Es gilt bis heute als die am besten erhaltene Römertherme nördlich der Alpen. Vermutlich machten das Klima und das hier vorkommende Heilwasser Badenweiler schon für die römische Bevölkerung so attraktiv. Dass es hier schon immer sehr viele Bade- und Kurgäste gab, zeigen die vielen Umbauspuren an der römischen Badeanlage. Diana Abnoba, die Göttin des Schwarzwaldes, sollte Heilung und Erholung gewährleisten. Und noch heute ist Badenweiler ein beliebter Kurort Baden-Württembergs am Rand des Schwarzwaldes, in dessen Kur- und Bäderbetrieben sich Geschwächte Heilung erhoffen. Wer während eines Kurbesuches oder auch einfach an einem freien Tag Zeit hat, der sollte sich diese Fundstelle nicht entgehen lassen

Über die A 5 Freiburg-Basel (CH), Ausfahrt 66 Müllheim/Neuenburg, auf die B 378 in Richtung Müllheim. In Müllheim auf die L 313 nach Badenweiler. Kostenpflichtige Parkplätze am Kurpark in der Nähe der Anlagen.

47°48'07.6"N, 7°40'15.7"E

1 Stunde; in Kombination mit der Besichtigung der Villa von Heitersheim: Halbtagesausflug.

Barrierefrei

Römische Badruine, Badenweiler: Kaiserstr. 3, 79410 Badenweiler, Tel. 07632/799300, touristik@badenweiler.de, www.badruine-badenweiler.de. Öffnungszeiten: April–Oktober: Mo.–So. 10 -18 Uhr, November–März: Mo.–So. 10.00–17.00 Uhr. Öffentliche Führungen immer So. um 11 Uhr, im Sommer auch zusätzlich Di. 16 Uhr.

Wer sich vielleicht länger in der Region aufhält, für den lohnt sich ein kleiner Ausflug in das Museum der „Villa Urbana" in Heitersheim. Heute sind die konservierten Reste der Villa Rustica von einem Glasbau umgeben, der ein schönes Museum mit interessanten museumspädagogischem Angebot und tollen Rekonstruktionen und Animationen beherbergt (GPS: 47°52'12.7"N, 7°40'13.8"E).

Heute ziert ein großer gläserner Kuppelbau die konservierten römischen Ruinen und weist dem Besucher den Weg zu einer der ältesten und größten römischen Badeanlagen Baden-Württembergs. Hier zeigt sich eindrücklich, über welch große Baukünste und technisches Wissen die römischen Baumeister verfügten. Ihre Kultur, darunter auch das Badewesen, gehörte für die römischen Soldaten zum Alltagsleben. Der Badebesuch war so wichtig, dass man auch in den neu eroberten Gebieten nicht darauf verzichten wollte.

Neben kleinen Kastellbädern, wie sie u. a. aus Hüfingen bekannt sind, baute man auch große Badeanlagen als Kurbetriebe oder einfach nur als Spaßbäder, ähnlich unseren heutigen. Diese dienten der Hygiene sowie der Unterhaltung. In Badenweiler entstanden so bereits vor über 1800 Jahren eine römische Siedlung und, noch viel bedeutsamer: die Thermen! Aus ihnen entwickelte sich der größte Kurort Baden-Württembergs. Wie das heutige Badenweiler zu jener Zeit hieß, ist nicht genau bekannt, vielleicht noch ein weiteres *Aquae Villae* wie in Baden-Baden? Der Ort war der Göttin des Schwarzwaldes, Diana Abnoba, gewidmet. Dies belegt der Fund eines Weihesteins.

Allein der Grundriss der Badenweiler Thermen sowie deren Aufteilung und Ausstattung sind im Vergleich mit anderen römischen Badeanlagen einmalig.

Für die Errichtung der Gebäude musste das Gelände zunächst weiträumig terrassiert werden. Vier große, mit Stufen versehene und mit einem Tonnengewölbe überdachte Badebecken bildeten das Zentrum der riesigen Anlage. Eine Mauerachse, von Norden nach Süden ziehend, unterteilte das Ganze zusätzlich in zwei spiegelbildliche Gebäudekomplexe mit jeweils eigenem Eingangsbereich. Anbei gab es Umkleideräume, von denen man in die Außenbecken gelangte. Da keines der Becken beheizt war, darf man wohl davon ausgehen, dass das ca. 20 Grad warme Thermalwasser auch so warm genug war. Eine Trink- und Wandelhalle, Anwendungsbereiche, Schwitzräume und Kaltwasserbecken rundeten den Luxus der Badegäste ab. Über gemauerte Kanäle und darin eingelassene Bleirohre gelangten die Abwässer nach draußen. Auch diese Abwasserkanäle sind heute noch zu sehen.

Schon gewusst?! Heilwasser und Erz

Badenweiler diente den Römern nicht nur als Kurort, sondern hatte ein weiteres wirtschaftliches Standbein. Direkt oberhalb des Ortes wurde schon zu römischer Zeit Silbererz abgebaut. Der Aushub aus den Stollen musste zerkleinert und erhitzt werden, um das enthaltene Erz auszuschmelzen. Die Anlagen dafür befanden sich vermutlich unterhalb der Thermenanlagen. Gut möglich, dass das abfließende Thermalwasser dazu diente, die Mühlen anzutreiben, um die wertvollen Erzbrocken zu zermahlen.

103 **Römische Spardosen**

Nach Aufgabe der römischen Provinzen um 260 n. Chr. und dem damit verbundenen Abzug der römischen Truppen geriet auch die Badekultur wieder in Vergessenheit. Aus den großen Thermen in Badenweiler wurde im Laufe der Zeit ein Schutthaufen. Die einst sorgfältig bearbeiteten Steine sollten die nächsten 1500 Jahre als Steinbruch dienen und wurden u.a. für die Errichtung der mittelalterlichen Burg im Kurpark genutzt. Erst im Jahr 1784, gut 40 Jahre nachdem bereits der Dichter Friedrich Otte alias Johann Georg Zetter (1819–1872) in seinem Gedicht „Die Römerbäder zu Badenweiler" sein Bedauern über den Verfall der antiken Ruinen geäußert hatte, erkannte Wilhelm Freiherr von Edelsheim, Minister des Markgrafen von Baden, deren Bedeutung und sorgte für den Erhalt der Ruinen. Er veranlasste nicht nur die ersten systematisch durchgeführten und dokumentierten Grabungen, sondern ließ auch ein Schutzdach über den Ruinen errichten.

Was arbeiteten eigentlich die Römer? – Handwerk und Arbeiterbetriebe

Neben all dem Vergnügen musste natürlich auch in römischer Zeit gearbeitet werden. Töpferbetriebe, Ziegeleien, Kalkbrennöfen und Anlagen zur Eisenverhüttung siedelte man wegen der Brandgefahr in der Regel am Rand oder außerhalb der Ortschaften an. In den Randzonen der *vici* von Benningen, Heidelberg-Neuenheim, Sindelfingen, Stuttgart-Bad Cannstatt und Walheim sowie in der Umgebung der großen Hauptorte Rottweil, Rottenburg und Ladenburg wurden sogar größere Töpfereibezirke nachgewiesen.

Daneben gab es aber auch ganz spezielle Töpfereiansiedlungen. Bei Waiblingen stand ein solches Töpferdorf direkt an der Fernstraße, welche vom Kastellort in Stuttgart-Bad Cannstatt zur römischen Grenze (Limes) führte. Neben der Gebrauchsware für den Alltag wurde hier Terra Sigillata, das feine römische Tafelgeschirr, hergestellt.

> **Schon gewusst?!**
> **Womit zahlten die Römer?**
>
> Geldscheine gab es bei den Römern noch nicht. Man bezahlte mit verschiedenen Münzen. Das Währungssystem geht auf Kaiser Augustus zurück. Geprägt wurden Münzen aus Gold (*Aureus*), Silber (*Denar*) und Kupferlegierungen (*Asse*) in klar definierten Wert- und zunächst auch Gewichtsverhältnissen. Ein *Denar* waren 16 Asse, ein *Aureus* dagegen 25 *Denarii*. Da ein Arbeiter nur sehr wenig verdiente, pro Tag war es im Schnitt gerade einmal ein *Denar*, legte Kaiser Diocletian im Jahr 301 n. Chr. Höchstpreise für Waren und Löhne fest. Dadurch erhoffte er, die Missstände in der Wirtschaft zu beheben. Übrigens: Auch die Römer besaßen Spardosen in Form kleiner bauchiger Flaschen aus Ton mit einem Schlitz an der Seite. Leider gelangte man an den Inhalt nur durch die Zerstörung der Gefäße.

Wie die vergleichbaren Betriebe von Nürtingen und Stuttgart-Kräherwald war auch diese Terra-Sigillata-Töpferei eine Filiale der großen Manufakturen von Rheinzabern. Deren zumeist reich verzierte, mit dem typischen roten Überfang versehenen Produkte wurden in alle nördlichen Provinzen des Imperiums exportiert. Die im heutigen Baden-Württemberg arbeitenden Betriebe versorgten vor allem die Kastelle am Limes und auch die Siedlungen im Hinterland mit diesen begehrten Luxuswaren.

Fernhandel und Luxusimporte

Nicht nur die Soldaten der Grenztruppen, sondern auch ein Großteil der zivilen Bevölkerung kamen aus den verschiedensten Regionen des Römischen Reiches in die „*decumates agri*" zwischen Rhein und Donau. Schon bald entwickelte sich überall ein reger Fernhandel. Zu den begehrten Handelsgütern gehörten nicht nur eine vielfältige Palette an Luxusartikeln und exotischen Nahrungsmitteln, sondern auch zahlreiche Gegenstände, die im Alltag gebraucht wurden. Die für den Transport verwendeten Amphoren tragen häufig Stempel mit einem Herkunftsnachweis.

Straßen und Wege – von Rom nach Obergermanien

Ein perfekt ausgebautes Straßennetz verband die Städte, Siedlungen und Kastelle der Provinzen. Die zumeist gut gepflasterten und in der Regel schnurgeraden Fernstraßen ermöglichten einen reibungslosen Handels- und Reiseverkehr, den Transport von militärischem Nachschub und natürlich die schnelle Verlegung von Truppenkontingenten. Im Hinterland stellten weitere, zumeist einfache Landstraßen die Versorgung sicher.

Viele Waren wurden auch auf dem Wasserweg, im südwestdeutschen Raum also auf dem Rhein und dem Neckar, transportiert. Deren größere Nebenflüsse waren ebenfalls mit Booten und Kähnen befahrbar. Hinweise auf Hafenanlagen gibt es aus dem Umfeld des Ostkastells von Heidelberg-Neuenheim und aus Ladenburg.

Als „Verkehrsschilder" mit Richtungs- und Entfernungsangaben dienten säulenartige Meilensteine zwischen wichtigen Orten. Straßen- und Umspannstationen boten Verpflegung sowie Einkehr- und Übernachtungsmöglichkeiten und nach Bedarf auch ausgeruhte Zugtiere und Reitpferde für zivile und militärische Kurierdienste. Die ausgegrabene und restaurierte Straßenstation von Friesenheim lag an der von Basel nach Mainz führenden Fernstraße. Zu der mit einer Mauer umgebenen *mansio* gehörten neben Wohn- und Wirtschaftsgebäuden auch ein Bad, eine Schmiede und ein kleines Tempelchen. Eine weitere Straßenstation bei Hohberg-Niederschopfheim wurde nach einem Brand wieder aufgebaut, wobei man die Räume sogar mit Wandmalereien ausstattete.

FUNDSTELLE 50

Zu Besuch bei der Straßenpolizei – Die Straßenstation Friesenheim

Ortenaukreis

104 Römerstraße Friesenheim

Unweit des Klosters Schuttern liegt im Gewann „Bannstude" eine römische Straßenstation an der einstigen Straßenverbindung von Basel (*Basilea*) nach Mainz (*Mogontiacum*). Der Fund von Hausgrundrissen, Schmiedewerkzeugen, Brunnen sowie einer Pferdetränke zeigt, dass hier Reisende Station machten, deren Weg durch die römischen Provinzen nördlich der Alpen führte. Und da auf dieser wichtigen Straße anscheinend doch recht viel los war, findet sich, weniger als 10 km Luftlinie entfernt, eine frühe römische „(Autobahn-)raststätte" bei **Hohberg-Niederschopfheim**. Von Zypressen gesäumt ist auch diese Fundstelle ein richtiges Kleinod, aber ein weniger bekannter Ort, an dem man durchaus ein paar ruhige Minuten genießen kann.

> Über die A 5 Basel-Offenburg, Ausfahrt 56 Lahr, über die B 36 nach Lahr und dann auf der B 3 in Richtung Offenburg. In Friesenheim links auf die K 5338/Bahnhofstr. abbiegen und in Richtung Schuttern fahren. Nach 1,7 km vor dem Ortseingang Schuttern links abbiegen und der Ausschilderung „Römersiedlung" folgen. Der Fahrweg führt für 1,4 km durch Maisfelder direkt bis zur Fundstelle. Parkplätze vor Ort.
>
> 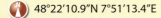 48°22'10.9"N 7°51'13.4"E
>
> Zu Fuß vom Bahnhof Friesenheim oder von Schuttern aus ca. 30 Min Gehzeit.
>
> Barrierefrei

Beginnen wir unsere Tour nahe Schuttern bei der römischen Straßenstation Friesenheim. Das Auto kann bequem direkt neben der Fundstelle geparkt werden. Hier sind die Grundrisse der Anlage aus dem 2. Jahrhundert n. Chr. konserviert worden und für Besucher frei zugänglich.

Vollständig rekonstruiert wurde das bei den Ausgrabungen gefundene Tempelchen der Diana Abnoba, der Göttin des Schwarzwaldes. Es beinhaltet neben der sogenannten *cella*, dem Platz für die Götterfigur, auch einen kleinen Gebetsvorraum.

Das Hauptgebäude der Straßenstation bestand im Ganzen aus drei, einst überdachten Räumen sowie einem Turmanbau. Dieser war zunächst viereckig, dann später rund. Dahinter stand ein zweites, etwas kleineres Steingebäude. Des Weiteren wurden Fachwerkbauten nachgewiesen, bei denen es sich um Stallungen für die Pferde sowie um eine Schmiedewerkstatt gehandelt haben dürfte.

Zum Hofareal gehörte auch ein Steinbrunnen mit einst hölzernem Brunnenkasten, der jedoch bereits zu Zeiten der Römer abgerissen und verfüllt worden war. Und sogar eine kleine, etwas später erbaute Badeanlage befand sich dort. Das gesamte Areal war von einem Palisadenzaun umgeben und lag nur wenige Meter neben dem Straßendamm. In dieser Anlage waren auch die Straßenposten, sogenannte Beneficiarier, untergebracht. Diese überwachten, kontrollierten und sicherten die Verkehrswege. Bei den Grabungen 1973/74 stieß man in Friesenheim auch auf den ehemaligen römischen Straßenkörper. Die römische Straße war 5,5 m breit und rechts und links jeweils von einem Straßengraben eingefasst. Die einstige Bundsandsteinpflasterung wurde rekonstruiert und ist für Besucher begehbar. Ein in der Nähe vermuteter römischer Gutshof, der die direkte Versorgung der Straßenstation sicherstellte, wurde übrigens unter der Klosterkirche von Schuttern entdeckt.

> ### Schon gewusst?!
> **Schnurgerade – die Straße der Römerzeit**
>
> Das römische Straßensystem war das Herzstück des römischen Reiches. Es diente dem Transport von Waffen und Nahrung sowie zur schnellen Truppenverschiebung. Vergleichbar mit unseren heutigen Autobahnen, verliefen diese Straßen möglichst geradlinig und mit so wenig Steigung als möglich. Teils mächtige, unglaublich ausgeklügelte Brücken, Stützmauern, Ablaufrinnen sowie ein sehr stabiler Unterbau, sind die Merkmale der teils bis zu 18 m breiten römischen Pflasterstraßen. In den Städten gab es sogar Trittsteine, die es den Fußgängern ermöglichten trockenen Fußes die Straße zu überqueren. Das ausgebaute Straßennetz im römischen Imperium umfasste ca. 100 000 km. Die Kopie eines Ausschnitts daraus ist auf der Peutingerschen Tafel (Tabula Peutingeriana) aus dem 12. Jahrhundert kartografisch dargestellt.

FUNDSTELLE 51

Raststätte für jedermann – Römische Herberge Hohberg-Niederschopfheim

Ortenaukreis

105 Römische Herberge Hohberg-Niederschopfheim

Die römische Herberge von Niederschopfheim, heute direkt an einer Autobahn gelegen, diente Reisenden als Raststation. Hier konnte jedermann, der auf der Fernstraße von Straßburg (*Argentorate*) nach Mainz (*Mogontiacum*) unterwegs war, essen, ausruhen, baden, übernachten oder einen Pferdewechsel vornehmen. Mit Wandmalereien geschmückte Wohnräume sowie eine eigene Badeanlage sorgten für einen angenehmen Aufenthalt. Welch eine großartige Vorstellung, denn solche „(Autobahn-)raststätten" muss man heute lange suchen.

Über die A 5 Basel-Offenburg, Ausfahrt 55 Offenburg. Von Offenburg auf der B 3 in Richtung Lahr. In Niederschopfheim rechts auf die K 5332/Ichenheimer Str. in Richtung Ichenheim abbiegen. Nach ca. 1 km die zweite Möglichkeit rechts abbiegen. Parkmöglichkeit an der Maschinenhalle.

48°25′07.1″N, 7°52′51.7″E

Ca. ½ Stunde mit Besichtigung der Fundstelle.

Barrierefrei

Von Schuttern geht es auf der L 118/Bahnhofstr. zurück nach Friesenheim. Im Ort folgen wir der B 9 nach Norden für ca. 6 km bis Hohberg-Niederschopfheim. Beim Ortseingang Niederschopfheim biegen wir an der Kreuzung links auf die K 5332/Ichenheimer Str. ab und folgen dieser für 1 km. Dann geht es die zweite Möglichkeit rechts ab. Hier lassen wir unser Auto an der Maschinenhalle stehen und wandern auf einem bequemen und weitestgehend barrierefreien Schotterweg weitere 400 m bis zur nächsten Fundstelle.

Der erste steinerne Rechteckbau dieser parallel der rechtsrheinischen Römerstraße gelegenen Herberge stammt aus dem 1. Jahrhundert n. Chr. Er war von einem großen Innenhof umgeben. Im Westflügel des Gebäudes konnten sogar Wandmalereien nachgewiesen werden. Nachdem ein Brand diese Anlage zerstört hatte, wurde sie in der 2. Hälfte des 2. Jahrhunderts n. Chr. wieder aufgebaut. Der wesentlich kleinere u-förmige Nachfolgebau war in Fachwerktechnik errichtet worden. Neben fünf mit Wandmalereien verzierten Wohnräumen besaß das Gebäude einen eigenen Badebereich. Dieser war über einen langen Flur an der Westseite des Gebäudes zu erreichen. Im Nordwesten grenzten an den gastlichen Wohnbereich die Stallungen für die Pferde. Links und rechts des Eingangstores befanden sich des Weiteren zwei Schmiedewerkstätten. Hier wird wohl auch der ein oder andere Pferdehuf neu beschlagen und so manche Achse repariert worden sein. Wenn man hier sitzt und den Lärm der nahen Autobahn hört, stellt man sich unweigerlich die Frage, wie es wohl zu römischen Zeiten hier zugegangen sein mag? Übrigens: Die Autobahn folgt hier ziemlich genau dem Verlauf der römischen Fernstraße!

Schon gewusst?!
Meilensteine und Rasthöfe der Römerstraßen

Entlang der Römerstraßen konnten sich Reisende anhand von Meilensteinen informieren, wie weit es noch bis zur nächsten Straßenstation oder Siedlung war. Die Entfernung wurde in Meilen (eine römische Meile = 1481 m) angegeben. Darüber hinaus stand auch der Name des Kaisers, welcher für den Bau der Straße verantwortlich war, auf diesen Meilensteinen. Die staatlichen Straßenstationen ermöglichten berittenen Boten die Übernachtung sowie einen Pferdewechsel. Dadurch konnten an einem Tag Strecken von bis zu 200 km – zum Beispiel von Mainz nach Köln – zurückgelegt und wichtige Informationen schnell ans Ziel gebracht werden. Für sonstige Reisende galt dies jedoch nicht. Sie mussten in den privaten Herbergen übernachten.

Landhausidylle und Landwirtschaft – die Versorgung des Hinterlandes

Das zivile Hinterland des Obergermanisch-Raetischen Limes mit seinen überwiegend fruchtbaren Böden war durch ein dichtes Netz aus landwirtschaftlichen Anlagen geprägt. Außerhalb der Hauptorte und Siedlungen entstanden unzählige Gutshöfe unterschiedlicher Größe und Funktion. Wie die heutigen Aussiedlerhöfe lagen diese *villae rusticae* inmitten ihrer Wirtschafts- und Anbauflächen. Beliebt waren Standorte an Sonnenhängen über den Talauen von Bächen und Flüssen. Geradezu idyllisch ist die Lage des römischen Gutshofs von Lauffen am Neckar mit einem herrlichen Blick auf den Flusslauf.

FUNDSTELLE 52

Die ersten Winzer Baden-Württembergs – Römischer Weinbau in Lauffen

Kreis Heilbronn

106 Römischer Gutshof bei Lauffen/Neckar

Zwischen Lauffen und Neckarwestheim liegt hoch über dem Neckar mitten in den Weinbergterrassen die Ruine eines großen römischen Gutshofes. Der gute Erhaltungszustand und die hervorragende topographische Lage waren Grund für die Konservierung dieser etwa 1 ha großen Gutsanlage. Als diese, im Zuge von Flurbereinigungsarbeiten 1977/78, ausgegraben wurde, erlebten die Archäologen eine Überraschung. Hier, direkt in den Weinbergen in einer exponierten Lage über dem Neckar, lag ein nahezu vollständig erhaltener römischer Gutshof. Und noch eine weitere Besonderheit ist hier zu finden: Anhand des Fundmaterials existiert der Nachweis für einen frühen

Weinbau! „Aus alt mach neu", heißt es also treffend, und so wandelt der Besucher heute wiederum durch sorgfältig angelegte Weinberge mit einer wunderbaren Aussicht über das Neckartal zu seinen Füßen.

Vom Parkplatz direkt an der Straße von Lauffen nach Ilsfeld folgen wir dem Weg rechts den Berg hinunter. Nach 300 m erreicht man das Gelände des römischen Gutshofes. Von schützenden Mauern umgeben, befand sich ganz oben am Hang das ehemalige Wohnhaus, eine zweistöckige, beheizbare und 23 m lange Villa mit Säulenvorhalle (porticus) und zwei kleinen Ecktürmen. Von hier hatte der Hausherr nicht nur seinen Betrieb im Blick, sondern konnte auch die wunderbare Aussicht auf den Neckar genießen. Um den Luxus komplett zu machen, wurde später noch ein, heute würde man sagen, „Wellnessbereich" angebaut. Die Badeanlage bestand aus einem kleinen, rot bemalten Kaltbad (frigidarium) sowie einem Warmbad (caldarium). Die Fußbodenheizung – eine typische Hypokaustenanlage – heizte aber auch die mit Holzriegeln versehenen Wände. Leider scheint das Bad in der Endphase des Gutshofes zu kostspielig geworden zu sein. Ausgrabungen zeigten, dass die Wannen antik verfüllt und die Heizungsanlage abgerissen worden war. Bis heute erkennt man jedoch noch gut die auch nach der Aufgabe des Bades weiterhin existierenden Abwasserkanäle.

Das kleinere Gebäude an der Westecke des Gutshofes scheint in eine ältere Bauphase zu gehören. Es ist vermutlich als Vorgängerbau des Wohnsitzes anzusehen. Der hier anstehende Felsen bildet gleichzeitig den Boden des Kellers. Dort fand sich eine in den Stein gehauene Vertiefung, in der man vermutlich verderbliche Speisen kühl aufbewahren konnte. Interessant sind auch die zwei weiteren Gebäude. Bei dem einen handelt es sich um einen Stall, aus dem die Jauche über Rinnen direkt auf die Feldflächen geleitet werden konnte. Folgte der Landwirt etwa dem Ratschlag des römischen Schriftstellers Columella (1. Jh. n. Chr.), der empfahl, eben dies zur Düngung der Böden zu tun? Die Funktion des anderen Gebäudes ist eine Überraschung. Denn die Befunde, die dort zu Tage kamen, deuten auf die wohl älteste Kelteranlage Baden-Württembergs hin. Auch ein kleines Rebmesser ist ein weiterer Beweis, dass die Römer hier Weinanbau betrieben.

Vom Gutshof kann man je nach Lust und Laune entlang der heutigen Weinterrassen über verschiedene Wege wieder zurück zum Parkplatz gelangen.

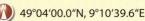 Über die A 81 Stuttgart-Heilbronn, Ausfahrt 12 Ilsfeld auf die L 1100 Richtung Ilsfeld abfahren. In Ilsfeld geht es auf die L 1105 (Ilsfelder Straße) in Richtung Lauffen am Neckar. Nach etwa 5 km ist links der Straße ein Parkplatz ausgeschildert.

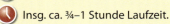 49°04'00.0"N, 9°10'39.6"E

 Insg. ca. ¾–1 Stunde Laufzeit.

 Barrierefrei

 Neben einem Besuch des Museums im Klosterhof in dem viele römische Funde aus Lauffen am Neckar ausgestellt sind, lohnt sich auch der Besuch des Römerhaus Walheim (GPS: 49°00'48.2"N, 9°09'22.8"E).

Römische Gutshöfe – die villae rusticae

Da nicht jeder römische Gutshof an einem Fluss erbaut wurde, stellte man die Wasserversorgung auch durch Quellen und Brunnen sicher. Im Falle der villa rustica bei Schwaigern (Kreis Heilbronn) leitete man das Frischwasser mittels einer gemauerten Wasserleitung herbei. Die zwischen 1 und fast 4 ha großen Hofareale waren in der Regel von einer Mauer umgeben. Innerhalb dieser autonom wirtschaftenden Hofbetriebe lagen Stallungen, Scheunen, Speicher, Werkstätten und Unterkünfte für das Gesinde. Das Zentrum einer jeden villa rustica bildete das Wohngebäude mit teilweise beheizten Räumen. Die zumeist nach Süden ausgerichtete Fassade mit dem Zugang war mit einem überdachten Säulengang (porticus) und flankierenden turmartigen Seitenflügeln ausgestattet.

107 Rekonstruktion des repräsentativen römischen Landguts in Heitersheim

Innerhalb der Hofareale legte man Teiche, Gemüsegärten und Obstplantagen an. Die meisten Gutshöfe besaßen auch eigene Badegebäude und kleine Kultbezirke. Hier wurden vor allem Gottheiten verehrt, die über die Feldfluren sowie über Haus und Hof wachten und das Wetter beeinflussen konnten. Aufgestellte Weihesteine verraten mitunter sogar Namen und Herkunft der Hofbesitzer. Im Lauf der Zeit wurden an vielen Gehöften Umbauten oder sogar umfangreiche Vergrößerungen vorgenommen. Ein gutes Beispiel dafür ist der römische Gutshof von Großsachsen-Hirschberg (Rhein-Neckar-Kreis) mit insgesamt drei Steinbauphasen, die sowohl das Wohngebäude als auch das benachbarte Badegebäude betrafen.

Die Betreiber der *villae rusticae* waren in den *decumates agri* nicht selten Veteranen der Grenztruppen, denen nach ihrer Entlassung aus dem aktiven Militärdienst Land zugesprochen wurde. Verstorbene Familienmitglieder verbrannte und bestattete man in kleinen Friedhöfen an den Zufahrtswegen außerhalb der Hofanlagen.

Je nach Lage der Gutshöfe in Gebieten mit guten Acker- oder Grünlandböden, lagen die Schwerpunkte der landwirtschaftlichen Produktion im Bereich des Getreide-, Gemüse- und Obstanbaus oder aber mehr auf der Weidewirtschaft mit entsprechender Nutztierhaltung. In klimagünstigen Lagen wurde auch Wein angebaut, wie wir in Lauffen am Neckar gesehen haben. Die Produkte der *villae rusticae* stellten nicht nur die eigene Versorgung sicher, sondern man belieferte auch die Siedlungen und an die Grenzkastelle.

Neben den einfachen Gutshöfen gab es auch repräsentative Landgüter der Oberschicht mit parkartig gestalteten Außenanlagen. Eine solche *villa urbana* wurde bei Heitersheim (Kreis Breisgau-Hochschwarzwald) ausgegraben und konserviert. Zumindest in eine ähnliche Richtung weist auch die 6 ha große Gutsanlage von Hechingen-Stein (Kreis Balingen) mit aufwendig gestaltetem Hauptbau, Mühlengebäude und eigenem Tempelbezirk.

FUNDSTELLE 53

Der römische Gutshof von Hechingen-Stein

Zollernalbkreis

108 Rekonstruierter römischer Gutshof Hechingen-Stein

Zu den interessantesten und auch familienfreundlichsten römischen Fundplätzen Baden-Württembergs gehört die große Freilichtanlage in Hechingen-Stein. Vom Parkplatz unterhalb des Freilichtmuseums folgt man dem ansteigenden Fußweg für fünf Minuten den Berg hinauf. Am Eingang angekommen, erwartet den Besucher ein teilrekonstruierter römischer Gutshof wie aus dem Bilderbuch! Neben dem Museum im Hauptgebäude erläutern Schautafeln an den konservierten Mauerzügen deren Funktion. Nachbildungen und Rekonstruktionen geben eindrucksvoll Auskunft über das Alltagsleben der Bewohner und die Funktion einer sogenannten *villa rustica*. Hier gibt es jede Menge zu entdecken und auch genug Platz zum Toben auf der Wiese im Umfeld der Anlage.

Die eindrucksvolle Anlage wurde 1971 bei der Suche nach einer abgegangenen Burganlage entdeckt und erste Mauern freigelegt. In den Jahren 1978 und 1981 konnten das Haupt- und das Badegebäude dieser *villa rustica* durch das Landesamt für Denkmalpflege Baden-Württemberg untersucht werden. Schon damals fiel den Fachleuten die ungewöhnliche Größe des Hauptgebäudes auf. Deshalb wurden die ausgegrabenen Gebäudereste konserviert sowie ein Teil des Hauptgebäudes maßstabsgetreu rekonstruiert. 1991 öff-

> Über die A 81 Singen-Stuttgart, Ausfahrt 31 Empfingen, auf die B 463/L 360 Richtung Haigerloch. In Haigerloch der L 410 Richtung Hechingen folgen. An der Kreuzung in Hechingen-Stein links zur Freilichtanlage abbiegen. Oder: Über die B 27 Tübingen-Balingen Ausfahrt Hechingen-Nord, dann auf die L 410 Richtung Haigerloch/Rangendingen. Am Ortseingang von Stein geht es rechts ab zum Parkplatz des Museums.
>
> 48°22'33.4"N, 8°56'05.7"E
>
> 1–2 Stunden
>
> Weitgehend barrierefrei
>
> Freilichtmuseum Hechingen-Stein. 72379 Hechingen-Stein, Tel. 07471/6400 (im Sommer) bzw. 07471/622155 (im Winter), info@villa-rustica.de, www.villa-rustica.de. Öffnungszeiten: April–Mai: Di.–So. 10–17 Uhr., Mo. geschlossen. Juni–September: tägl. 10–17 Uhr. Oktober–November: Di.–So. 10–17 Uhr., Mo. geschlossen. Im Winter ist das Museum geschlossen!
>
> Alle zwei Jahre (ungerade) finden im August die Römertage statt – ein herrliches Spektakel für Groß und Klein!

> **Schon gewusst?! „Brot und Spiele"**
>
> In der Anlage des römischen Gutshofes von Hechingen-Stein wurde ein römischer Backofen nachgebaut. Bei einer Themenführung kann in der Mühle Mehl gemahlen und dann, ganz nach römischer Tradition, Brot gebacken werden. Aber wie sah denn eigentlich römisches Brot aus? Der römische Ausspruch „Brot und Spiele" (*panem et circenses*) zeigt, dass Brot im römischen Reich einen sehr wichtigen Stellenwert hatte. Eine Großbäckerei produzierte schon vor 2000 Jahren 36 000 kg Brot pro Tag! Dieses ähnelte dem heutigen Fladenbrot, war aber kein Sauerteigbrot. Der Teig wurde durch verschiedene Gewürze und andere Zutaten angereichert und hielt so allerlei Variationen bereit. Ein gewisser Nachteil des römischen Brotes war die Tatsache, dass durch das Mahlen des Getreides mit Steinmühlen immer auch ein wenig „Steinmehl" mit im Teig landete. Das führte mit der Zeit zu einem permanenten und letztlich schmerzhaften Abrieb des Zahnschmelzes.

nete das Freilichtmuseum Hechingen-Stein seine Pforten. Bald darauf wurde 150 m vom Hauptgebäude entfernt der Heilige Bezirk des Gutshofes entdeckt und freigelegt. Er umfasst die Reste von zehn römischen Kapellen, sogenannten *aediculae*, in denen zahlreiche fragmentierte Götterstatuen gefunden wurden. Eine der Kapellen wurde zur Veranschaulichung wiederaufgebaut. Auch Teile eines Wirtschaftsgebäudes mit Getreidemahlsteinen und anderen Geräten kamen in der Folgezeit bei Grabungen zu Tage. Ebenso wurde die Umfassungsmauer mit dem Eingangsportal der *villa rustica* freigelegt. Herzstück des Freilichtmuseums ist neben dem Hauptgebäude auch die Schmiede, welche ebenfalls rekonstruiert werden konnte.

Auch ein gewaltiger Eckturm im Norden der Wohnanlage wurde nachgebaut und überragt monströs und stolz seine Umgebung. Wer jedoch

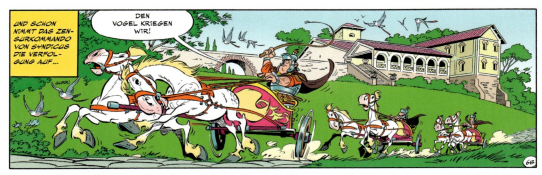

109 Der Gutshof von Hechingen-Stein im neuen Asterix-Band „Der Papyrus des Cäsar"

denkt, die ohnehin schon großflächige Anlage sei nun komplett, der irrt. Denn weite Teile sind bislang noch nicht ausgegraben worden.

Im Hauptgebäude ist das Museum untergebracht das neben Funden und Repliken auch nette Rekonstruktionen bereithält.

Dekadenz am Rande des Abgrunds – Das römische Reich in der Krise

Schon bald nach dem Beginn des 3. nachchristlichen Jahrhunderts zogen dunkle Wolken über dem Land zwischen Rhein und Donau auf. Klimaverschlechterungen und vermutlich auch Überbevölkerung waren Auslöser einer Völkerwanderung, die schon bald den gesamten innergermanischen Raum erfasste. Die Außengrenzen der Provinzen Obergermanien und Raetien waren durch diese Entwicklung ernsthaft bedroht. Ein fast noch größeres Problem waren jedoch gesellschaftliche und innenpolitische Krisen. Dekadenz und Grössenwahn hatten das Römische Reich fest im Griff und so führte das eine zum anderen. Der Staat gab immer mehr Geld für Kriegszüge aus. Die hohen Soldzahlungen der sogenannten Soldatenkaiser, mit denen sie die Soldaten an sich binden wollten, führten zu weiteren Ausgaben. So wurde immer mehr Geld in Umlauf gebracht und der Silbergehalt der Münzen immer geringer. Missernten und Seuchen taten ihr Übriges. Den Menschen im römischen Reich ging es immer schlechter.

In der Folge kam es zu zahlreichen militärischen Auseinandersetzungen zwischen den Legionen dieser Soldatenkaiser, zu denen die am Limes stationierten Einheiten gehörten. Hinzu traten Konflikte mit den Persern, zu deren Niederschlagung sogar Verbände aus Obergermanien und Raetien eingesetzt wurden. Noch 213 n. Chr. hatte Kaiser Caracalla vom Raetischen Limes aus einen Präventivfeldzug gegen die Germanen unternommen, der die bedrohliche Entwicklung jedoch nicht aufhalten konnte. Das Expeditionsheer überschritt unter der persönlichen Führung des Kaisers bei Rainau-Dalkingen die Grenze. Aus diesem Anlass wurde hier ein gewaltiges Limestor mit Triumphbogen errichtet.

Schon gewusst?!
Münzschätze und Falschmünzer

Aus dieser Zeit stammen viele römische Münzschätze und typische Hortfunde. Diese wurden häufig in großer Hast irgendwo versteckt und so vor der Plünderung durch einfallende Germanen geschützt. Viele der Besitzer kamen jedoch ums Leben, so dass sie ihr Eigentum nie wieder bergen konnten. Genauso interessant sind die Falschmünzerwerkstätten, die wie Pilze aus dem Boden schossen und in denen billige Münznachbildungen geprägt wurden. Vielleicht aufgrund der einsetzenden Wirtschaftskrise billigte der Staat dieses Treiben anstatt es zu unterbinden. Leider verschlimmerten diese Machenschaften den Werteverfall des Geldes noch mehr und die Krise nahm weiter ihren Lauf.

FUNDSTELLE 54

Das Limestor bei Dalkingen – Letzter Prunk am Ende der römischen Herrschaft

Ostalbkreis

110 Limestor bei Dalkingen

Willkommen am Limestor bei Dalkingen! Noch heute zählt diese Anlage zu den bedeutendsten römischen Fundstätten am Obergermanisch-Raetischen Limes. Denn die monumentale Gestaltung eines Limesübergangs mit einem Bogen ist einzigartig. Mittlerweile wurde der rekonstruierte Torbogen mit einem gläsernen Schutzbau versehen, in dem der Besucher auch Repliken römischer Steindenkmäler findet. Das Tor ist Teil des 1972 eingerichteten Freilichtmuseums, zu dem auch das nahe Kastell Buch und dessen Zivilsiedlung gehören. Ein 11,5 km langer Rund- und Erlebniswanderweg hält neben jeder Menge römischer Zeugnisse eine Reihe weiterer Unternehmungen bereit. Denn am Stausee von Rainau-Buch bieten sich dem Wanderer auch Spiel- und Badespaß sowie jede Menge Grillstellen. Also, Würstchen einpacken, Badehose nicht vergessen und los geht es auf eine kleine Wanderung an der ehemaligen provinzialrömischen Grenze!

Wir beginnen unsere Rundwanderung am Limestor bei Dalkingen, dem Highlight der Tour. Welche Bedeutung hatte das Limestor? War es das Zeichen des Triumphes nach einem erfolgreichen Feldzug oder ein letztes Aufbäumen römischer Macht? Zum Verständnis werfen wir einen Blick auf die Ereignisse des Jahres 213 n. Chr.

Im Frühjahr 213 n. Chr. meldeten die römischen Grenztruppen eine neue Gefahr für die Nordgrenze des Imperiums. Schon wieder hatten sich germanische Stämme aus dem Norden in Richtung Süden aufgemacht und bedrohten den Limes. Kaiser Caracalla entschloss sich zu einem Präventivangriff und sammelte ein gewaltiges Truppenaufgebot. Dafür ließ er neben den Verbänden aus Obergermanien und Raetien sogar Teile der *Legio II Traiana* aus dem ägyptischen Alexandria und eine Abordnung der *Legio II Adiutrix* aus *Aquincum* (Budapest) abziehen und an den Obergermanisch-Raetischen Limes in die Nähe Aalens verlegen.

Genau an der Stelle, an der heute das Limestor von Dalkingen steht, überschritt Caracalla mit über 10 000 Soldaten die Grenze, um gegen die Eindringlinge vorzugehen. Wie die römische Propaganda bereits am 6. Oktober 213 zu berichten wusste, endete dieser Feldzug erfolgreich. Die germanischen Angreifer konnten zurückgedrängt werden. Der neue Ehrentitel des Kaisers lautete nun *Germanicus Maximus* (Der größte Germanenbezwinger)! Zu Ehren des glanzvollen Siegers sollte an der Stelle des Grenzübertritts der römischen Truppe ein Denkmal gesetzt werden. Und so bekam das Wachgebäude am Limestor zu Dalkingen eine Prunkfassade in Form eines 13 m hohen Triumphbogens. In einer Nische über dem Durchgang oder auf dem Bogen stand eine überlebensgroße Bronzestatue des „Germanenbezwingers".

Nach 20 Jahren der Ruhe, gab es im Jahr 233 n. Chr. neue Übergriffe auf den Limes. Sie führten zur Zerstörung des Dalkinger Ehrentores. Es waren Angehörige eines germanischen Stammesverbands, der sich an der Elbe gesammelt hatte und in Richtung der römischen Reichsgrenze vorgedrungen war. Sie wurden erstmals von dem römischen Geschichtsschreiber Cassius Dio als „Alamannen" bezeichnet. Bis 259/260 n. Chr. konnten die Grenztruppen den Limes noch halten. In der Folge musste die Reichsgrenze wieder auf die „nasse" Grenzlinie entlang von Donau, Iller und Rhein zurückverlegt werden. Wie die aufgelassenen Kastelle der Region, verfiel auch das imposante Bauwerk bei Dalkingen. Viele Jahrhunderte später wurde die Ruine dann als Steinbruch genutzt. Erst in den Jahren 1973/74 wurden die spärlichen Reste des Limestores wieder freigelegt. Die Untersuchungen ergaben dabei sechs Bauphasen. Zunächst sicherte eine schmale Schlupfpforte bei einem hölzernen Turm den Grenzübertritt. Dann wurde der Holzturm durch einen steinernen Wachturm ersetzt und auch der alte Palisadenzaun wich einer massiven Steinmauer. In der Folge schützte ein steinernes Torhaus mit zwei seitlichen Türmen den Grenzübertritt. Nach dem Sieg Kaiser Caracallas gegen die Germanen erhielt der Torbau schließlich einen steinernen Bogen mit dem Standbild des Siegers.

Vom Limestor wandern wir auf einem Asphaltfeldweg, der uns unter der B 290 hindurch führt und dann rechts abbiegt. Hier steht ein hölzerner römischer Wachsoldat, der uns den Weg entlang des Limes weisen soll. An der Brücke halten wir uns links und begeben uns nach Schwabsberg. Hier folgen wir kurz der Straße „Am Schloßberg" bergauf und biegen danach in die Klingengasse ab. Kurz vor dem Gasthaus „Rössle" halten wir uns links und wandern durch die Klingengasse wieder aus dem Ort hinaus. Am Südrand von Schwabsberg konnten bei Ausgrabungen gut erhaltene Reste der hölzernen Limespalisade freigelegt werden. Ein kleines Stück der Palisade wurde an dieser Stelle zur Veranschaulichung rekonstruiert. Nach 400 m biegen wir noch vor der B 290 rechts ab. Wieder ist der Wegweiser ein Wachsoldat. Der asphaltierte Feldweg steigt leicht an. An einer großen Eiche halten wir uns kurz rechts, um dann links auf einem Feldweg entlang eines hohen Gebüschs weiterzuwandern. Vorsicht, nun treffen wir auf die K 3320, die wir geradeaus überqueren. Vom Parkplatz am Römerturm geht es weiter der Beschilderung nach in

Schon gewusst?!
Der Brunnenschatz von Buch

13 Brunnen aus dem Kastellvicus von Rainau-Buch brachten Erstaunliches zu Tage. Im Zuge der Germaneneinfälle in der ersten Hälfte des 3. Jahrhunderts n. Chr. versteckten die flüchtenden Bewohner der Siedlung ihr Hab und Gut in den Brunnenschächten. Das geschah wohl in der Hoffnung, den wertvollen Besitz zu einem späteren Zeitpunkt wieder zu bergen, was wohl nicht mehr gelang. Denn knapp 1800 Jahre später staunten Archäologen nicht schlecht über den Inhalt der Brunnen: Kettenhemden, ein Infanteriehelm aus Bronze, eine Holzfigur, Flaschen, Schöpfer, Sieblöffel, eine vergoldete Schale, teils reich verzierte Bronzegefäße sowie eine eiserne Schnellwaage und eine kleine Marsfigur. Diese Fundstücke zählen zu den größten römischen Schatzfunden Baden-Württembergs und sind im Römermuseum Aalen ausgestellt.

111 Funde aus dem „Bucher Brunnenschatz"

Richtung Limesturm. Nach einem kurzen Wegstück durch den Wald stehen wir vor der Rekonstruktion eines hölzernen Wachturms mit umlaufender Palisade. Der Schlüssel kann im Rathaus Schwabsberg ausgeliehen werden. Nach der Besichtigung des Turms wandern wir weiter geradeaus entlang der Beschilderung des Limeswanderwegs, teils durch den Wald, teils am Waldrand entlang. Auf diesem Wegstück liegen, neben einem wieder errichteten Abschnitt der über 3 m hohen „Teufelsmauer", auch die konservierten Reste eines steinernen Wachturms. Anstelle dieses Turms stand einst ein Vorgängerbau. Ein erster rechteckiger Steinturm wurde abgerissen, als man die raetische Mauer erbaute und an dieser Stelle durch einen quadratischen Steinturm ersetzte. Zwei weitere Türme sind im Gelände nicht mehr zu erkennen. Übrigens kann man auf dem Weg bei genauem Hinschauen auch noch den Wall der Limesmauer im Gelände erkennen. Er verläuft genau parallel der Waldkante und ist mitunter durch eine Heckenbepflanzung markiert. Den Strütbach überquerend erreichen wir endlich den Waldrand und am Parkplatz „Limesrundwanderweg" auch einen großen Spielplatz, der sich, ist man mit Kindern unterwegs, gut für eine kleine Pause eignet. Weiter geht es nach links entlang des Limes-Radwegs. Über diesen Asphaltweg biegen wir links ab und erreichen Buch. Im Ort folgen wir immer geradeaus der Dorfstraße und biegen nach 300 m in die Wettegasse ab. Nach ca. 150 m verlassen wir die Straße und biegen linker Hand in einen asphaltierten Feldweg. Dieser führt entlang des Ahlbachs bis zur Unterführung der Bahnlinie. Danach halten wir uns rechts. An der nächsten Wegkreuzung liegt das ehemalige römische Kastell von Buch. Infotafeln und ein Modell erklären die Anlage.

Das ehemalige 2,1 ha große Kohortenkastell von Buch liegt auf einer Anhöhe etwa 1,2 km hinter dem Limes. Von hier aus konnten die 500 stationierten Soldaten die Reichsgrenze sowie die hier verlaufende Fernstraße von Augsburg nach Mainz überwachen und sichern. Das Kastell war durch vier Gräben gesichert. Die Umwehrung mit ihren vier

🚗 Über die A 7 Ulm-Würzburg, Ausfahrt 114 Aalen-Westhausen, auf die B 29 abfahren. Dann rechts auf die B 290 in Richtung Immenhofen/Dalkingen. In Dalkingen der Beschilderung zum Limestor folgen. Oder: Über Ellwangen auf der B 290 in Richtung Aalen fahren. Ab der Ausfahrt Schwabsberg der Beschilderung zum Limestor folgen. Parkplatz am Limestor Rainau-Schwabsberg.

🧭 Limestor: 48°55′37.7″N 10°09′21.9″E;
Kastell: 48°54′34.1″N 10°08′43.0″E;
Römerbad: 48°54′35.4″N 10°08′52.3″E

🕐 Tagestour

♿ Bedingt barrierefrei. Für den Rundweg ist gutes Schuhwerk von Vorteil.

🏛 Limestor Dalkingen, Limesweg, 73492 Rainau, Tel. 07961/90020, info@rainau.de, www.ostalbkreis.de, www.limes-cicerones.de. Öffnungszeiten Limestor: Ende März–Ende Oktober: Di.–So. 11–17 Uhr (Führungen Sa./So./feiertags um 11, 14, 15 und 16 Uhr). Die Freilichtanlage von Rainau-Buch ist ganzjährig geöffnet!

Toren und Türmen ist durch eine Heckenpflanzung und einzelne Bäume gekennzeichnet.

Nach der Umrundung der Kastellanlage halten wir uns rechts und wandern unter der B 290 hindurch. Links abbiegend gelangen wir ans Ufer des Stausees von Rainau-Buch. Hier befindet sich der Kastellvicus. Wie jedes Kastell am Limes besaß auch das Lager von Rainau eine Zivilsiedlung. Hier wohnten neben Handwerkern und Händlern auch die Familien der Soldaten. Große Teile der auf der Südostseite des Kastells gelegenen Siedlung konnten in den 70er-Jahren des vergangenen Jahrhunderts beim Bau der Bundesstraße 290 archäologisch untersucht werden. Dabei wurde auch der berühmte „Bucher Brunnenschatz" geborgen.

Direkt am Ufer des Stausees, einst vor dem Osttor des Kastells, liegen die konservierten Mauern des Kastellbades sowie Reste eines Gästehauses mit eigener Badeanlage. Direkt neben dem Römerbad lockt heute die neue Badeanlage mit Badestrand. Aus alt mach also neu – den römischen Bewohnern hätte das Vergnügen rund um den Stausee sicherlich auch gefallen!

Nach einer verdienten Rast oder Badepause wandern wir am Seeufer entlang und über den Damm auf die andere Seite des Sees. Hier geht es weitere 400 m entlang des Seeufers bis zu einem links abgehenden Waldweg. Diesem folgen wir bergauf durch den Wald. Oben angekommen führt uns der Weg 1,4 km geradeaus über die Felder bis nach Dalkingen. Durch die Laubengasse erreichen wir die Ortsmitte und biegen links in die Westhausener Straße ab. Dieser folgen wir bis zum links abzweigenden Limesweg, der uns zurück zum Limestor führt.

Feuer am Limes – das Ende der Nordprovinzen

Der zeitweise Abzug der Grenzschutztruppen hatte für den Obergermanisch-Raetischen Limes katastrophale Folgen. Mehrfach drangen germanische Stammesverbände tief in beide Provinzen ein, verwüsteten blühende Siedlungen und Städte bis zum Rand der Alpen und zwangen die Bevölkerung zur Flucht. In den Jahren 259/260 n. Chr. brach die Grenzverteidigung unter dem Ansturm der Elbgermanen jedoch vollständig zusammen. Erst 261 n. Chr. gelang es Kaiser Gallienus, die plündernd durch die Alpentäler nach Süden durchgebrochenen Eindringlinge in einer großen Schlacht bei Mailand zu besiegen. Bereits 260 n. Chr. war es römischen Truppen bei Augsburg gelungen, mit Beute beladene Germanenhorden zu stellen und zu besiegen. Dies änderte jedoch nichts mehr daran, dass die rechtsrheinischen Gebiete für Rom endgültig verloren waren. In der Folge verlief die neue, durch Kastelle und Wachtürme geschützte Reichsgrenze bis zum Beginn des 5. nachchristlichen Jahrhunderts wieder entlang sogenannter „nasser Grenzen", also des Rheins, der Iller und der Donau.

112 Kampferprobt – Die Gruppe ASK-Alamannen im Einsatz

Die Alamannen kommen

KAPITEL 6

Nachdem sich die römischen Truppen im 3. Jahrhundert hinter den Rhein-Donau-Iller-Limes, der nun nach Süden und Westen sowie entlang der Iller bis nach Osten hin die Grenze bildete, zurückgezogen hatten, begann für das heutige Baden-Württemberg eine neue Epoche. Das nach dem Abzug der römischen Bevölkerung frei gewordene Land stand nun germanischen Siedlern offen. Diese sind erstmals in einer schriftlichen Quelle von 289 n. Chr. namentlich fassbar. Das nun einsetzende frühe Mittelalter gehörte den Alamannen; so werden die neuen Siedler nämlich von römischen Geschichtsschreibern bezeichnet. Ob nur die Römer sie so nannten oder sie sich auch selbst, wissen wir nicht, da die Alamannen keine eigenen Schriftzeugnisse hinterlassen haben.

Archäologische Funde aus Gräbern und Siedlungen der Alamannen untermauern die These, dass die neuen Siedler ursprünglich aus dem elbgermanischen Raum zwischen Ostseeküste und Thüringer Wald stammten. Sie scheinen als kleinere Personenverbände über einen längeren Zeitraum hinweg in Südwestdeutschland eingewandert zu sein. Was die Bewohner der Ostseeküste bzw. des nordostdeutschen Raumes bewog, ihre Heimat zu verlassen, ist unklar. Wohl aber könnten Klimaveränderungen, die um diese Zeit fassbar sind, zum Umzug in neue Landstriche geführt haben.

Die ersten Siedlungen wurden wohl in der Nähe der römischen Grenze erbaut, ganz sicher mit Duldung der römischen Führung, auf der anderen Seite von Rhein und Donau. Das römische Reich musste sich nämlich, um seine Macht in Europa aufrechtzuhalten, immer stärker auf die Migranten aus Nordosteuropa stützen. Teil dieser Taktik war es, Barbaren – in diesem Fall Germanen – als Verbündete zur Bewachung der Grenzen anzusiedeln. Das gelang mit unterschiedlichem Erfolg. Germanen im römischen Heer hatten eine lange Tradition. Das änderte sich auch nicht, als der Cheruskerfürst Arminius, der eine Karriere als Berufsoffizier im römischen Heer begann und sogar das römische Bürgerrecht erwarb, den Römern im Jahr 9 n. Chr. in der Varusschlacht eine vernichtende Niederlage beibrachte. Und nach 300 n. Chr. wurden vor allem unter Kaiser Konstantin dem Großen systematisch Germanen in Dienst genommen; nach 361 n. Chr. besetzten sie sogar die Hälfte der Offiziersstellen.

Dann gerieten die Germanen jedoch zwischen die Fronten des römischen Bürgerkriegs und wurden über Nacht zu den größten Feinden des Imperiums. Die vermehrten Übergriffe auf reichsrömisches Gebiet wurden von römischer Seite mit Strafexpeditionen beantwortet. Teilnehmer an einer solchen war der römische Geschichtsschreiber Ammianus Marcellinus (geb. 330 n. Chr. in Antiochia, Syrien). Von ihm erhalten wir in den Jahren 364 bis 375 n. Chr. Informationen zu den Alamannen, die zwar nicht unbedingt objektiv, aber zeitgenössisch und daher sehr wertvoll sind. Ammianus berichtet uns, dass es mehrere „Könige" und „Kleinkönige" gab, die man heute wohl eher als „Warlords" bezeichnen würde. Sie verbündeten sich lediglich zu politischen Zwecken und kämpften teils mit-, teils gegeneinander sowie gegen die Römer oder mit den Römern. Unter ihnen standen die Angehörigen der Königs-

Militär. Sie weisen darauf hin, dass sie um 350 n. Chr. errichteten Höhensiedlungen zum römischen Verteidigungskonzept einer Vorfeldsicherung gehörten. Dass deren Herren jedoch oft genug ihre eigenen Interessen vertraten, zeigen die von Ammianus geschilderten Ereignisse.

113 Alamanne und Alamannin

sippe (*regales*), die Adeligen (*optimates/primates*) und die große Gruppe der Krieger (*armatores*). Ammianus nennt uns auch die Namen von Bevölkerungsgruppen, die sich *Brisigavi* (Breisgau), *Lentienses* (Linzgau), *Raetovarii*, *Juthungi* oder *Bucinobantes* nannten und unter diesen Namen im 5. Jahrhundert n. Chr. noch als Truppeneinheiten des römischen Heeres überliefert sind.

Frühmittelalterliche Höhenburgen

Die befestigten frühmittelalterlichen Siedlungen auf dem Runde Berg bei Bad Urach oder dem Zähringer Burgberg bei Freiburg könnten Sitze solcher „Könige" oder „Kleinkönige" gewesen sein. Importiertes spätrömisches Geschirr aus Keramik und Glas sowie militärische Ausrüstungsgegenstände zeigen den engen Kontakt der dort ansässigen hochrangigen Familien zum römischen

Schon gewusst?! Alamannen oder Alemannen?

Die Alamannen waren am Anfang eigentlich kein eigener Stamm, sondern entstanden aus eingewanderten kleinen Gruppen oder Siedlungsverbänden verschiedener Germanenstämme. Diese stammten aus dem elbgermanischen Kulturkreis, zu dem u. a. auch die Sueben gehörten. Schon der Name „Alamannen" bedeutete eigentlich – nach einer schriftlichen Quelle der Römer – „ein zusammengelaufenes und gemischtes Volk". Vermutlich entwickelten sie erst im 5. Jahrhundert n. Chr. ein richtiges „Stammesbewusstsein" und wurden somit zu einem Volk. Wenn Archäologen von Alamannen und Historiker von Alemannen sprechen, meinen sie eigentlich das Gleiche. Mit dem „alemannischen Dialekt", dem „alemannischen Fachwerk" oder der noch jüngeren „schwäbisch-alemannischen Fasnet" haben unsere Alamannen jedoch nichts zu tun. Diese Begriffe sind Neuschaffungen des 19. Jahrhunderts.

FUNDSTELLE 55

Der Zähringer Burgberg – Herrschaftszentrum der Breisgau-Alamannen

Kreis Freiburg-Hochschwarzwald

114 Zähringer Burgberg aus der Luft

Die archäologischen Ausgrabungen auf dem Zähringer Burgberg erbrachten sensationelle Ergebnisse. Hier stand nicht nur eine Höhensiedlung der frühen Alamannen aus dem 4./5. Jahrhundert n. Chr., sondern es konnten auch noch ältere Siedlungsspuren nachgewiesen werden. Der strategisch günstig gelegene Berg war also mit Unterbrechungen bis in das Mittelalter besiedelt. Die neuesten Forschungen beschäftigen sich mit den noch offenen Fragen zur frühmittelalterlichen Besiedlung sowie der Burganlage der Zähringer, die dem Berggipfel seinen Namen gaben. Heute ist die mittelalterliche Burgruine ein beliebtes Ausflugsziel vor den Toren Freiburgs. Von der Plattform des Turms hat man eine tolle Aussicht. Die eigentliche Frage ist jedoch, was die alamannischen Siedler nur dazu bewogen haben mag, eine Terrassenanlage auf dem Bergplateau anzulegen, für deren Bau nach hypothetischen Berechnungen etwa 250 000 m^3 Steine gebrochen und dann verbaut werden mussten?

Wir folgen vom Wanderparkplatz in der Pochgasse der Beschilderung in Richtung Ruine Zähringer Burgberg. Nach ca. 20 Min. haben wir unser Ziel im Wald dann bereits erreicht. Wie auch der

Runde Berg bei Bad Urach, ist der Zähringer Burgberg nördlich von Freiburg i. Breisgau im 4. Jahrhundert n.Chr. wohl der Sitz eines alamannischen „Kleinkönigs" oder „Fürsten" gewesen, welcher sich hier oben mit seinem Gefolge niedergelassen hat. Einen gravierenden Unterschied zu allen anderen Höhensiedlungen stellen jedoch die gewaltigen Umgestaltungen dar, die durch die Alamannen auf dem Zähringer Burgberg vorgenommen worden waren. Denn die Kuppe des Berges nimmt zwar bereits eine Fläche von ca. 5 ha ein, jedoch ließen die neuesten Grabungen erkennen, dass die Bewohner damit wohl noch nicht zufrieden waren. Um eine vollständig ebene, zur Hangkante gesicherte und noch größere Siedlungsfläche zu erhalten, wurde mit dem Bau einer terrassenartigen Anlage begonnen, die stadtähnliche Ausmaße angenommen haben dürfte. Mitten in deren Zentrum stehen heute noch auf einem erhöhten Felsmassiv die Ruinen der mittelalterlichen Burg Zähringen. Leider hatten diese Umgestaltungsmaßnahmen des Bergplateaus in alamannischer Zeit auch die Zerstörung der steinzeitlichen und frühkeltischen Siedlungsreste zur Folge. Wie groß muss der Einfluss dieses Fürsten gewesen sein, der es sich zur Aufgabe gemacht hatte, solch einen repräsentativen Wohnsitz zu erbauen? Und wieviel Organisation setzte es voraus, die hierfür benötigte große Anzahl an Arbeitern zu koordinieren?

Um die Mitte des 5. Jahrhunderts n.Chr. wurde auch diese repräsentative Höhensiedlung, wie viele andere Höhensiedlungen in Südwestdeutschland, zeitgleich mit dem Ende der römischen Grenzverteidigung am Rhein aufgegeben.

Nochmals besiedelt wurde das Bergplateau in spätmerowingisch-karolingischer Zeit, also vom späten 7. bis in das 8. und 9. Jahrhundert n.Chr. Funde und Gebäudereste weisen auf eine herrschaftliche Siedlung hin, möglicherweise sogar auf eine Vorgängerburg des 11. Jahrhunderts. Die erste sichere Erwähnung einer Burg derer von Zähringen erfolgte im Jahr 1128. Dieses Fürstengeschlecht gründete zahlreiche Städte, Dörfer und Klöster. Die Siedlungen lagen zu beiden Seiten des Schwarzwaldes, wodurch die Kontrolle der bestehenden und die Erschaffung neuer Handelswege eine der wichtigsten Aufgaben der Zähringer wurde. Auch wenn die Zähringer im 12. Jahrhundert eine bedeutende Vormachtstellung im heutigen Südwestdeutschland und in der Schweiz genossen, ein zusammenhängendes oder fundiertes Herzogtum im Sinne eines einheitlichen Herrschaftsgebiets bestand unter diesem Adelsgeschlecht nie. Übrigens: Der Silberbergbau im Schwarzwald bildete die wohl wichtigste finanzielle Grundlage des „Zähringerrreiches".

Noch eine Besonderheit ist hier am Zähringer Burgberg zu erwähnen. Die Archäologen stießen bei den Grabungen auf Nachweise für die Anwesenheit hochqualifizierter Arbeiter, wie u.a. Feinschmiedearbeiten zeigen. Unter den Funden waren Trachtbestandteile und Schmuckgegenstände aus Bronze und Silber, deren Herstellung vermutlich vor Ort erfolgt sein dürfte. Noch interessanter sind jedoch die Funde römischer Glasbecher und römischer Keramik sowie Teile mehrerer spätrömischer Militärgürtel. Stammen diese aus dem Besitz der hier ansässigen Krieger? Und wie gelangten diese auf den Zähringer Burgberg? Handelt es sich um

> Über die A 5 Freiburg-Offenburg, Ausfahrt 61 Freiburg-Nord, auf die B 294 Richtung Gundelfingen auffahren. In Gundelfingen geht es auf der B 3 nach Zähringen. In Zähringen die erste Ausfahrt auf die K 9852/Gundelfinger Str. nehmen und dieser für 1,3 km folgen. Dann geht es links in die Bernlappstr. Am Ende der Straße rechts in die Wildtalstr. abbiegen und die erste Möglichkeit gleich wieder links über die Bahnlinie in die Pochgasse. Dieser folgt man bis zum Wanderparkplatz oder auch bis zum Waldrestaurant.
>
> 48°01'31.1"N, 7°53'02.8"E
>
> 1–1½ Stunden
>
> Nur bedingt barrierefrei. Gutes Schuhwerk ist von Vorteil.
>
> Den Schlüssel zum Turm des Zähringer Burgbergs erhalten Sie im Waldrestaurant.

Beutegut aus Kämpfen mit den letzten noch stationierten römischen Soldaten oder bestanden sogar friedliche Handelsbeziehungen mit den Römern? Oder waren es gar Alamannen im Dienste der römischen Reichsmacht jenseits des Rheins?

Um diese Fragen zu beantworten, lassen wir unseren Blick zu einer weiteren alamannischen Fundstelle in unmittelbarer Nähe schweifen. Denn die Siedlung auf dem Geißkopf erbrachte ganz ähnliche Funde. Jedoch fehlen hier Glas- und Keramikgefäße fast völlig, ebenso wie Frauenschmuck. Die beträchtliche Anzahl an Waffenfunden wie Lanzenspitzen, Streitäxte, Bolzen- und Pfeilspitzen zeigt, dass hier einst Krieger gelebt haben müssen. Vermutlich standen sie einst in römischen Diensten, wodurch die große Anzahl der hier vertretenen spätrömischen Waffengürtel als auch die anderen Funde römischer Herkunft erklärbar wären.

Der Geißkopf war somit wohl einst, im Gegensatz zum Zähringer Burgberg, eine ausschließlich kriegerisch geprägte Höhensiedlung. Vermutlich war sie ein alamannisches Heerlager zur Vorfeldsicherung des römischen *Argentorate* (Straßburg). Eine weitere umwehrte Siedlung auf dem benachbarten Kügeleskopf könnte mit diesem Militärlager in Verbindung gestanden sein.

Vom Turm aus gehen wir weiter in nördlicher Richtung und folgen dem Weg in einem kleinen Bogen zurück nach Süden. Nun geht es den Berg hinunter in Richtung Waldrestaurant. Dieses bietet sich vorzüglich für eine kleine Rast an. Danach folgt man bequem der Straße zurück zum Parkplatz.

Spärliche Spuren

Auch wenn die römischen Quellen von Heeren mit 35 000 Bewaffneten berichten, gibt es von den frühen Alamannen zwischen dem späten 3. Jahrhundert und der Mitte des 5. Jahrhunderts n. Chr. relativ wenige Siedlungsspuren. Sie scheinen sich häufig im Bereich der verlassenen römischen Gutshöfe und Siedlungen niedergelassen zu haben. Auch wenn sie die römischen Straßen, Brunnen und das Ackerland sehr wohl zu nutzen wussten, mieden sie die ungewohnten römischen Gebäude mit ihrer guten, aber komplizierten Infrastruktur. Lieber errichteten sie in nächster Nähe ihre eigenen einfachen Holzgebäude.

Die vielen Altgrabungen, bei denen nur die römischen Mauern freigelegt wurden, könnten jedoch auch ein Grund für diese spärlichen frühmittelalterlichen Spuren sein. Leider nahmen die Ausgräber lange Zeit wenig Rücksicht auf andere, weniger gut sichtbare Überreste. Verständlich, denn von den Holzgebäuden finden sich zumeist nur noch dunkle Bodenverfärbungen (Pfostenlöcher). Neue Untersuchungen im römischen Gutshof bei Wurmlingen (Kreis Tuttlingen) zeigen jedoch Erstaunliches. Bereits wenige Jahre, nachdem das Gehöft von seinen römischen Besitzern um 260 n. Chr. verlassen worden war, scheinen sich alamannische Siedler hier niedergelassen zu haben. Das römische Badegebäude wurde zum Lagerraum umgebaut und nach germanischer Bauweise mit einem Pfosteneinbau wieder überdacht. Im verfüllten Keller des Hauptgebäudes wurde ein Grubenhaus errichtet, in einem Ofen Alteisen recycelt. Gewohnt haben die neuen Siedler offenbar in typischen germanischen Holzhäusern, die außerhalb der Ruinen standen. Übrigens: Auch diese Fundstelle kann im Schutzhaus Römisches Bad in Wurmlingen besucht werden (GPS: 47°59'53.4"N, 8°46'13.9"E) und ist durchaus ein weiteres, lohnenswertes Ausflugsziel.

In Sontheim im Stubental auf der Ostalb wurde in der Nähe eines verlassenen römischen Gutshofes ebenfalls eine Hofstelle gegründet. Sie datiert in die zweite Hälfte des 3. Jahrhunderts n. Chr. Hier scheinen die alamannischen Niederlassungen mit dem Vorkommen von Eisenerz zusammenzuhängen, das nachweislich zu dieser Zeit in Schnaitheim, Großkuchen und Essingen verhüttet wurde.

Von den meisten alamannischen Siedlungen finden sich jedoch nur noch spärliche Reste. Offenbar waren die Siedlungen klein und wurden verlegt, wenn der Boden für die landwirtschaftlichen Bedürfnisse nicht mehr tauglich war.

115 Blick in eine frühmittelalterliche Siedlung

Die römischen Straßen spielten als Verkehrswege und damit auch für die Auswahl der Wohnplätze nach wie vor eine wichtige Rolle, gleich wenn sie nicht mehr repariert und unterhalten wurden.

Die immer wieder gestellte Frage, ob eine „römische Restbevölkerung" im Lande blieb, lässt sich weder aus archäologischen noch historischen Quellen sicher beantworten. Aber auch damals wird es Menschen gegeben haben, die aus verschiedenen Gründen nicht gehen wollten oder konnten und sich mit den neuen Siedlern arrangierten.

Brandgräber und Höhlenbestattungen

Selten werden auch Gräber aus der frühen Siedlungszeit der Alamannen gefunden. Meist handelt es sich um Einzelgräber oder kleine Gräbergruppen. Aus ihrer Heimat, wo es große Friedhöfe mit Hunderten von Gräbern gab, brachten sie die Sitte der Brandbestattung mit. Im süddeutschen Raum werden solche wenig auffälligen, einfachen Gruben mit Leichenbrand und spärlichen Beigaben selten entdeckt. Häufiger gefunden werden Körpergräber nach römischem Vorbild, die zuerst bei den führenden Familien Nachahmer fanden. Zwei Mitte des 4. Jahrhunderts n. Chr. in dem aufgelassenen römischen Gutshofareal bei Lauffen am Neckar bestattete alamannische Frauen zeigen diese Entwicklung. Die Toten waren unverbrannt und reich ausgestattet begraben worden und hatten sowohl germanische als auch römische Beigaben mit ins Grab bekommen.

Ein anderer, eher ungewöhnlicher Bestattungsplatz ist die Sontheimer Höhle bei Heroldstatt im Alb-Donau-Kreis. Frühalamannische Funde sind jedoch auch aus anderen Höhlen der Schwäbischen Alb bekannt, wo die Menschen wahrscheinlich in unruhigen Zeiten immer wieder Schutz suchten.

FUNDSTELLE 56

Die Sontheimer Höhle – Letzte Ruhe in der Tropfsteinhöhle

Heroldstatt, Alb-Donau-Kreis

116 Die Schlusshalle der Sontheimer Höhle

Sie zählt zu den ältesten Schauhöhlen Deutschlands und beherbergt im Winter bis zu 13 verschiedene Fledermausarten: die Tropfsteinhöhle von Sontheim auf der Schwäbischen Alb. Doch was bewog Menschen in diesem zwar faszinierenden, doch auch reichlich dunklen und zugleich unheimlichen Loch ihre Toten zu bestatten? Ja, richtig gehört. Die große Höhle erbrachte bei Grabungen frühmittelalterliche Bestattungen. War es der unglaubliche Tropfsteinschmuck, der als Totenhalle dienen sollte oder doch die Abgeschiedenheit, in der die Toten die letzte Ruhe finden sollten? Entlang eines 192 m langen Führungsweges kann man heute bis 34 m tief ins Höhleninnere vordringen. Wie mag dieser Gang wohl auf die Menschen früher gewirkt haben, ohne elektrisches Licht oder Taschenlampen? Bewundern Sie also nicht nur die Tropfsteine, sondern stellen Sie sich vor, Sie wären Teil eines Leichenzuges, der einen Angehörigen hier im Dunklen zur letzten Ruhe geleitet. Eine abstrakte, wenngleich realistische Vorstellung, die den Höhlenbesuch noch eindrucksvoller gestalten mag.

Der erste Höhlenplan der insgesamt 223 m langen Sontheimer Höhle stammt aus dem Jahr 1753 und ist damit der älteste einer Höhle auf der Schwäbischen Alb. Die große Schauhöhle liegt ca. 2 km südöstlich von Heroldstatt-Sontheim am Hang des Tiefentales, welches sich bis nach Blaubeuren erstreckt. Bereits im 15. Jahrhundert beschrieb sie Felix Fabri in seiner *Historia Suevorum* (Geschichte Schwabens). Seit dem 17. Jahrhundert wurde in der Höhle von den Bauern der Region alljährlich zu Pfingsten ein Höhlenfest gefeiert, das sich bis in die heutige Zeit gehalten hat.

Wir parken möglichst am ersten Parkplatz zur Sontheimer Höhle direkt an der Straße von Heroldstatt nach Seißen und begeben uns auf den zur Höhle führenden Rundweg. Vom Parkplatz laufen wir den Wiesenweg (parallel der Zufahrtsstraße zur Sontheimer Höhle) eine kleine Baumgruppe passierend und über die Felder immer in südlicher Richtung dem Wald entgegen. Wem dieser Weg zu unsicher ist oder wer lieber einen festen Weg nehmen will, der bleibt auf dem geteerten Zufahrtsweg und läuft direkt zur Höhle. Nach ca. 20 Min. ist man am Ziel. Der Eingang der ehemaligen Flusshöhle, ein 12 m hohes Felsportal, ist beeindruckend und eröffnet den Einstieg in die Tiefe. Über Stufen abwärts geht es durch kleinere Hallen bis zum tiefsten Punkt, der 20 m hohen Schlusshalle. An ihren schmalsten Stellen ist die bis zu 300 m lange Höhle nur einen knappen Meter breit. Hinter der ca. 70 m nach dem Eingang liegenden Engstelle bleibt die Temperatur übrigens immer konstant um die 7 °C. Bemerkenswert sind neben den vielen Tropfsteinen – die durch die Jahrzehnte lange Fackelbeleuchtung teils eine schwarze Färbung erhalten haben – auch die hohen „Kamine" der Höhle. Interessant sind vor allem die Funde menschlicher Knochen, die in den 70er-Jahren des vergangenen Jahrhunderts 125 m vom Eingang entfernt geborgen wurden. Bei den daraufhin folgenden Untersuchungen kamen in einer Nische weitere menschliche Skelettreste zu Tage. Da kein Tierverbiss festzustellen war, konnten diese Knochen unmöglich durch Tiere in die Höhle verlagert worden sein. Der Fund von 169 Perlen zwischen den Knochen unterstreicht eine gewollte und bewusste Bestattung dieser Toten in der Tiefe der Höhle. Warum die Toten genau hier niedergelegt wurden, bleibt jedoch ein Rätsel. Der römische Geschichtsschreiber Ammianus Marcellinus berichtet aus dem 4. Jahrhundert n. Chr., dass sich die Barbaren in der harten Winterzeit in weit abgelegene Gegenden zurückzogen und in unterirdischen Schlupfwinkeln und weitverzweigten Höhen versteckten. Gebettet zwischen Stalaktiten und Stalagmiten im sicheren Schutz unter der Erde? Nicht ganz, denn so wie sich der Befund präsentierte, scheint das Totenlager durch spätere Höhlenbesucher geplündert und durcheinandergebracht worden zu sein. Einige hier ebenfalls gefundene Keramikreste aus dem 16. Jahrhundert unterstreichen die Anwesenheit von Menschen in den späteren Jahrhunderten.

Wieder heil oben am Tageslicht angelangt, lohnt es sich, eine kleine Rast im Höhlenrasthaus einzulegen. Wer Grillwürstchen im Gepäck hat, dem bietet sich hier auch die Möglichkeit einer Grillstelle. Und Kinder können sich nach dem aufregenden Höhlenbesuch auf dem Spielplatz nach Herzenslust austoben.

Über die A 8 Stuttgart-Ulm, Autobahnausfahrt Merklingen, auf der L 230 in Richtung Münsingen und von Laichingen nach Heroldstatt. Ab Heroldstatt ist die Sontheimer Höhle gut ausgeschildert. Parkmöglichkeiten sind ausreichend vorhanden.

Sontheimer Höhle: 48°26'03.3"N, 9°41'02.4"E; Teufelsbackofen: 48°26'16.2"N, 9°40'55.7"E

2–3 Stunden

Nicht barrierefrei. Gutes Schuhwerk sowie eine Jacke werden wärmstens empfohlen.

Sontheimer Höhle, Kohlhalde 1, 72539 Heroldstatt-Sontheim, Tel. 07389/906109 *info@sontheimer-hoehle.de* oder *kontakt@Sontheimer-Hoehle.de*, www.sontheimer-hoehle.de. Öffnungszeiten von Mai – Oktober: So. u. feiertags 10–17 Uhr, Sa. 14–17 Uhr. Die Höhle kann nur mit Führung besichtigt werden. Höhlenführung ca. 30 Min., jeweils zur vollen Stunde.

Schon gewusst?!
Die Toten von Sontheim als Filmvorlage?

Haben Sie eigentlich gewusst, dass sogar die Kultserie „Die drei???" in Sontheim zu Besuch war? Nein? Tatsächlich wurde die Fernsehfassung der Folge „Das Geheimnis der Särge" zu einem großen Teil in der Sontheimer Höhle gedreht. Die Folge wurde erstmals 1996 veröffentlicht und ist wohl eine der gruseligsten der „Kinder-Hitchcock"-Krimi-Reihe. Alexandra, ein Au-Pair-Mädchen, das die drei Junior-Detektive aus Rocky Beach in Rom getroffen hat, lädt sie nach Deutschland ein. So wird Süddeutschland die nächste Station auf der Europareise von Justus, Peter und Bob. Haarsträubende Dinge erzählt man sich von den berühmten Höhlenlabyrinthen auf der Schwäbischen Alb, aber natürlich ist davon nur die Hälfte wahr. Die drei Detektive beginnen hier dann doch an Spukgeschichten zu glauben, als sie in der Geisterhöhle (Sontheimer Höhle) urplötzlich eine grausige Entdeckung machen ... Ob die Erfinder der Geschichte wohl durch die archäologischen Entdeckungen dazu motiviert wurden?!

Nach der Rast treten wir den Rückweg an. Dieser erfolgt entweder auf dem direkten Weg zurück zum Auto oder aber über die Höhlenruine „Teufelsbackofen". Entscheiden wir uns für Letztere, gehen wir den Weg von der Höhle zurück bis zur nächsten Weggabelung und halten uns dann links. Diesem Weg folgen wir durch den Wald für ca. 130 m und halten uns an der nächsten Weggabelung geradeaus, bis wir nach wenigen Minuten wieder auf einen befestigten Wanderweg stoßen. Rechter Hand folgen wir dem Weg, der uns aus dem Wald hinaus und am Waldrand entlang nach Norden führt. Nach ca. 300 m erreichen wir eine kleine, rechts vom Weg am Hang stehende Baumgruppe. Hier befinden sich die Reste einer Höhlenruine: der sogenannte „Teufelsbackofen".

Der Sage nach heißt es: *„Es war einmal ein Bauer, der hatte seine Kühe auf einer Weide im Tiefental bei Sontheim. Gegenüber der Weide befand sich ein großer Felsen. Aus ihm stiegen immer riesige Rauchwolken empor. Immer mehr Kühe starben am Rauch. Eines Tages schnappte sich der Bauer mit seinen Kumpanen einen riesengroßen Stein und sie rollten ihn auf das Loch, aus dem der Qualm kam. Plötzlich machte es einen starken Knall und der ganze Fels explodierte und alle Felsen wurden weggeschleudert."*

Nach dieser kleinen Anekdote begeben wir uns auf den Rückweg zum Auto. Wir folgen dem Weg weiter bis zur nächsten Kreuzung. Hier halten wir uns rechts und gelangen auf die Straße, die uns nach wenigen Metern zum Parkplatz führt.

117 Goldgriffspatha – Alamannisches Prunkschwert

118 Schmuck einer Adelsdame aus Lauchheim, 7. Jh. n. Chr.

Alamannia – ein Reich mit Zank und Händel

Mit dem Ende des Weströmischen Reiches 476 n. Chr. änderten sich die Verhältnisse im Land schlagartig. Folgenschwer war bereits die Teilung des Römischen Reiches in einen Ost- und Westteil im Jahr 395 n. Chr. In den 430er-Jahren konnte der römische Heermeister Flavius Aetius die Grenzsicherung wiederherstellen und im Jahr 451 n. Chr. die nach Gallien einfallenden Hunnen besiegen. Unter der Führung ihres Königs Attila unterlagen diese auf den Katalaunischen Feldern bei Troyes. Ein Jahr später erfolgte jedoch die Ermordung des römischen Kaisers Valentinian III. Danach setzte nun endgültig der Zerfall der zivilen und militärischen Strukturen ein.

Die Alamannen, die zu der Zeit politisch offenbar noch keine große Rolle spielten – es sind uns zumindest so gut wie keine Königsnamen oder eheliche Verbindungen zu anderen germanischen Herrscherfamilien bekannt –, hatten nun für ca. 40 Jahre freie Hand für Expansionsbestrebungen.

Und wieder sind es die Gräber, welche uns vom Leben und dem „Politikum" im Alamannenreich – der sogenannten *Alamannia* – berichten. Ab dem 5. Jahrhundert n. Chr. finden sich zwar immer noch wenige Siedlungsspuren, dafür aber weitere, neu angelegte Bestattungsplätze. Dabei handelt es sich glücklicherweise um für Archäologen besser auffindbare Körperbestattungen. Darunter sind immer wieder sehr reich ausgestattete Männergräber. Die Anführer tragen offenbar ein zweischneidiges Schwert, die sogenannte *Spatha*. Der Griff dieses Langschwertes war teils mit Goldblech belegt (Goldgriffspatha). In der Regel steckte die *Spatha* in einer reich verzierten, mit Leder überzogenen Schwertscheide aus Holz. Übrig blieben davon zumeist nur die Verzierungselemente. Ein in Gültlingen (Kreis Calw) bestatteter Mann trug außerdem einen byzantinischen Offiziershelm. Vermutlich war er durch seine Dienste als Söldner für den oströmischen, byzantinischen Kaiser in dessen Besitz gekommen. In der *Alamannia* konnte man nun offenbar zu Wohlstand und Einfluss kommen. Dies gelang nicht nur durch Söldnerdienste, sondern auch durch Raubzüge, Sklavenhandel und Lösegeld für Gefangene.

Man gewinnt den Eindruck, dass dieses Reich von Familienclans beherrscht wurde, die immer wieder um Prestige, Einfluss und Macht ringen mussten. Dazu gehörte auch, den Reichtum bei der Bestattung Angehöriger zur Schau zu stellen. Als Pendant zu den prächtigen, waffenstrotzenden Männergräbern finden sich ebenso reich geschmückte Frauengräber. Kindergräber dagegen sind selten.

Welche anderen, oft brutalen Maßnahmen manchmal ergriffen wurden, um an der Macht zu bleiben, das zeigt die überlieferte, blutrünstige Geschichte des Aufstiegs und der Regentschaft der um diese Zeit aufstrebenden Sippe der fränkischen Merowinger.

Achtung, die Franken kommen!

Expansionsbestrebungen nach Westen führten letztendlich dazu, dass die Alamannen in Konflikt mit den Franken gerieten. Die hatten im ehemaligen linksrheinischen Gallien (heutiges Frankreich) die Macht ergriffen. Ihrem König Chlodwig I., aus dem Geschlecht der Merowinger, gelang nach mehreren Schlachten im Jahr 496/97 n. Chr. der Sieg über die Alamannen. Der besiegte alamannische König wurde vom Berichterstatter, Bischof Gregor von Tours (ca. 538–594 n. Chr.), nicht einmal mit Namen genannt. Wichtiger für ihn war das Gelöbnis Chlodwigs, sich bei einem Sieg zum Christentum zu bekehren, was jener dann mit seiner Taufe auch umsetzte.

Und was passierte mit den Alamannen? Der Norden Alamanniens wurde sofort in das fränkische Reich eingegliedert, der Süden aber vorübergehend vom Ostgotenkönig Theoderich dem Großen (471–526 n. Chr.) unter seinen Schutz genommen. Dies geschah offenbar nach weiteren Schlachten. In deren Folge wurde wohl auch die Siedlung auf dem Runden Berg bei Bad Urach zerstört. 507 n. Chr. schrieb Theoderich an seinen Schwager Chlodwig, er solle sein Vorgehen gegen die erschöpften Alamannen, die sich unter seinen, Theoderichs Schutz geflüchtet hatten, mäßigen. Dass einige Friedhöfe im frühen 6. Jahrhundert aufgegeben wurden, könnte ein Hinweis darauf sein, dass die Bewohner der zugehörigen Siedlungen tatsächlich geflüchtet sind. Andere Gräberfelder wurden jedoch weiterhin belegt.

FUNDSTELLE 57

Der Runde Berg bei Bad Urach – Eine Siedlung zwischen den Fronten

Kreis Reutlingen

119 Runder Berg bei Bad Urach aus der Luft

Lust auf einen kleinen Ausflug auf die Schwäbische Alb? Dann besuchen Sie doch mal den Runden Berg oberhalb von Bad Urach. Der Ort direkt unterhalb des Albaufstieges ist eigentlich durch seine wunderschönen Wasserfälle überall in der Region beliebt. Die markante Bergkuppe mitten im Wald dürfte den meisten Besuchern hingegen kaum aufgefallen sein. Dabei besticht schon allein die unglaubliche Aussicht, die man von hier oben genießen kann. Vermutlich ist das einer der Gründe, welcher die Menschen schon seit der Bronzezeit dort hinauf lockte. Strategisch günstig lag hier bereits um 1600 v. Chr. eine erste Höhensiedlung. Und auch die Kelten nutzten das Bergplateau für ihre Siedlungszwecke.

Nach 350 n. Chr. ließen sich die Alamannen auf dem Runden Berg nieder und befestigten das Plateau mit einer 220 m langen Holz-Erde-Mauer. Vermutlich war es ein alamannischer „Kleinkönig" (regulus), der sich hier mit seinem Gefolge sowie auch zahlreichen Handwerkern niederließ. Wie die Geschichte weiterging? Das erfahren wir oben auf diesem geschichtsträchtigen „runden" Berg!

Dem interessierten Wanderer bieten sich zwei Möglichkeiten, den Runden Berg zu erklimmen. Die erste, gängige Variante führt vom Parkplatz beim Uracher Wasserfall die Fohlensteige hinauf und durch den Sattel zwischen Albhochfläche und Rundem Berg zum Gütersteiner Wasserfall. Eine weitere, meines Erachtens schönere Variante ist die Tour über den Gestütshof St. Johann und den „Rutschenfelsen".

Wir parken unser Auto nach dem Albaufstieg beim Gestütshof St. Johann bei Würtingen. Das Gestüt und der dazugehörende Fohlenhof sind übrigens Teil des Haupt- und Landgestüts Marbach und auf die Fohlenaufzucht spezialisiert. Von hier aus geht es rechter Hand der Gestütsgaststätte auf einem geteerten Feldweg entlang einer wunderschönen Baumallee. Nach 1,5 km erreichen wir den Fohlenhof. Mit Kindern gibt es hier die Möglichkeit, dem lustigen Treiben auf der Fohlenkoppel ein Weilchen zuzuschauen. Wir zweigen rechter Hand des Hofes ab, folgen dem Schotterweg geradeaus und gehen nach den Koppeln nach links für 1,1 km

hinein in den Wald. Im Wald geht es dem Wegweiser nach in Richtung Uracher Wasserfall. Der Weg zweigt nun leicht links ab und verläuft relativ eben an der Hangkante entlang. An der ersten Spitzkehre geht es weiter geradeaus in Richtung Runder Berg. Nun empfiehlt sich zumindest bei schlechterem Wetter gutes Schuhwerk, da hier die Waldwege mitunter auch rutschig sein können! Nach ca. 450 m erreichen wir den Runden Berg. Dabei müssen wir am Bergsattel noch einen kleinen Aufstieg in Kauf nehmen, bevor wir das Ziel unserer Tour, das freiliegende Plateau, erreichen. Bei einem wunderschönen Ausblick hinunter nach Bad Urach, der an schönen Tagen auch bis zum Stuttgarter Fernsehturm und noch weiter reichen kann, verschnaufen wir eine Weile und hören die Geschichte, welche der Runde Berg zu erzählen hat.

Die bereits erwähnte frühalamannische Siedlung bestand im Gegensatz zu anderen Höhensiedlungen, wie dem Zähringer Burgberg, auch über die Mitte des 5. Jahrhunderts hinaus. Die Hälfte des 300 × 50 m großen Plateaus wurde durch eine Doppelpfostenanlage gesichert. Die kurzen Holzpfosten, die auf dem Plateau heute sichtbar sind, sollen diese verdeutlichen. Kurz nach 500 n. Chr. fiel der alamannische Adelssitz auf dem Runden Berg einer Zerstörung zum Opfer. Aus dieser Zeit stammen Teile von wertvollen Schwertern, deren Griffe mit Goldblech verziert waren, silbertauschierte Schnallen, Beschläge, Riemenzungen, aufwendiger Frauenschmuck, kostbare Glasgefäße und feines Tafelgeschirr. Diese Funde sowie der Nachweis von Gold- und Silberschmiedearbeiten vor Ort demonstrieren die Macht der hier ansässigen Adeligen. Das frühmittelalterliche Handels- und Wirtschaftszentrum am Runden Berg hatte seine Blütezeit also im 5. Jahrhundert n. Chr. Im Zusammenhang mit den Siegen des Frankenkönigs Chlodwig I. über die Alamannen zwischen 496 und 507 n. Chr. findet die politische Macht und die Blütezeit der Siedlung ein jähes Ende. Die Bewohner mussten die Siedlung aufgeben, die offenbar einem Feuer zum Opfer fiel. Noch bevor dies geschah, scheinen die Menschen ihr Hab und Gut in Sicherheit gebracht zu haben.

> **Schon gewusst? Geheimnis der Doline**
>
> Mitten zwischen den Feldern auf dem Höhenplateau des Rutschenfelsens finden wir an einer kleinen Baumgruppe eine sogenannte Doline. Auch wenn hier etwas Vorsicht geboten ist, vor allem mit Kindern im Gepäck, ist das Erkunden dieses Loches ein unglaublich spannendes Unterfangen. Eine Doline ist eine „Sinkhöhle", d.h., hier, wie auch anderen Orts, brach einst das wasserdurchlässige und für die Schwäbische Alb typische Karstgestein ein und verschüttete einen darunter liegenden Hohlraum. Da die Schwäbische Alb aufgrund des wasserlöslichen Kalkgesteins im Prinzip unterirdisch durchlöchert ist wie ein Schweizer Käse, finden sich auf der Albhochfläche viele dieser Dolinen. Sie sind ein interessantes Phänomen, sind aber aufgrund des porösen Untergrundes mit Vorsicht zu genießen. Hier am Rutschenfelsen ist der Abstieg über die Stufen jedoch unbedenklich.

Davon zeugen die hier zu Tage gekommenen Hortfunde, in denen nicht nur der Adel seinen kostbaren Besitz vergrub, sondern auch Handwerker ihre gesamten Geräte und Werkzeuge niederlegten und vergruben.

Bis Mitte des 7. Jahrhunderts n. Chr. blieb der Ort der Zerstörung unbesiedelt, bevor sich wiederum eine Adelsfamilie hier niederließ. Eine mächtige 20 m lange und 9 m breite Halle scheint als repräsentativer, zentraler Bau direkt in die Mitte des Siedlungsplateaus gebaut worden zu sein. Auch dieser Adelssitz, der sich über die gesamte Bergkuppe zog, wurde im 8. Jahrhundert n. Chr. zerstört, möglicherweise als Folge der später geschilderten Ereignisse zwischen den alamannischen Herzögen und den karolingischen Hausmeiern um 746 n. Chr. Von einer folgenden mittelalterlichen Burganlage des 9. bis frühen 11. Jahrhunderts n. Chr. zeugen nur noch Funde und spärliche Mauerreste am Hang des Berges.

Nach diesem kurzen Abstecher zur frühmittelalterlichen Besiedlung des Berges setzen wir unsere Wanderung fort und gehen zurück bis zur Weggabelung, wo der Weg Richtung Wasserfall nach unten abzweigt. Wir wandern jedoch zurück zur Spitzkehre am Hauptweg und zweigen nach 400 m linker Hand in einen schmalen Weg nach oben ab, in Richtung Rutschenfelsen. Oben angekommen erreichen wir das Hochplateau. Wir folgen dem Weg geradeaus zum „Brünnele", einer wasserführenden, sogenannten Doline.

An der Wegkreuzung hinter der Doline machen wir einen kurzen Abstecher nach links zum Denkmal für Ernst Camerer, den einstigen Vorsitzenden des Schwäbischen Albvereins, und genießen einen wundervollen Weitblick hinunter ins Tal. Vorsicht heißt es hier jedoch mit kleineren Kindern, denn der Felsabsturz ist nicht gesichert! Zurück an der Kreuzung folgt man dem Weg ein kurzes Stück nach links und dann nach rechts über die Felder und ist in wenigen Minuten bei der Rohrauer Hütte, der letzten Station unserer Wanderung angelangt. Hier gibt es eine nette Außenterrasse sowie Spiel- und Schaukelmöglichkeiten für Kinder. Ne-

> Über die A 8 Stuttgart-München, Ausfahrt 52 Stuttgart-Möhringen auf die B 27 Richtung Reutlingen. Ausfahrt Richtung Reutlingen auf die B 464 nach Reutlingen und dann Richtung B 313 Richtung Pfullingen. Auf die L 380 Richtung Eningen unter Achalm abfahren und der Straße Richtung St. Johann für 10 km bis zum Gestütshof St. Johann folgen. Parkplätze am Gestütshof.
>
> Runder Berg: 48°29'23.5"N, 9°21'53.0"E
>
> 3–4 Stunden
>
> Nur bedingt barrierefrei. Die Hauptwege zum Rutschenfelsen sind gut begehbar und barrierefrei. Die Besteigung des Runden Berges jedoch erfordert gutes Schuhwerk und ist mit dem Kinderwagen nicht möglich. Im Winter ist von der Besteigung des Runden Berges abzuraten!

ben wunderbaren selbstgemachten Kuchen, gibt es auch gute schwäbische Maultäschle und andere Leckereien. Wer lieber auf der Wiese die Sonne anbeten will oder seine eigenen Grillwürstchen im Gepäck hat, der darf die Grillstelle hinter dem Haus benutzen. Gestärkt und ausgeruht können wir uns dann auf den Rückweg machen. Am besten folgen wir hierfür dem gleichen Weg zurück, den wir gekommen sind.

Frühe Dörfer – damals bis heute

Die Herrschaft der Ostgoten dauerte nur 30 Jahre. 537 n. Chr. musste Theoderichs Nachfolger Witigis das Gebiet an den Frankenkönig Theudebert I. abgeben. Regiert wurde das neu geschaffene Herzogtum *Alamannia* nun von einem durch den fränkischen König eingesetzten Herzog, möglicherweise auch von mehreren. Welche Macht und Zuständigkeiten diese besaßen, ob es fränkische Reichsbeamte waren oder alamannische Adelige, die mit den Franken zusammenarbeiteten, ist ebenso ungeklärt wie der genaue Grenzverlauf der *Alamannia*.

Unter fränkischer Herrschaft entstanden im 6. Jahrhundert n. Chr. immer mehr Siedlungen.

120 Werkzeugfunde vom Runden Berg bei Bad Urach

Vor allem im 7. Jahrhundert n. Chr. scheint es zu einem enormen Bevölkerungszuwachs gekommen zu sein. Dieser zwang die Menschen dazu, sich auch auf weniger guten Flächen und zunehmend in abgelegenen Tälern und Landstrichen anzusiedeln. Vielfach scheint es sich um Einzelhöfe, Hofgruppen oder kleine Weiler gehandelt zu haben, die mitunter auch schnell wieder „wüst" fielen. Von einigen dieser „Wüstungen" hat sich der Ortsname bis heute als Flurname erhalten. Übrigens: Viele der in Baden-Württemberg gebräuchlichen Ortsnamen tragen die frühmittelalterlichen Endungen bis heute, denn etliche gehen auf Gründungen des frühen Mittelalters zurück. Die Namensendungen -ingen, -heim, -hausen, -stetten, -hofen oder -weiler sind alamannisch und haben sich bis heute in den Ortsnamen erhalten.

Häuser wie vor 1000 Jahren

Wie wir bereits gehört haben, wissen wir weniger über das Aussehen der alamannischen Siedlungen als über die Bestattungsplätze, da sie seltener bemerkt und ausgegraben werden. Meistens sind es nur spärliche und für den Laien vollkommen unspektakulär erscheinende Reste der ehemaligen Holzbebauung und einige Funde einfacher, wenig schöner Siedlungskeramik, die hierbei zu Tage kommen. Die kleinen Weiler bestanden aus einzelnen Gehöften, die durch Zäune abgegrenzt waren. In den 16–20 m langen und ca. 6 m breiten Hauptgebäuden mit Wohn- und Stallteil waren Mensch und Vieh untergebracht. Kennen wir das nicht bereits? Ja, denn im Grunde sind es wieder die uns bekannten Langhäuser in einfachster Bauweise, die schon seit dem Neolithikum fassbar sind. So waren sämtliche Bauten aus Holz errichtet, die Wände bestanden aus mit Lehm verputztem Flechtwerk oder Brettern. Als Dachdeckung verwendete man Stroh, Ried oder Holzschindeln. Dies sollte noch bis ins hohe Mittelalter so bleiben.

Archäologisch auf Grund ihrer dunklen Bodenverfärbung immer gut nachweisbar, sind in den Untergrund eingetiefte sogenannte Grubenhäuser, die häufig als Webhütten, aber auch als Keller genutzt wurden. Eher selten nachgewiesen sind Speicherbauten mit abgehobenen Böden, um das Getreide trocken zu lagern und vor Nagetieren zu schützen. Daneben gab es weitere kleinere Nebengebäude, Abfallgruben, manchmal Brunnen und Backöfen sowie gewerbliche Anlagen wie Schmiedeplätze oder Töpferöfen.

Ein schönes Beispiel dieser Baukunst sowie einer typisch frühmittelalterlichen Siedlung bietet uns das seit einiger Zeit bestehende Freilichtmuseum in Vörstetten (Kreis Emmendingen).

FUNDSTELLE 58

Living history!
Das Alamannen-Museum in Vörstetten

Kreis Emmendingen

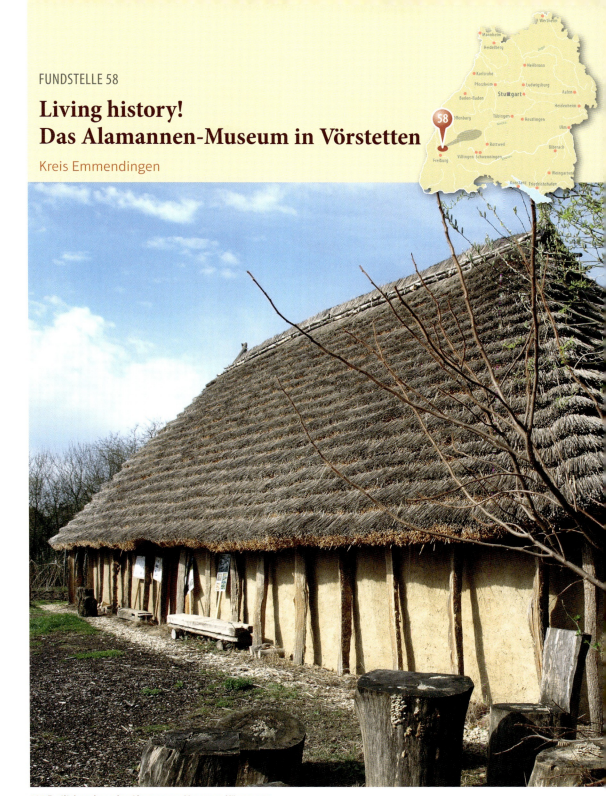

121 Freilichtanlage des Alamannen-Museums Vörstetten

Gelebte Geschichte (living history) gibt es ganz neu auch in Vörstetten. Oder sollte man besser sagen „gelebtes Frühmittelalter"? Die Auswertungen der seit 1998 bis 2010 mehrfach durchgeführten archäologischen Grabungen in der Gemeinde Vörstetten führten zu der Idee, ein eigenes Museum mit Freilichtareal zu eröffnen. Und zwar für die Zeit der frühen Alamannen im Vorfeld der römischen Grenze. Weil man hier etwas ganz Besonderes schaffen wollte, rekonstruierten die Erbauer zum ersten Mal einen ganzen frühalamannischen Hof. Gegründet hat das Museum 2005 der Vörstetter Museums- und Geschichtsverein unter der Leitung von Prof. Dr. Köser, und das Ergebnis kann sich durchaus sehen lassen. Erlebnispädagogik wird in Vörstetten ganz groß geschrieben. Und wirklich, hier findet man neben einer Dauerausstellung über die frühen Alamannen im Breisgau ein riesiges Freigelände mit Wohnstallhaus, Grubenhaus, Speicher, Töpferwerkstatt, Backofen, Brunnen, und Kultstätte. Anbei gibt es auch noch einen Feld- und Gartenbereich zum Thema Anbau und Kultivierung von Getreide- und Gemüsepflanzen sowie einen Hopfen- und Kräutergarten. Hier in Vörstetten heißt es: Mitmachen und Geschichte durch eigene Aktivität hautnah erleben!

Unsere Tour führt uns in den kleinen Ort Vörstetten nördlich von Freiburg im Breisgau. Nicht nur der Baggersee oder die malerischen Fachwerkhäuser locken zu einem kleinen Ausflug. Nein, es geht ins Vörstettener Alamannen-Freilichtmuseum. Einmal angekommen, betreten wir zuerst den Museumsbau, in dem die Dauerausstellung eine gelungene Einführung in die Geschichte der Alamannen des frühen Mittelalters bereithält. Anhand von Tafeln, Funden und zahlreichen Rekonstruktionen erfahren wir alles Wissenswerte über den Alltag der Alamannen, ihre Herkunft, ihr Verhältnis zu den Römern, ihre Kunst und ihre Kultur. Hier darf gedrechselt oder gesponnen und gewebt werden. Ob wir das wohl genauso gut können wie diese Menschen vor rund 1600 Jahren? Aber warum wurde gerade in Vörstetten ein Alamannen-Museum errichtet? Auch diesen Grund erfahren wir in der Ausstellung. Auslöser waren diverse Grabungen der vergangenen Jahre, in denen eine alamannische Siedlung mit großen, sogenannten „Wohnstallhäusern" zu Tage kam. Und wieder waren es hierbei einfache Pfostenlöcher, die die Wissenschaftler in wahren Jubel versetzten, ließen diese doch eine mehr als gute Gebäuderekonstruktion zu. Dies war eine kleine Sensation, denn der Haustyp von Vörstetten ähnelt den auf der Feddersen Wierde nördlich von Bremerhaven ausgegrabenen Wohnstallhäusern! Stützen die Grabungsbefunde also die Hypothese, dass die frühen Alamannen nicht nur, wie immer behauptet wird, aus dem Elbe-Oder-Raum stammten, sondern auch aus dem nordgermanischen Küstenraum zugewandert waren?

Über die A 5 Freiburg/Breisgau-Offenburg Ausfahrt 61 Freiburg-Nord auf die L 187 und über Holzhausen auf die K 5141/Vörstetter Str. in Richtung Vörstetten. Am Ortseingang Vörstetten im Kreisverkehr die dritte Ausfahrt/Gruberstr. nehmen. Die nächste Möglichkeit rechts in die Reutener Str. abbiegen. An der nächsten Kreuzung geradeaus in die Denzlinger Str. einfahren. Das Museum liegt auf der rechten Seite. Parkplätze vor Ort.

48°03'58.6"N, 7°51'11.2"E

1–2 Stunden

Barrierefrei

Alamannen-Museum Vörstetten, Denzlinger Str. 24 a, 79279 Vörstetten, Tel. 07666/8820042, info@alamannen-museum.de, www.alamannen-museum.de. Öffnungszeiten: November–April: Do. 10–17 Uhr, Fr. 10–15 Uhr.

Das Museum hält ein riesiges museumspädagogisches Angebot bereit! Neben den Alamannen-Aktionstagen gibt es auch Schüler-Projekttage, in denen gelebter oder besser erlebter Geschichtsunterricht kein Märchen sondern pure Wirklichkeit ist!

Auch weitere Grabungsfunde sind im Museum zu sehen, darunter Gefäßfragmente, Lehmverputz (auch „Hüttenlehm" genannt) mit noch erhaltenen Flechtwerkabdrücken der Hauswand, Holzkohlefragmente und Eisenerzbrocken, ebenso eine römische Scheibenfibel oder der legendäre Runenring, dessen Original jedoch im Museum für Ur- und Frühgeschichte im Colombischlössle in Freiburg zu finden ist.

Zu guter Letzt wartet das Museum auch noch mit einer Digitalvisualisierung der ehemaligen alamannischen Siedlung auf und anbei einem Rundumblick in die umliegende Landschaft von vor ca. 1600 Jahren.

Durch ein Tor betritt man dann die Freilichtanlage. Hier darf man endlich die Rekonstruktion des besagten Wohnstallhauses betreten und sich ein Bild von der Architektur und der Inneneinrichtung solch eines Baus machen.

Auch ein Grubenhaus, das aufgrund des feuchten und kühlen Raumklimas der Herstellung von Textilien diente, wurde hier nachgebaut. Neben einem Speicherbau wird sogar ein Ofen zur Eisenerzverhüttung zur Veranschaulichung für die Besucher präsentiert. Die Schmiedewerkstatt ist das Highlight vor allem bei museumspädagogischen Veranstaltungen. Und weiter geht es zum Brunnen, dem Lehmbackofen und einer Töpferwerkstatt – alles mit Liebe zum Detail wiedergegeben. Die „Römerecke" dagegen ist ein Phantasieprodukt und soll zeigen, dass Alamannen auch immer wieder römische Gebäude nutzten. Aber eben auf ihre Art! Letztlich gibt es neben dem Schau- und Kräutergarten auch noch eine „Kultstätte", in der über die vorchristliche germanische Glaubenswelt berichtet wird.

Alles in allem wirklich ein gelungener Versuch einer echten urbadischen „living history"!

Siedlungsalltag – Leben auf dem Land

Die einzige, fast vollständig ergrabene alamannische Siedlung samt einem riesigen Gräberfeld stammt aus Lauchheim (Ostalbkreis). Es handelt sich um die ehemalige Siedlung „Mittelhofen". Etwa 200 m vom Gräberfeld entfernt, wurden Reste von zehn bis zwölf gleichzeitig bestehenden Höfen aufgedeckt, die zwischen dem frühen 6. und 12. Jahrhundert auf dem gleichen Areal immer wieder neu errichtet worden waren. Sogar ein Mühlkanal gehörte dazu. Schätzungen zufolge lebten dort 150 bis 250 Menschen.

Dort, wie auch andernorts, betrieben die Alamannen offenbar eine Feld-Gras-Wirtschaft, bei der man einzelne Felder nach einigen Jahren als Brache zur Weide genutzt hat. Angebaut wurden Gerste, Dinkel, Roggen, Hafer, Saatweizen und Hirse sowie Emmer und Einkorn. Lein und Schlafmohn lieferten Öl; an Hülsenfrüchten gab es Linsen und Erbsen. Indirekt nachgewiesen sind auch Gärten, da nur dort Pflanzen wie Sellerie, Mangold, Dill, Petersilie, Koriander, Bohnenkraut und Zitronenmelisse oder Äpfel, Birnen, Kirschen, Pflaumen, Pfirsiche und Walnüsse vorkommen. Bei alkoholischen Getränken ist bislang Bier, aber kein Met nachgewiesen. Der Fleischbedarf wurde am häufigsten durch Rind, gefolgt von Schwein, Schaf, Ziege, Huhn und Gans gedeckt. Wildbret kam selten auf den Tisch. Weitere Haustiere waren Pferd und Hund, möglicherweise auch Tauben.

Im Alamannenmuseum Ellwangen sind einige der bedeutenden Grabfunde aus Lauchheim ausgestellt. Vor allem wurden aber auch Befunde der alamannischen Siedlung rekonstruiert. Wer einen Blick in das alamannische Alltagsleben erhalten möchte, der sollte unbedingt einen Ausflug dorthin planen.

FUNDSTELLE 59

Das Alamannenmuseum Ellwangen – Leben im Frühmittelalter

Ostalbkreis

122 Webhütte – Einblicke in das Ellwanger Alamannenmuseum

Warum gerade das Alamannenmuseum Ellwangen? Hatten wir nicht eigentlich von einem Führer zu archäologischen Denkmälern gesprochen? Sicher, jedoch sind noch sichtbare Zeugnisse aus der frühmittelalterlichen Epoche leider sehr, sehr selten. Die meisten archäologischen Zeugnisse dieser Zeitspanne beziehen sich auf Gräberfelder und Siedlungsreste. Im Mittelpunkt des Alamannenmuseums Ellwangen stehen die Grabungsfunde aus dem nur wenige Kilometer entfernten Lauchheim. Das kleine, aber feine Alamannenmuseum in Ellwangen hat es sich zur Aufgabe gemacht, einen Teil der Funde der Öffentlichkeit zugänglich zu machen. Anhand eines kleinen Außenbereichs soll die Epoche der Alamannen, also die Zeit vom 3. bis 8. Jahrhundert n. Chr., wieder zum Leben erweckt werden.

Die Aufsehen erweckenden Befunde von Lauchheim konnten wegen moderner Bauvorhaben leider nicht erhalten werden. Und so muss derjenige, der sich auf frühmittelalterliche Spuren begeben will, wieder ein Museum besuchen, in dem zumindest ein Teil der Befunde rekonstruiert bzw. einige Funde ausgestellt werden konnten. Hier in Ellwangen wird nicht nur versucht, die Welt der Alamannen wieder lebendig zu machen. Die Besucher erfahren auch etwas über viele der noch in „Untersuchungshaft" steckenden neuen Funde von Lauchheim, die im Landesamt für Denkmalpflege archäologisch ausgewertet und untersucht werden. Verschiedene Themenschwerpunkte werden mit Hilfe der neuesten Forschungsergebnisse besonders ins Blickfeld genommen. Hier erfährt man alles rund um den alamannischen Alltag. Es geht um Weben und Textilhandwerk, Holzhandwerk sowie die herausragenden Gold- und Silberschmiedearbeiten. Vor allem aber geht es auch um die ersten Christen in Baden-Württemberg. Die nämlich waren? Genau, die Alamannen!

Neben vielen archäologischen Originalfunden gibt es hier auch interaktive Medien mit Bildschirmen und bewegten Bildern sowie zahlreiche Ausstellungselemente zum Anfassen und Mitmachen. Über drei Stockwerke geht es vorbei an einem re-

Über die A 7 Ulm-Würzburg, Ausfahrt 113 Ellwangen. Auf die L 1060 und über die Neunheimer Str. rechts auf die B 290 Aalen-Crailsheim/Haller Str. abbiegen. Nach 600 m links in den Nibelungenweg und sofort wieder links in die Nikolaistraße abfahren. Parkplatz P1 Schießwasen bei der Stadthalle. Vom Bahnhof sind es zu Fuß nur 4 Min. bis zum Museum.

48°57'50.8"N, 10°07'39.0"E

1–2 Stunden

Barrierefrei

Alamannenmuseum Ellwangen, Haller Straße 9 (neben der Stadthalle), 73479 Ellwangen/Jagst, Tel. 07961/969747, *alamannenmuseum@ellwangen.de*, www.alamannenmuseum-ellwangen.de. Öffnungszeiten: Di.–Fr. 14–17 Uhr, Sa. u. So. 13–17 Uhr sowie nach Vereinbarung.

Das Ellwanger Alamannenmuseum bietet ab sofort ein neues museumspädagogisches Programm für Schulklassen an: Bei einem Rundgang durch das Museum erklären die Schüler der Archäologie-AG des Ellwanger Peutinger-Gymnasiums mit ihrer Führung „Schüler führen Schüler" alles über die „Alamannen".

konstruierten Grubenhaus mit Webstuhl, entlang des „Mühlkanals" zur Drechselei und dann, fast schon etwas unheimlich, zu einem Totenbaum (Baumsarg) und einer Pferdebestattung.

Im Museumsgarten angekommen, erblickt man dann einen rekonstruierten Getreidespeicher aus der Lauchheimer Siedlung. Hier ist sogar ein kleines Gemüsegärtlein angelegt, welches die Szenerie noch mehr belebt. Auch die dahinterliegende mittelalterliche Nikolauskapelle ist in das Museumskonzept eingebunden.

Ein Museum zum Anfassen für Groß und Klein, das auf jeden Fall einen Besuch wert ist!

Wenige Siedlungen, aber viele Gräber

Wie bereits gesagt, sind es vor allem die Gräber, welche uns über das frühmittelalterliche Leben informieren. Die Alamannen legten ab der Mitte des 5. Jahrhunderts n. Chr. Bestattungsplätze an, die wegen ihrer in Reihen angelegten Gräber als „Reihengräberfriedhöfe" bezeichnet werden. Oftmals in Gruppen angeordnet, spiegeln manche Gräber sogar die Bindung der Toten zueinander wieder. Viele Bestattungsplätze wurden bis in die Zeit um 700 n. Chr. belegt und konnten so zu großen Friedhöfen anwachsen. Leider sind davon nur sehr wenige wirklich großflächig ausgegraben worden, so dass uns viele Informationen fehlen. Fast vollständig untersucht ist das Gräberfeld von Lauchheim (Ostalbkreis), das über 1300 Gräber aufwies, die viele bemerkenswerte Funde enthielten.

123 Goldblattkreuze – erste Zeugnisse früher Christen

124 Filigrane Arbeit – Alamannische Scheibenfibel aus Gold (Lauchheim)

Schon gewusst?!
Das Kreuz mit dem Kreuz

Immer der große Ärger mit der Religion! Da stehen wir nun im Sinne unserer heutigen Glaubenswelt „echten" Christen gegenüber und nicht mehr dieser diffusen Götterwelt mit von Schlangen bewachten Särgen. Der Archäologe hingegen schlägt erst einmal die Hände über dem Kopf zusammen. Was ist denn nun los? Plötzlich ist einfach nichts mehr da, was sich verwenden ließe. Hatten wir einst gut ausgestattete Gräber mit Waffentypen oder Schmuckstücken, die sich doch so gut zeitlich einordnen und bestimmen ließen, so haben wir seit dem 8. Jahrhundert plötzlich nichts mehr. Denn im 7. Jahrhundert bekannten sich auch zusehends die Alamannen zum neuen Christengott, der es nicht mehr notwenig fand, dass man festlich gekleidet mit Schmuck und Waffen ins Jenseits ging.

Die Toten bestattete man in ihrer Tracht, von der meist nur noch Bestandteile aus Metall, Keramik, Glas, Edelsteinen und Knochen übrigblieben. Holz, Leder und Stoffe sind in der Regel nicht erhalten. In den wenigen Fällen, in denen sich wie z. B. in Seitingen-Oberflacht oder Trossingen (Kreis Tuttlingen) unter günstigen Umständen Holz erhalten hat, finden sich in Gräbern auch Betten, Truhen, Tische, Stühle, Holzgeschirr, Leuchter und vieles mehr.

Frauen bekamen ihren Schmuck, Männer ihre Waffen mit ins Grab. Außerdem wurden Gebrauchsgegenstände und Werkzeug wie Kämme, Toilettbesteck, Scheren, Spinnwirtel, Messer, Pfrieme oder aus Feuerstahl und -stein bestehende „Feuerzeuge" beigelegt. In Ton-, Glas-, Metall- und Holzgeschirr bekamen die Toten sogar Wegzehrung mit ins Grab.

Stilistische und technische Veränderungen an Schmuck, Trachtzubehör und Waffen ermöglichen es den Archäologen, über Vergleiche von Grabinventaren deren einzelne Bestandteile zu datieren. An der unterschiedlichen Ausstattung der Toten lassen sich arme, wohlhabende und reiche Gräber unterscheiden.

Die frühmittelalterlichen Gräber weisen auf eine intensivere Besiedlung ab der Mitte des 5. Jahrhunderts n. Chr. hin, aber auch auf einen andauernden Zuzug aus dem elbgermanischen Gebiet sowie dem mittleren Donauraum. So scheinen Einwanderer aus dem heutigen Ungarn – möglicherweise Gruppen der von den Ostgoten 470 n. Chr. besiegten und mit den Alamannen befreundeten Sueben – auch die Gebiete des heutigen Baden-Württembergs erreicht zu haben.

Sonderwünsche für die letzte Ruhe

Mit den neuen Siedlungen wurden auch neue Bestattungsplätze angelegt. Der Trend ging im Laufe des 7. Jahrhunderts n. Chr. zu Sondergrablegen. Das heißt, Tote wurden nicht mehr auf dem Ortsfriedhof, sondern im Hofbereich eines Anwesens oder sogar in vorgeschichtlichen Grabhügeln bestattet. So finden sich zum Beispiel in der Siedlung „Mittelhofen" bei Lauchheim bei einzelnen Höfen Grablegen mit teilweise außerordentlich reichen Beigaben. Weitere Sonderbestattungsplätze waren außerdem die neu entstehenden Kirchen. Denn das Christentum befand sich auch in der *Alamannia* auf dem Vormarsch. Nach und nach wurde bis zum frühen 8. Jahrhundert n. Chr. die Beigabensitte aufgegeben. Darauf folgte auch die Aufgabe der Reihengräberfelder. Die Friedhöfe wurden dann ab dem späten 7. bis zum frühen 8. Jahrhundert zu den Kirchen verlegt. Das allerdings hatte die Konsequenz, dass Siedlungen ohne Pfarrkirche auch keinen eigenen Friedhof mehr besaßen.

Von Wotan zu Christus

Unter der fränkischen Herrschaft wurden die Alamannen ab dem 7. Jahrhundert n. Chr. verstärkt mit dem Christentum konfrontiert. Seine Ausbreitung schlug sich zunehmend im Bestattungsbrauchtum nieder, in Form von Gegenständen mit christlichen Symbolen, zu denen auch die bereits erwähnten Goldblattkreuze gehören. Diese dünnen Goldblattkreuze wurden auf Tücher aufgenäht und den Toten auf das Gesicht gelegt.

Richtige Missionare sind nicht überall überliefert. Sie scheinen vor allem am südlichen Rand der *Alamannia*, im Bereich von Rhein und Bodensee, unterwegs gewesen zu sein. Denn hier sind sie durch die Namen Fridolin, Columban oder Gallus schriftlich belegt. Wohl um 600 n. Chr. wird im Bereich des spätrömischen Kastells in Konstanz das Alamannen-Bistum gegründet.

Der Übergang zum Christentum scheint ganz allmählich verlaufen zu sein, denn wir beobachten noch lange ein Nebeneinander heidnischer und christlicher Glaubensvorstellungen.

Eindeutig christlich sind die Kirchen, die nun entstehen. Die ältesten, sicher datierbaren Kirchen nördlich des Rheins gehören in das 7. Jahrhundert n. Chr. und waren durchweg Holzbauten. Im 8. Jahrhundert n. Chr. wurden sie durch Steinbauten ersetzt. Diese besaßen oft einen halbrunden Chor, eine sogenannte Apsis. Sie wurden als Eigenkirchen bei den Herrenhöfen errichtet und standen zunächst nur der Hofgemeinschaft offen. Der Herr erhielt die Einkünfte und konnte auch den Priester einsetzen. Bestattet wurden dort die Angehörigen und Priester. Beispiele für frühe Eigenkirchen liegen u. a. aus Rottenburg-Sülchen, Unterregenbach und Esslingen vor.

> **Schon gewusst?! Wenn einer dem andern …**
>
> Die zunehmende Rolle des Christentums spiegelt sich auch in der jüngeren Rechtsaufzeichnung, dem im frühen 8. Jahrhundert unter Herzog Lantfrid (724–730 n. Chr.) aufgezeichneten *Lex Alamannorum* wider. Sie enthält einen kirchenrechtlichen Teil, der dem 100 Jahre älteren *Pactus Legis Alamannorum* fehlt. Beiden gemeinsam ist der Bußenkatalog mit den akribisch geschilderten Vergehen und den dafür angesetzten Strafen. Diese sollten verhindern, dass Rechtsverletzungen Rache und Fehde nach sich zögen. So heißt es beispielsweise:
>
> *„Wenn einer dem andern den Arm über dem Ellbogen oder den Schenkel über dem Knie mit einem Schwert oder einem Stock bricht und nicht lähmt, zahle er 6 Schillinge"*
>
> *„Wenn eine Frau die andere Hexe oder Giftmischerin schilt, sei es dass sie dies im Streit oder in Abwesenheit sagt, zahle sie 12 Schillinge."*
>
> *„Wenn einer einen fremden Zaun zerhaut, zahle er 3 Schillinge."*

FUNDSTELLE 60

Dornröschenschlaf im Untergrund – Die Krypta von Unterregenbach

Kreis Schwäbisch Hall

125 Krypta in St. Veit, Unterregenbach

Groß war die Freude, als mit den Ausgrabungen der 1960er- und 1970er-Jahre in der Pfarrkirche St. Veit endlich ein Stück der großen Besiedlungslücke des Örtchens Unterregenbach geschlossen werden konnte. Schon seit dem 19. Jahrhundert war man beim Bau des Pfarrhauses auf Reste einer alten Krypta gestoßen, welche aber in keiner schriftlichen Quelle zu finden war. Als dann auch noch der Pfarrer Heinrich Mürdel bei der Anlange seines Gartens unerklärliche Fußboden- und Mauerreste ausgrub, war das „Rätsel von Unterregenbach" groß. Was hatte es mit diesen alten Gemäuern nur auf sich? Erst die späteren Ausgrabungen beim Umbau der Pfarrkirche brachten Licht ins Dunkel und den ältesten Vorgängerbau der Kirche zum Vorschein. Heute sind die Reste der kleinen frühmittelalterlichen Saalkirche im Grabungsmuseum unter der Kirche St. Veit zu bestaunen.

Klein, aber fein ist die Pfarrkirche von Unterregenbach noch heute. Ein eigentlich eher unauffälliger Kirchenbau mit einem hübschen Fachwerkturm. Die alte Kirche, erbaut im 11. Jahrhundert mit einer dreischiffigen Basilika, brannte in der ersten Hälfte des 13. Jahrhunderts ab und wurde durch einen ähnlich großen Bau mit Querschiff und zweigeschossiger Kapelle ersetzt, der zusätzlich mit Wandmalereien ausgestaltet war. Ein Fragment dieser Wandmalereien konnte in der oberen Kapelle in der Mauerung noch geborgen werden. Es stammt aus dem 13./14. Jahrhundert. Um 1480 entstand dann der Neubau der Pfarrkirche St. Veit, wie sie heute noch zu sehen ist. Ein Rätsel ist jedoch eine zweite, viel größere dreischiffige Basilika mit einer Krypta, die nördlich der Kirche St. Veit aufgedeckt wurde und schwer zu datieren ist. Deshalb lässt sich nicht sicher sagen, ob beide Kirchen gleichzeitig erbaut wurden oder sich ablösten. Auch diese Basilika kann nur bis ins 13. Jahrhundert bestanden haben.

Noch interessanter als die Geschichte dieser beiden Kirchen ist das älteste Kirchlein, welches viele Jahrhunderte unter dem heutigen Kirchenbau seinen Dornröschenschlaf gehalten hat. Denn es verrät, wann das Christentum auch in Unterregenbach Einzug gehalten hat. Die Ausgräber G. P. Fehring und G. Stachel legten eine kleine sogenannte Saalkirche mit Rechteckchor frei. Und diese datiert doch tatsächlich in das späte 8. oder frühe 9. Jahrhundert n. Chr. Also noch in die Zeit des frühen Mittelalters, als sich das Christentum mehr und mehr in Südwestdeutschland ausbreitete, in der plötzlich die Gräberfelder verschwanden und überall bei den Herrenhöfen kleine Holzkirchen entstanden; wobei ein solcher Vorgängerbau in Unterregenbach nicht entdeckt wurde. Nordöstlich der Kirche wurden Reste von Holz- und Steinbauten gefunden, die zum Herrenhof gehört haben könnten.

Im Schiff der ersten erwähnten Kirche lagen zwei eingetiefte „Kreuzkanäle". Ob diese tatsächlich, wie die Ausgräber vorsichtig behaupteten, dem Sakrament der Taufe zuzuschreiben sind, ob es sich um zwei Reliquiengräber handelt oder ob sie noch eine ganz andere Funktion hatten? Wir wissen es bislang nicht.

Gefreut haben diese archäologischen Befunde nicht nur die Ausgräber, sondern auch die Bewohner des Ortes. Denn die Nachweise der vorgeschichtlichen Besiedlung in Unterregenbach endeten bis dato in der keltischen Epoche. Der Fund der alamannischen „Eigenkirche", die mit Sicherheit zu einem Herrenhof oder einer daraus entstandenen Siedlung gehört haben dürfte, schließt die Besiedlungslücke wenigstens ein wenig. Und so war es nur selbstverständlich, die archäologischen Befunde zu konservieren und unter dem Fußboden der heutigen Pfarrkirche zusammen mit der Krypta der Öffentlichkeit zugänglich zu machen. Die Funde der langjährigen Grabungen hingegen sind seit 1980 in einer Dauerausstellung im ehemaligen Schulhaus zu sehen. Außerdem wurden diese seit 1996 durch Grabungspläne, Rekonstruktionszeichnungen und Schrifttafeln ergänzt.

Einzug der Mönche

Im Zuge der Christianisierung entstanden im Frankenreich zahlreiche, meist durch Wandermönche gegründete Klöster. In der ersten Hälfte des 8. Jahrhunderts n. Chr. waren sie in Alamannien jedoch noch selten. Nach der Legende gründete der Priester Otmar 719 n. Chr. am Grab des um 650 n. Chr. verstorbenen Einsiedlers Gallus das Kloster St. Gallen an der Steinach (Schweiz). St. Gallen gilt als eigentliches alamannisches Kloster. Durch zahlreiche Schenkungen erreichte es im 8. und 9. Jahrhundert n. Chr. Wohlstand, Besitz und Einfluss. 818 n. Chr. erhielt das Kloster letztendlich den Status eines Reichsklosters. Das in Baden-Württemberg am Bodensee liegende Kloster Reichenau wurde nur wenige Jahre später als fränkisches „Konkurrenzkloster" gegründet. Beide Klöster wurden zu wichtigen Zentren der Bildung und Schriftlichkeit und läuteten damit eine neue Ära ein.

Über die A 6 Heilbronn-Nürnberg, Ausfahrt 42 Kupferzell, dann auf die B 19 nach Künzelsau. Ab Künzelsau auf die L 1033 in Richtung Langenburg. Nach Überquerung der Jagst biegen Sie in Oberregenbach links auf die L 1025 nach Unterregenbach ab. In Unterregenbach links die Jagst überqueren und wieder links in die Lindengasse abbiegen. An der nächsten Kreuzung geht es rechts in die Straße „Am Bach". Hier finden Sie das Grabungsmuseum und die Krypta unter der Kirche St. Veit.

49°16'28.6"N, 9°49'56.7"E

ca. ½–1 Stunde

Nicht barrierefrei

Grabungsmuseum und Krypta Unterregenbach, Am Bach 20, 74595 Langenburg-Unterregenbach, Tel. 07905/332, post@Langenburg.de, www.langenburg.de

Öffnungszeiten: In den Sommermonaten sind Kirche und Krypta immer geöffnet (einfach den Stein vor der Tür entfernen und reingehen! Links ist der Lichtschalter. Eine kleine Spende in die Büchse werfen, Tür zu und Stein wieder vor die Tür legen). Führung nach Voranmeldung im Fremdenverkehrsamt.

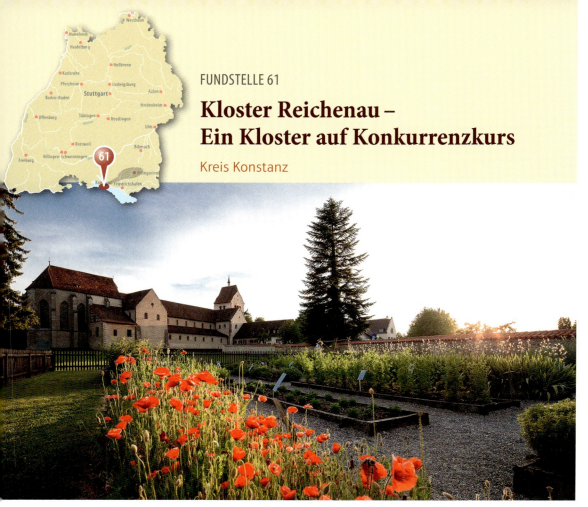

FUNDSTELLE 61

Kloster Reichenau – Ein Kloster auf Konkurrenzkurs

Kreis Konstanz

126 Klosterinsel Reichenau – Münster St. Maria und Markus mit Kräutergarten

Nicht nur die Blumeninsel Mainau ist schön. Fahren Sie doch mal auf die Reichenau! Als bedeutender Ort des frühen Christentums ist die Klosterinsel neben ihrem einstigen „Konkurrenzbetrieb", dem Kloster St. Gallen (Schweiz), vor allem Herkunftsstätte der ältesten und bedeutendsten Schrift- und Bildzeugnisse Baden-Württembergs. Als Kulturlandschaft und mittelalterliches Zeugnis von religiöser und kultureller Bedeutung ist die gesamte Insel Reichenau übrigens Teil des UNESCO Weltkulturerbes! Auch wenn von dem einstigen Gründungskloster aus dem 8. Jahrhundert n. Chr. nichts mehr zu sehen ist, so sind dennoch die hochmittelalterlichen Fresken des 10. und 12. Jahrhunderts in den Kirchen St. Georg sowie St. Peter und Paul absolut sehenswert.

Das erste Kloster auf der Bodenseeinsel Reichenau wurde 724 n. Chr. vom Wanderbischof Pirmin unter dem Schutz des karolingischen Hausmeiers Karl Martell gegründet und stand damit von Anfang an unter fränkischem Einfluss. Sowohl der Bischof als auch sein Nachfolger mussten das Kloster bald verlassen, weil sie das Misstrauen des alamannischen Herzogs erregten. Vermutlich wurde die Reichenau aus politischen Gründen als Konkurrenzkloster zum alamannischen Kloster St. Gallen gegründet. Gegen Ende des 8. Jahrhunderts n. Chr. stieg das Kloster zur Karolingischen Reichsabtei auf. Aber wo auf der Insel lag nun dieses erste Kloster?

Das eigentliche Gründungskloster lag an der Nordseite der Reichenau an einer kleinen Bucht am Gnadensee. Das heutige Münster St. Maria und Markus ist die älteste Kirche der Insel. Unter ihm fanden sich die Reste der ehemaligen Klosterkirche der ersten Benediktinerabtei der Reichenau.

Bei den Grabungen der 80er-Jahre des vergangenen Jahrhunderts konnte ein früher Holzbau erfasst werden. Dieser stammte – das konnte anhand von Jahrringdatierungen der Hölzer nachgewiesen werden – aus der Gründungszeit des Klosters. Ab 799 n. Chr. wurde das Kloster wohl in Stein ausgebaut und erhielt eine einfache Saalkirche mit Rechteckchor. Im 9. Jahrhundert n. Chr. erfolgten verschiedene Umbauten. Der Letzte geschah in der ersten Hälfte des 11. Jahrhunderts. Erfasst wurde 2006 auch ein Klosterfriedhof mit zwölf Gräbern. Bereits 1929 fand man im Chor der Kirche ein Sammelgrab des mittleren 8. Jahrhunderts n. Chr., in dem wohl drei Konstanzer Bischöfe sowie Graf Gerold, der Schwager Karls des Großen, ihre letzte Ruhe fanden.

Heute dienen die „neuen" Konventsgebäude des Münsters als Pfarrhaus und Sitz der Gemeindeverwaltung. Im dazugehörigen weitläufigen Keller keltert der Winzerverein den Reichenauer Wein. In der Schatzkammer des Münsters sind zahlreiche Reliquienschreine und weitere Kunstgegenstände aus dem 5.–18. Jahrhundert zu sehen.

Ebenfalls im Jahr 799 n. Chr. wurde in Niederzell die kleine Klosterzelle St. Peter und Paul gegründet und als Stift im späten 11. und frühen 12. Jahrhundert zur dreischiffigen, romanischen Basilika umgebaut. Sie ist die zweitälteste Kirche der Reichenau. Die Malereien des Nachfolgebaus aus dem 11./12. Jahrhundert sind in der Apsis heute noch sichtbar.

Erst 898 n. Chr. wurde die Kirche St. Georg in Oberzell an der Ostspitze der Insel errichtet. Sie ist die dritte Kirche der Reichenau. Die dort sichtbaren, historisch wertvollen Fresken werden in das späte 10. Jahrhundert datiert. Acht großflächige

> Über die A 81/A 96, Ausfahrt 40 Kreuz Hegau, auf die B 33 Richtung Konstanz, Ausfahrt Reichenau. Parkplatz am Yachthafen oder aber mit dem Schiff erreichbar.
>
> Museum Reichenau: 47°41′43.4″N, 9°03′57.6″E;
> St. Peter und Paul: 47°42′23.3″N, 9°02′46.6″E;
> St. Georg: 47°41′21.6″N, 9°04′54.4″E,
> Münster St. Maria und Markus: 47°41′55.5″N, 9°03′43.4″E
>
> Halbtages- bis Tagestour
>
> Im Prinzip barrierefrei. Wer nicht alles zu Fuß gehen möchte: Rundfahrten sind auch mit dem Insel-Bus möglich.
>
> Museum Reichenau; Münster St. Maria und Markus, Münsterplatz 4, 78479 Reichenau.
>
> Kirche St. Georg, Seestraße 4, 78479 Reichenau.
>
> Kirche St. Peter und Paul, Eginostraße 12, 78479 Reichenau.
>
> Öffnungszeiten aller Museumsgebäude
> April – Oktober: tägl. 10.30–16.30 Uhr
> Juli – August: tägl. 10.30–17.30 Uhr
> November – März: Sa., So., feiertags 14.00 – 17.00 Uhr

Schon gewusst?!
Der Gartenkult beginnt im Kloster

Neben aller Schriftlichkeit, sogar für die Gartenkultur gingen entscheidende Impulse vom Kloster Reichenau aus! Bereits im 9. Jahrhundert n. Chr. legten die Mönche einen *Hortulus* (Gärtlein) an. Es ist die erste schriftliche Überlieferung des Gartenbaus in Deutschland. Das Lehrgedicht *De cultura hortorum* des Reichenauer Abtes Walahfrid Strabo treibt den neuen Gartenkult zwischen 830 und 840 n. Chr. dann auf die Spitze, indem er den Kräutergarten des Klosters ganz ausführlich darstellt und das in sage und schreibe 444 Versen! Er beschreibt 24 Heil- und Küchenkräuter sowie Zierpflanzen, die noch heute in unseren Gärten angebaut werden. 1991 wurde neben dem Münster St. Maria und Markus dieser Kräutergarten nach historischem Vorbild innerhalb der alten Klostermauern wieder angelegt. Zu besichtigen ist der Kräutergarten das ganze Jahr über auch ohne Führung.

Wandbilder im Mittelschiff zeigen die Wundertaten Jesu und illustrieren dessen Macht über die Naturgewalten, Krankheiten, Leben und Tod. Sie gehören damit zu den frühesten Zeugnissen ihrer Art nördlich der Alpen und stehen in engem Zusammenhang mit der im Reichenauer Skriptorium entstandenen Buchmalerei, die ebenfalls um 1000 n. Chr. ihren Höhepunkt erreichte.

Im 13. Jahrhundert begann dann der Niedergang des Klosters. Ab 1540 war das Kloster nur noch Verwaltungsstelle des Bistums Konstanz und wurde 1757 ganz aufgegeben. Seit 2001 leben dort jedoch wieder Mönche. 2003 wurde die Reichenau als Ganzes in das UNESCO Weltkulturerbe aufgenommen. Bis heute ist die altehrwürdige Klosterinsel ein Besuchermagnet – ein Ort, an dem es viel zu entdecken gibt!

Herzöge gegen Hausmeier

Kommen wir noch einmal zurück zur politischen Geschichte. Während um 630/40 n. Chr. Herzog Gunzo noch am Bodensee residierte, hatte der Alamannenherzog Gotfrid um 700 n. Chr. seinen Sitz in Cannstatt. Er fühlte sich mächtig genug, um sein Amt an seine Söhne weiterzugeben. Das konnten allerdings die karolingischen Hausmeier nicht dulden, die das Sagen im fränkischen Reich hatten. Sie hatten bislang dafür gesorgt, dass nur schwache Nachkommen der Merowinger auf den Königsthron kamen. Dies nahmen wiederum die alamannischen Herzöge nicht hin, die nämlich weiterhin den Merowingerkönigen dienen wollten. Das führte zu mehreren Kämpfen, in denen der Karolinger Karl Martell und später seine Söhne Pippin und Karlmann siegten. 746 n. Chr. kam es in Cannstatt zum Showdown, der als „Blutgericht von Cannstatt" in die Geschichte eingegangen ist. Dass dieses Ereignis tatsächlich so blutig ausfiel, lässt sich jedoch nicht belegen.

Blutig oder nicht, mit den Ereignissen in Cannstatt 746 n. Chr. endet die eigenständige Geschichte der Alamannen.

Alamannien und die Karolinger

Nach der Niederlage in Cannstatt ließ sich der Karolinger Pippin 751 n. Chr. zum König erheben und schickte den letzten Merowingerkönig ins Kloster. Das Herzogtum Alamannien wurde nun von den Amtsgrafen der Karolinger mit harter Hand verwaltet und neu organisiert. Die alamannischen Adeligen wurden wohl enteignet. Oder aber sie versuchten, ihren Besitz vor dem Zugriff des Königs zu schützen, indem sie diesen den Klöstern – beispielsweise St. Gallen, Reichenau, Weißenburg oder Lorsch – schenkten und dann gegen einen Zins weiter nutzen durften. Diese Schenkungen führten zum Wohlstand der Klöster, die sich so nicht nur zu Bildungs-, sondern auch zu Wirtschaftszentren entwickelten.

Zu den von König Pippin beauftragten Persönlichkeiten, welche die Herrschaft in Alamannien sichern sollten, gehörte auch Abt Fulrad von Saint Denis, Hofkaplan und ranghöchster Geistlicher im Frankenreich. Er gründete in Herbrechtingen an der Brenz, in Hoppetenzell bei Stockach und in Esslingen am Neckar kleine Klöster, sogenannte *cellae*, die er dem Königskloster Saint-Denis bei Paris vermachte.

Schon gewusst?!
Urkunden als früheste Schriftquellen

Um ihre Besitzungen zu verwalten, griffen die Klöster verstärkt zur Feder. Ihre Schreiber stellten Urkunden aus, die zur besseren Übersicht in Archiven verwahrt wurden. Während die Schenkungen an die Klöster Reichenau, Lorsch und Weißenburg nur noch als Abschriften erhalten sind, blieben im Kloster St. Gallen in der Schweiz von ursprünglich ca. 3000 Urkunden rund 750 im Original erhalten und werden noch immer im Stiftsarchiv aufbewahrt. Sie sind Quellen von unschätzbarem Wert und wurden daher zu Recht 1983 zum Weltkulturerbe erhoben. Den aufbewahrten Schenkungsurkunden und ihren späteren Abschriften verdanken wir die Erstnennungen vieler unserer Dörfer.

FUNDSTELLE 62

Eine Pilgerreise in Esslingens Vergangenheit – Die Stadtkirche St. Dionys

Kreis Esslingen

127 Unter der Esslinger Stadtkirche St. Dionys

Als im Zuge von Baumaßnahmen in den Jahren 1960 bis 1983 die gesamte Innenfläche der Esslinger Stadtkirche St. Dionys archäologisch untersucht werden konnte, stießen die Wissenschaftler auf eine im 8. Jahrhundert n. Chr. beginnende und über mehrere Jahrhunderte andauernde Bauabfolge. Diese spiegelt nicht nur die Baugeschichte der Kirche wider, sondern ebenso die soziale und politische Entwicklung Esslingens vom frühen Mittelalter bis in die Neuzeit. Glücklicherweise

128 Nordmannstein mit Grabinschrift IN NOMINE DOMINI NORDMAN (8. Jh. n. Chr.)

konnten auch hier die freigelegten Befunde konserviert werden und sind heute im Ausgrabungsmuseum unter dem heutigen Kirchenschiff zu bewundern. Wer einen Ausflug oder einen Stadtrundgang durch Esslingens schöne Altstadt plant, sollte sich einen Besuch des Museums St. Dionys nicht entgehen lassen!

Schon fast etwas unheimlich wird es einem zumute, wenn man sich in die Unterwelt des heutigen Kirchenschiffes begibt. Durch den Eingang links vom Hauptportal gelangt man hinab zu den Anfängen der im 13. Jahrhundert auf den Resten der Vorgängerbauten errichteten Esslinger Stadtkirche St. Dionys. Hier unten finden wir die konservierten Überreste zweier frühmittelalterlicher Kirchen, die in der Forschung kurz als „St. Vitalis I und II" bezeichnet werden. Der erste Kirchenbau (Vitalis I) entstand bereits um 700 n. Chr. Es handelt sich um eine einfache rechteckige Saalkirche mit quadratischem Chor. 759/768 n. Chr. übereignete der Adelige Hafti – das weiß man aus schriftlichen Urkunden – seine Kirche Abt Fulrad von Saint-Denis, der dort ein kleines Mönchskloster gründete. Die bei den Ausgrabungen im Kirchenschiff freigelegten, dort bestatteten 15 Männer und zwei Knaben dürften zur Mönchsgemeinschaft gehört haben. Die Grabplatte eines der Knabengräber trägt die Inschrift: IN NOMINE D(OMI)NI NORDMAN („Im Namen des Herrn, Nordman"). Sie gilt als die älteste mittelalterliche Grabinschrift Süddeutschlands.

Der Chor wurde mit einem Steinsarkophag mit den Reliquien des hl. Vitalis ausgestattet und durch Chorschranken abgetrennt. 777 n. Chr. vermachte Abt Fulrad seine *cella* dem Kloster Saint-Denis. Wohl durch das Reliquiengrab des hl. Vitalis (daher der heutige Name der frühen Kirchenbauten) erlangte die Kirche zusehends Bedeutung, so dass um 860 n. Chr. an ihrer Stelle eine zweite, größere Kirche (Vitalis II) errichtet wurde. Diese war nicht breiter als der Vorgängerbau, aber mit 40 m deutlich länger und besaß eine geräumige Hallenkrypta, welche die Pilger zum Grab des Heiligen führte. Auch diese Kirche wurde bis zu ihrer Aufgabe zugunsten der heutigen Stadtkirche mehrfach umge-

> **Schon gewusst?! Runen und Latein**
>
> Die Alamannen hatten zunächst keine eigene Schrift und waren wohl größtenteils des Schreibens und Lesens unkundig. Aus dem 6. und 7. Jahrhundert n. Chr. finden sich allerdings immer wieder Gegenstände mit nachträglich eingeritzten Runen. Es sind Wünsche, Schutz- und Liebesformeln, manchmal Namen oder Götternamen. In einem Holzstuhl aus Trossingen war „Stuhl" eingeritzt. Dass auch Frauen runenkundig waren, zeigt eine Inschrift auf einem Holzstab aus einem Frauengrab aus Neudingen. Darauf steht „Liebes (wünscht) Imuba dem Hamal" und „Blidgund schrieb die Runen". Ab dem späten 7. Jahrhundert finden sich selten auch lateinische Buchstaben, so z. B. auf dem Grabstein des Knaben Nordman in Esslingen.

baut und erweitert. Warum ein Patrozinienwechsel von St. Vitalis zu St. Dionys stattfand, ist unklar.

Die teilweise noch erhaltenen Mauern der frühmittelalterlichen Kirchenbauten sind heute Mittelpunkt des Museums, das aber auch Einblicke in die vorgeschichtliche Besiedlungsphase Esslingens in der Urnenfelder- und Römerzeit gibt. Zu sehen sind neben den Fundamentresten und der Innenausstattung von St. Vitalis I und II natürlich auch die Reste des Heiligengrabes sowie der „Nordmannstein". Übrigens: Ein bisschen Pietät ist hier unten schon angesagt, denn das Museum wurde auch als Andachtsort eingerichtet, ganz so wie schon vor rund 1200 Jahren, als sich die Kirche als Pilgerstätte großer Beliebtheit erfreute. Sichtbar ist dies bis heute an den teils noch erhaltenen Spuren der Pilger.

> Von Stuttgart über die B 10 in Richtung Plochingen. Oder über die A 8 Stuttgart-Ulm, Ausfahrt 55 Köngen/Wendlingen/Esslingen, auf die B 10 in Richtung Plochingen abbiegen bis Ausfahrt Esslingen. Am Ortseingang die Ausfahrt L 1150 Richtung Esslingen a. N.-Zollberg/ Esslingen a. N.-Zentrum nehmen. Über die Neckarstr./Berliner Str. in Richtung Zentrum. Verschiedene Parkmöglichkeiten im Stadtzentrum. Vom Bahnhof sind es ca. 10 Minuten Fußweg zur Kirche.
>
> 48°44'32.5"N, 9°18'22.9"E
>
> Ca. ½–1 Stunde
>
> Nicht barrierefrei
>
> Ausgrabungsmuseum St. Dionys Esslingen, Marktplatz, 73728 Esslingen am Neckar, Tel. 0711/35123240, info@museen-esslingen.de, www.museen-esslingen.de. Öffnungszeiten: Besichtigung im Rahmen von Führungen jeweils Do. u. So. 15 Uhr.

Karl der Große – ein Abschied von der Frühgeschichte

Die Söhne König Pippins, Karl und Karlmann, teilten sich 768 n. Chr. die Königsherrschaft im Frankenreich. Als Karlmann 771 n. Chr. starb, wurde Karl König des Reiches und somit auch von Alamannien. 770 oder 771 n. Chr. heiratete er Hildegard, eine „Jungfrau aus edelstem schwäbischen Geschlecht, aus der Sippe des Alamannenherzogs Gotfrid …". Ihr Vater, Graf Gerold kam aus Rheinfranken, ihre Mutter Imma entstammte dem alamannischen Herzogsgeschlecht. Diese Ehe wurde somit geschlossen, um Bündnisse zwischen den Adelsfamilien zu schaffen. Ihr Bruder Graf Gerold, von dem wir schon gehört haben, wurde zum engen Vertrauten Karls. Auch viele weitere alamannische Adelige machten am Hof Karls des Großen, denn so kennen wir diesen König, Karriere. Hildegard gebar Karl in zwölf Ehejahren neun Kinder und wurde so zur Stammmutter sämtlicher Karolingerkönige. Die Kaiserkrönung ihres Gatten am 25. Dezember 800 n. Chr. erlebte sie nicht mehr, sie starb 783 n. Chr. Der Hauptwohnsitz der sogenannten Geroldsippe, die auch zur gesellschaftlichen Elite des Frankenreichs gehörte, wird in Nagold vermutet.

Mit der Regentschaft Karls des Großen und dem zunehmenden Beginn der Schriftlichkeit verabschieden wir uns aus der Vor- und Frühgeschichte. Nun beginnt das Mittelalter im eigentlichen, uns bekannten Sinne. Es entstehen unter den neuen Reichsstrukturen Königshöfe (z. B. in Rottweil), Königspfalzen (Ulm), die ersten Reichsstädte sowie verstärkt Burgen und Klöster. Alle diese weiteren Entwicklungen, die historischen Quellen und archäologischen Funde, Befunde und Fundstellen würden ein eigenes Buch füllen und bleiben somit, bis auf weiteres, leider dem Leser vorenthalten!

Museumslandschaft

Landesmuseum Württemberg
Altes Schloss, Schillerplatz 6, 70173 Stuttgart,
Tel. 0711/895351 11, *info@landesmuseum-stuttgart.de*,
www.landesmuseum-stuttgart.de

Archäologisches Landesmuseum Baden-Württemberg
Benediktinerplatz 5, 78467 Konstanz, Tel. 07531/98040,
info@konstanz.alm-bw.de, www.konstanz.alm-bw.de

Badisches Landesmuseum Karlsruhe
Schlossbezirk 10, 76131 Karlsruhe, Tel. 0721/926-6514,
info@landesmuseum.de, www.landesmuseum.de

Reiss-Engelhorn-Museen
Museum Weltkulturen D5, 68159 Mannheim,
Tel. 0621/2933150 oder 0621/2933771,
buchungen.rem@mannheim.de, www.rem-mannheim.de

Kurpfälzisches Museum der Stadt Heidelberg
Hauptstraße 97, 69117 Heidelberg, Tel. 06221/5834020,
kurpfaelzischesmuseum@heidelberg.de,
www.museum-heidelberg.de

A

Limesmuseum Aalen
St.-Johann-Straße 5, 73430 Aalen, Tel. 07361/5282870 ,
limesmuseum@aalen.de, www.limesmuseum.de

Museum im Kräuterkasten
Im Hof 19, 72458 Albstadt-Ebingen (im alten Ortszentrum
des Stadtteils Ebingen).

Heimatmuseum Allensbach
Rathausplatz 2, 78476 Allensbach, *info@museum-allensbach.de*,
www.museum-allensbach.de

B

Federseemuseum Bad Buchau
August Gröber Platz, 88422 Bad Buchau, Tel. 07582/8350,
info@federseemuseum.de, www.federseemuseum.de

Stadtmuseum im Litschgihaus
Basler Str. 10-12, 79189 Bad Krotzingen, Tel. 07633/407174,
kulturamt@bad-krozingen.de, www.bad-krozingen.de

Hochrheinmuseum im Trompeterschloss
Schönaugasse 5, 79713 Bad Säckingen, Tel. 07761/2217,
www.trompetenmuseum.de

Museum im Steinhaus
Burgenviertel 15, 74206 Bad Wimpfen, Tel. 07063/97200,
info@badwimpfen.org, www.badwimpfen.de

Römische Badruinen „Friedrichsbad"
Carasana Bäderbetriebe GmbH (Caracalla-Therme/Friedrichsbad),
Römerplatz 1 bzw. Rotenbachtalstraße, 76530 Baden-Baden,
Tel. 07221/275934, www.carasana.de

Stadtmuseum im Alleehaus
Lichtentaler Allee 10, 76530 Baden-Baden, Tel. 07221/932272,
museum.archiv@baden-baden.de, www.baden-baden.de

Römische Badruine, Badenweiler
Kaiserstr. 3, 79410 Badenweiler, Tel. 07632/799300, *touristik@
badenweiler.de*, www.badruine-badenweiler.de

Braith-Mali-Museum
Museumstraße 6, 88400 Biberach an der Riß, Tel. 07351/51331,
museum@biberach-riss.de, www.museum-biberach.de

Urgeschichtliches Museum Blaubeuren
Kirchplatz 10, 89143 Blaubeuren, Tel. 07344/966990,
info@urmu.de, www.urmu.de

Förderverein Museum Bodman-Ludwigshafen e. V.
Schloßstraße 11, 78351 Bodman-Ludwigshafen,
Tel. 07773/935850, *webmaster@fvm-bl.de*, www.fvm-bl.de

Museum „Im Seelhaus"
Spitalplatz 1, 73441 Bopfingen, Tel. 07362/3855 oder
07362/8010, www.bopfingen.de

Kelnhof-Museum
Zwingelgasse 1, 78199 Bräunlingen, Tel. 0771/603172,
www.braeunlingen.de

Museum für Stadtgeschichte
Rheintorplatz 1, 79206 Breisach am Rhein, Tel. 07667/832161 oder
07667/7089, *stadtarchiv@breisach.de*, www.stadt.breisach.de

Städtisches Museum im Schloss
Schloss Bruchsal, 76646 Bruchsal, Tel. 07251/79253 oder
07251/79380, www.schloss-bruchsal.de, www.bruchsal.de

E

Keltenmuseum Hochdorf/Enz
Keltenstr. 2, 71735 Eberdingen, Tel. 07042/78911,
info@keltenmuseum.de, www.keltenmuseum.de

Museum in der „Alten Schule"
Nikolaus-Däublin-Weg 2, 79588 Efringen-Kirchen, Tel. 07628/8205,
museum@efringen-kirchen.de, www.efringen-kirchen.de

Museum Ehingen im Heilig-Geist-Spital
Am Viehmarkt, Kasernengasse 4, 89584 Ehingen an der Donau,
Tel. 0739/503531 oder 0739/75065, *museum@ehingen.de*,
www.ehingen.de

Römermuseum in der Schule
Römerstr. 38, 89584 Ehingen/Donau-Risstissen, Tel. 07392/4734
oder 07392/4740, www.ehingen.de

Alamannenmuseum Ellwangen
Haller Straße 9 (neben der Stadthalle), 73479 Ellwangen/Jagst,
Tel. 07961/969747, *alamannenmuseum@ellwangen.de*,
www.alamannenmuseum-ellwangen.de

Städtisches Museum + Galerie Engen
Klostergasse 19, 8234 Engen. Tel. 07733/501400, www.engen.de

Ausgrabungsmuseum St. Dionys
Esslingen Stadtkirche St. Dionys, Marktplatz,
73728 Esslingen am Neckar, Tel. 0711/35123240,
info@museen-esslingen.de, www.museen-esslingen.de

F

Archäologisches Museum Colombischlössle
Rotteckring 5, 79098 Freiburg im Breisgau, Tel. 0761/201-2571,
arco-museum@stadt.freiburg.de, www.freiburg.de

Museum Oberes Donautal
Schloßgasse 20, 78567 Fridingen/Donau, Tel. 07463/8474.

G

HöhlenErlebnisWelt Giengen-Hürben
Lonetalstr. 61, 89537 Giengen-Hürben.
Tel. 07324/987146, hoehlenerlebniswelt@giengen.de,
www.baerenland.de. oder www.hoehlenerlebniswelt.de

Stadtmuseum Giengen/Brenz
Dettinger Straße 3, 89537 Giengen an der Brenz (Stadtteil
Hürben), Tel. 07322/4803, www.giengen.de

Keltenmuseum Heidengraben
Böhringer Straße 7, 72582 Grabenstetten, Tel. 07382/387
(Rathaus Grabenstetten), kontakt@kelten-heidengraben.de,
www.kelten-heidengraben.de

Römermuseum Güglingen
Marktstraße 18, 74363 Güglingen, Tel. 07135/9361123,
info@roemermuseum-gueglingen.de,
www.roemermuseum-gueglingen.de

H

Hohenzollerisches Landesmuseum
Schloßplatz 5, 72379 Hechingen, Tel. 07471/621847,
info@hzl-museum.de, www.hzl-museum.de

Römisches Freilichtmuseum Hechingen-Stein
72379 Hechingen-Stein, Tel. 074 71/6400 (im Sommer)
bzw. 07471/622155 (im Winter), info@villa-rustica.de,
www.villa-rustica.de

Museum im Römerbad
Theodor-Heuss-Straße 3, 89518 Heidenheim,
Tel. 07321/3274710, historische-museen-archiv@heidenheim.de,
www.heidenheim.de.

Museum im Deutschhof
Deutschhofstraße 6, 74072 Heilbronn, Tel. 07131/562295
oder 071131/563144, museen-hn@stadt-heilbronn.de,
www.museen-heilbronn.de

Villa Urbana Heitersheim
Johanniterstraße 89, 79423 Heitersheim, Tel. 07634/595347,
villa-urbana@t-online.de, www.heitersheim.de

Heuneburgmuseum
Binzwanger Straße 14, 88518 Herbertingen, Tel. 07586/920838
oder 07586/1679, info@heuneburg.de, www.heuneburg.de

Freilichtmuseum Heuneburg – Keltenstadt Pyrene
Heuneburg 1-2, 88518 Hundersingen, Tel. 07586/8959405,
info@heuneburg-keltenstadt.de,
www.heuneburg-keltenstadt.de

Heimatmuseum Holzgerlingen
Friedhofstr. 6, 71088 Holzgerlingen, Tel. 07031/6808555,
www.heimatmuseum-holzgerlingen.de

J

Römisches Freilichtmuseum Jagsthausen
Sennenfelderstr. 14, 74249 Jagsthausen, Tel. 07943/91010,
info@gemeinde.jagsthausen.de, www.jagsthausen.de

Schlossmuseum Jagsthausen
Schloßstraße 17, 74249 Jagsthausen, Tel. 07943/91010,
www.jagsthausen.de

K

Bachritterburg Kanzach
Riedlinger Straße 12, 88422 Kanzach, Tel. 07582/930440,
info@bachritterburg.de, www.bachritterburg.de

Städtisches Museum im Kornhaus
Max-Eyth-Straße 19, 73230 Kirchheim unter Teck
Tel. 07021/502377, www.kirchheim-teck.de

Rosgartenmuseum Konstanz
Rosgartenstraße 3-5, 78462 Konstanz, Tel. 07531/900246,
www.freunde-des-rosgartenmuseums.de

Römerpark Köngen
Altenberg 3, 73257 Köngen, Tel. 07024/85802,
museum@koengen.de, www.koengen.de

Museum Küssaberg
Rathausring 1, 79790 Küssaberg-Reinheim,
info@museum-kuessaberg.de, www.museum-kuessaberg.de

L

Lobdengau-Museum
Amtshof 1, 68526 Ladenburg, Tel. 06203/700,
lobdengau-museum@stadtladenburg.de,
www.lobdengau-museum.de

Villa Jamm im Stadtpark Lahr
Dinglinger Hauptstraße/Kaiserstraße 3, 77933 Lahr,
Tel. 07821/9100416, stadtarchiv@lahr.de, www.lahr.de

Museum für Vor- und Frühgeschichte Langenau
Kirchgasse 9, 89129 Langenau, Tel. 07345/7453,
www.langenau.de

DUBRA Keltendorf Lauda
Bahnhofstr. 104, 97922 Lauda-Königshofen,
www.dubra.org

Museum Lauffen/N „im Klosterhof"
Klosterhof 4, 74348 Lauffen a. N., Tel. 07133/20770,
info@lauffen-a-n.de, www.lauffen.de

Stadtmuseum Leinfelden-Echterdingen
Hauptstr. 79, 70771 Leinfelden-Echterdingen, Tel. 0711/9975408
oder 0711/791082, www.leinfelden-echterdingen.de

M

Römermuseum Mainhardt
Hauptstraße 4, 74535 Mainhardt, Tel. 07903/91500,
www.mainhardt.de

Urgeschichtliches Museum Homo heidelbergensis
Heidelberger Str. 34, 69256 Mauer, Tel. 06226/92200,
rathaus@gemeinde-mauer.de, www.gemeinde-mauer.de,
www.homoheidelbergensis.de

Informationszentrum Heid'sches Haus
Verein Homo heidelbergensis von Mauer e.V., Bahnhofstr. 4,
69256 Mauer, Tel. 06226/9719315,
mensch@homoheidelbergensis.de,
www.homoheidelbergensis.de

Carl-Schweizer-Museum Murrhardt
Seegasse 36, 71540 Murrhardt, Tel. 07192/5402, info@
carl-schweizer-museum.de, www.carl-schweizer-museum.de

Markgräfler Museum Müllheim im Blankenhorn-Palais
Wilhelmstraße 7, 79379 Müllheim, Tel. 07631/801-520
oder 07631/801-523, museum@muellheim.de,
www.markgraefler-museum.de

N

Museum am Odenwaldlimes
Rathaus, Mosbacher Str. 7, Elztal-Neckarburken,
Tel. 06261/5706, www.elztal.de

ArchäoPark Vogelherd
Am Vogelherd 1, 89168 Niederstotzingen-Stetten,
Tel. 07325/9528000, info@archaeopark-vogelherd.de,
www.archäopark-vogelherd.de

O

Museum im Schwedenbau
Heimat- und Waffenmuseum, Klosterstraße 14,
78727 Oberndorf a. N., Tel. 07423/771175, www.oberndorf.de

Römischer Weinkeller Oberrixingen
Weilerstr. 14, 71739 Oberrixingen, Tel. 07042/90920,
www.roemerkeller-oberrixingen.de

Weygang Museum
Karlsvorstadt 38, 74613 Öhringen, Tel. 07941/35394,
info@weygang-museum.de

Museum im Ritterhaus
Ritterstrasse 10, 77652 Offenburg, Tel. 0781/822577,
museum@offenburg.de, www.museum-offenburg.de

Römermuseum Osterburken
Römerstraße 4, 74706 Osterburken, Tel. 06291/415266,
info@roemermuseum-osterburken.de,
www.roemermuseum-osterburken.de

P

Archäologischer Schauplatz Kappelhof
Altstädter Straße 26, 75175 Pforzheim, Tel. 07231/391308,
www.pforzheim.de

R

GeoPark Infostelle Lonetal – Höhle des Löwenmenschen
In der ehemaligen Mönchsklause Lindenau, 89192 Rammingen,
Tel. 07345/91250 (Gemeinde), www.lonetal.net

Museum im „Alten Rathaus"
Ergat 1, 78479 Reichenau, Tel. 07534/999321,
info@museumreichenau.de, www.reichenau-tourismus.de

Limestor Rainau-Dalkingen
Limesweg, 73492 Rainau, Tel. 07961/90020, info@rainau.de,
www.ostalbkreis.de, www.limes-cicerones.de

Römermuseum Remchingen
Niemandsberg 4, 75196 Remchingen-Wilferdingen,
Tel. 07232/372518, info@roemermuseum-remchingen.de,
www.roemermuseum-remchingen.de

Archäologisches Museum Renningen
Realschulgebäude, Rankbachstraße 40, 71272 Renningen,
Tel. 07159/924787, www.renningen.de

Museum Riegel
Hauptstraße 12, 79359 Riegel am Kaiserstuhl,
Tel. 07642/904411, info@museum-riegel.de,
www.museum-riegel.de

Goldbergmuseum
Ostalbstraße 33, 73469 Riesbürg-Goldburghausen,
Tel. 09081/29350, mail@goldbergmuseum.de,
www.riesbuerg.de

Sumelocenna – Römisches Stadtmuseum
Am Stadtgraben, 72101 Rottenburg am Neckar, Tel.
07472/165351, museen@rottenburg.de, www.rottenburg.de

Römerbad Rottenburg
Eugen-Bolz-Gymnasium, Mechthildstraße 26, 72108 Rottenburg,
Tel. 07472/9807, sekretariat@ebg-rottenburg.de

Römisches Bad unter der Pelagiuskirche
Pelagiusgasse 2, 78628 Rottweil.

Stadtmuseum Rottweil im Herderschen Haus
Hauptstraße 20, 78628 Rottweil, Tel. 0741/494330,
www.rottweil.de

Dominikanermuseum Rottweil
Kriegsdamm 4, 78628 Rottweil, Tel. 0741 /7662,
dominikanermuseum@rottweil.de, www.dominikanermuseum.de

S

Stadtmuseums Schelklingen
Merowingerstraße, 89601 Schelklingen, Tel. 07394/1640,
blumentritt@museum-schelklingen.de,
www.museum-schelklingen.de

Museum und Galerie im Prediger
Johannisplatz 3, 73525 Schwäbisch Gmünd, Tel. 07171/603-4130,
museum@schwaebisch-gmuend.de

Museum Seitingen-Oberflacht
Schulweg 7, 78606 Seitingen-Oberflacht, Tel. 07464/9868-0,
www.seitingen-oberflacht.de

Stadtmuseum Sindelfingen
Lange Str. 13, 71083 Sindelfingen, Tel. 07031/94212
www.sindelfingen.de

Archäologisches Hegau-Museum
Am Schlossgarten 2, 78224 Singen, Tel. 07731/85-267 oder -268,
hegau-museum@singen.de, www.in-singen.de

Urmensch-Museum Steinheim/Murr
Am Kirchplatz 4, 71711 Steinheim an der Murr,
Tel. 07144/263-113,
vorstand@foerderverein-urmensch-museum.de,
www.foerderverein-urmensch-museum.de

Museum im Alten Rathaus St. Leon-Rot
Marktstrasse 81, 68789 St. Leon-Rot, Tel. 06227/538-120,
hauptamtinfo@st-leon-rot.de, www.st-leon-rot.de

Staatliches Museum für Naturkunde Stuttgart/Museum am Löwentor und Schloss Rosenstein
Rosenstein 1, 70191 Stuttgart, Tel. 0711/89360,
museum@smns-bw.de

Museum Römerkeller Sulz/Neckar
Plettenbergstraße 2, 72172 Sulz am Neckar, Tel. 07454/5213
oder 07454/2998, www.kulturundheimatverein-sulz.de

T

Museum der Universität Tübingen, Alte Kulturen, Sammlungen im Schloss Hohentübingen
Burgsteige 11, 72070 Tübingen, Tel. 07071/29-77384,
museum@uni-tuebingen.de, www.uni-tuebingen

U

Römermuseum Stettfeld
Lußhardtstrasse 14, 76698 Ubstadt-Weiher, Tel. 07251/61714,
michael.schimmelpfennig@roemermuseum-stettfeld.de,
www.roemermuseum-stettfeld.de

Ulmer Stadtmuseum
Marktplatz 9, 89073 Ulm, Tel. 0731/1614330,
info.ulmer-museum@ulm.de, www.ulm.de

Grabungsmuseum und Krypta Unterregenbach
Am Bach 20, 74595 Langenburg-Unterregenbach,
Tel. 07905/332, *Post@Langenburg.de*, www.langenburg.de

Pfahlbaumuseum Unteruhldingen Freilichtmuseum und Forschungsinstitut
Strandpromenade 6, 88690 Uhldingen-Mühlhofen,
Tel. 07556/92890-0, *mail@pfahlbauten.de*, www.pfahlbauten.de

V

Franziskanermuseum Villingen-Schwenningen
Rietgasse 2, 78050 Villingen-Schwenningen, Tel. 07721/822351,
franziskanermuseum@villingen-schwenningen.de,
www.villingen-schwenningen.de

Heimat- und Uhrenmuseum Schwenningen
Kronenstraße 16, 78054 Villingen-Schwenningen, Stadtbezirk
Schwenningen, Tel. 07720/822371, *heimatmuseum@villingen-schwenningen.de*, www.villingen-schwenningen.de

Alamannenmuseum Vörstetten
Denzlinger Str. 24 a, 79279 Vörstetten, Tel. 07666/8820042,
info@alamannen-museum.de, www.alamannen-museum.de

W

Kastell+Museum Waldmössingen
Weiherwasenstraße, 78713 Schramberg-Waldmössingen,
Tel. 07402/9109-565, www.schramberg.de

„Römerhaus Walheim"
Römerstraße 16, 74399 Walheim, Tel. 07143/80410,
info@walheim.de, www.roemerhaus.com

Heimatmuseum Walldürn
Traboldsgäßchen 1, 74731 Walldürn, Tel. 06282/ 6463,
www.heimatmuseum-walldern.de

Archäologischer Park Ostkastell Welzheim
Kastellstr. 40, 73642-Welzheim, Tel. 07182/800815,
www.ostkastell-welzheim.de

Städtisches Museum Welzheim
Pfarrstr. 8, 73642 Welzheim, Tel. 07182/800815,
www.museumwelzheim.de

Alamannenmuseum Weingarten
Karlstr. 2, 888250 Weingarten, Tel. 0751/49343 oder 075/405255,
museen@weingarten-online.de, www.weingarten-online.de

Museum im restaurierten Mühlengebäude Wimsen
Wimsen 1, 72534 Hayingen-Wimsen, Tel. 07373/915260,
info@wimsen.de, www.tress-gastronomie.de

Schutzhaus Römisches Bad
Etterweg 3, 78573 Wurmlingen, Tel. 07461/92760,
buergermeisteramt@wurmlingen.de,
www.schutzhaus-wurmlingen.de

Zum Weiterlesen

Allgemein
Andreas Willmy/Frans Stummer, **Baden-Württemberg 1. Mensch-Kultur-Geschichte. Von den Anfängen bis zu den Kelten** (Kehl/Rhein 2012).

Dorothee Ade/Andreas Thiel/Frans Stummer/Francois Abel, **Baden-Württemberg 2. Mensch-Kultur-Geschichte. Von den Römern bis zu den Alamannen** (Kehl/Rhein 2012).

Gesellschaft für Archäologie Württemberg-Hohenzollern (Hrsg.), **Meilensteine der Archäologie in Baden-Württemberg** (Stuttgart 2013).

Landesmuseum Württemberg (Hrsg.), **Legendäre Meisterwerke. Kulturgeschichte(n) aus Württemberg** (Stuttgart 2012).

Steinzeit
Alice Roberts, **Die Anfänge der Menschheit. Vom aufrechten Gang bis zu den frühen Hochkulturen** (München 2012).

Almut Bick, **Die Steinzeit** (Stuttgart 2012).

Nicholas J. Conard, Michael Bolus, Ewa Dutkiewicz, Sibylle Wolf, **Eiszeitarchäologie auf der Schwäbischen Alb. Die Fundstellen im Ach- und Lonetal und in ihrer Umgebung** (Tübingen 2015).

Archäologisches Landesmuseum BW/Landesamt für Denkmalpflege (Hrsg.), **4000 Jahre Pfahlbauten** (Ostfildern 2016).

Badisches Landesmuseum Karlsruhe (Hrsg.), **Jungsteinzeit im Umbruch: Die „Michelsberger Kultur" und Mitteleuropa vor 6000 Jahren** (Darmstadt 2010).

Bronzezeit
Archäologisches Landesmuseum Baden-Württemberg (Hrsg.), **Goldene Jahrhunderte. Die Bronzezeit in Südwestdeutschland** (1997).

Kelten
Martin Kuckenburg, **Die Kelten** (Stuttgart 2010).

Ade, Dorothee/Willmy, Andreas, **Die Kelten** (Stuttgart 2012).

Dorothee Ade/Thomas Hoppe/Andreas Wilmy/Karin Sieber-Seitz, **Kelten selbst erleben! Kleidung, Spiel und Speisen – selbst gemacht und ausprobiert** (Stuttgart 2012).

Römer
Andreas Thiel, **Die Römer in Deutschland** (Stuttgart 2008).

Marcus Reuter/Andreas Thiel, **Der Limes. Auf den Spuren der Römer** (Stuttgart 2015).

Vera Rupp, **Landleben im röm. Deutschland** (Stuttgart 2012).

Juliane Schwartz/Ermelinde Wudy, **Römer selbst erleben! Kleidung, Spiel und Speisen – selbst gemacht und ausprobiert** (Stuttgart 2010).

Rheinisches Landesmuseum Trier/Landesmuseum Württemberg (Hrsg.), **Ein Traum von Rom. Stadtleben im römischen Deutschland** (Stuttgart 2014).

Frühmittelalter
Dorothee Ade/Bernhard Rüth/Andreas Zekorn, **Alamannen zwischen Schwarzwald, Neckar und Donau** (Stuttgart 2008).

Karin Krapp, **Die Alamannen. Krieger – Siedler – frühe Christen** (Stuttgart 2007).

Christoph Morrissey, **Die Alamannen zwischen Bodensee und Main: Schwaben im frühen Mittelalter** (Karlsruhe 2013).

Literatur für Kinder
Bärbel Oftring/Jonas Lauströer, **Wie fing alles an? Die Entwicklungsgeschichte des Menschen** (Frankfurt a. M. 2009).

Almut Bick, **Eiszeitjäger. Entdeckungsbuch: Lesen – Erkunden – Verstehen** (Stuttgart 2014).

Volker Präkelt/Derek Roczen, **BAFF! Wissen – Mensch, Mammut!: Warum der Koloss ein dickes Fell brauchte und was die Ötzi-Forscher vermasselt haben** (Würzburg 2012).

Martin Kuckenburg, **Die Welt der Kelten. Entdeckungsbuch. Lesen, erkunden, verstehen** (Stuttgart/Darmstadt 2012).

Martin Kuckenburg, **Kelten für Kids: Geschichte und Kultur der Kelten**. Hörbuch (Darmstadt 2012).

Stefanie Krämer/Veronika Lobe, **Die Römische Stadt. Entdeckungsbuch. Lesen, erkunden, verstehen** (Stuttgart/Darmstadt 2014).

Volker Präkelt/Katalina Präkelt/Fréderic Bertrand, BAFF! Wissen. **Titus, die Toga rutscht!: Welchen Job ein Konsul hatte und warum man im alten Rom lieber nicht Gladiator werden sollte** (Würzburg 2013).

Andrea Erne/Wolfgang Metzger, **Wieso? Weshalb? Warum? 30: Bei den Römern**. Buch/Hörbuch (Ravensburg 2012).

Susanne Rebscher, **Römer und Germanen. Entdeckungsbuch. Lesen, erkunden, verstehen** (Stuttgart 2013).

Danksagung

Da dieses Mammutprojekt ohne Hilfe wohl nie zu Stande gekommen wäre, so ist eine Reihe von Danksagungen angebracht.

Als erstes gilt mein Dank allen meinen treuen Co-Autoren, Gerlinde Bigga und Ewa Dutkiewicz (Eberhard Karls Universität Tübingen), Marina Monz (Landesamt für Denkmalpflege Baden-Württemberg, RP Stuttgart), Reinhard Rademacher (Kreisarchäologie Göppingen), Dorothee Ade und Andreas Willmy (IKU, Rottenburg), die mir mit Rat und vor allem Tat sowie wunderbaren, fachlich bestens recherchierten Übersichtstexten zur Seite standen.

Ein weiteres „Dankeschön" gilt aber gleichfalls meiner ganzen Familie, vor allem jedoch meinem Mann Jörg Lenz und meinen zwei Kindern Moritz und Benjamin für die große Geduld und die vielen gelaufenen Kilometer!

Weiterer Dank sei all denen gewidmet, die mich mit allen notwendigen Informationen sowie dem nötigen Bildmaterial versorgt und mir bereitwillig Auskunft gegeben haben: Institut für Ur- und Frühgeschichte und Archäologie des Mittelalters der Eberhard Karls Universität Tübingen, FG Biostratigraphie & Paläoökologie im Institut für Geowissenschaften Universität Heidelberg, Landesamt für Denkmalpflege Baden-Württemberg im RP Stuttgart, Archäologisches Landesmuseum Baden-Württemberg in Konstanz, Landesmuseum Württemberg in Stuttgart, Staatliches Museum für Naturkunde in Stuttgart, Kurpfälzisches Museum Heidelberg, Neanderthalmuseum Mettmann, Urgeschichtliches Museum Blaubeuren, Ulmer Museum, Pfahlbaumuseum Unteruhldingen, Federseemuseum Bad Buchau, Goldbergmuseum Goldburghausen, Franziskanermuseum Villingen-Schwenningen, Keltenmuseum Hochdorf/Enz, Freilichtmuseum Heuneburg – Keltenstadt Pyrene, Dominikanermuseum Rottweil, Römisches Freilichtmuseum Hechingen-Stein, Limesmuseum Aalen, Römermuseum Mengen-Ennetach, Römermuseum Güglingen, Lobdengaumuseum Ladenburg, Alamannenmuseum Ellwangen, Alamannenmuseum Vörstetten, Südtiroler Archäologiemuseum Bozen (IT), Römermuseum Weißenburg i. Bayern sowie Jürgen Hald (Kreisarchäologie Singen), Christiane Franke (Römerstraße Neckar-Alb-Aare), Kristina Eck (Homo heidelbergensis von Mauer e.V.), Stadtverwaltung Engen, Stadtverwaltung Schramberg, Stadtverwaltung Esslingen, Stadtverwaltung Steinheim/Murr, Gemeinde Efringen-Kirchen, Stadtverwaltung Badenweiler, Stadtverwaltung Walldürn, Stadtverwaltung Lauffen a. N., Tourist Information Insel Reichenau, Beate Martin (Heidensteinschule Schwörstadt), Johannes Wiedmann (Spuren Blaubeuren), Wolfgang Löhlein (3A Lörrach), Holger Wendling (Salzburgmuseum, AT), Werner Thierfelder (Höhlenverein Sontheimer Höhle e.V. Heroldstatt), Susanne Münzel und Angelika Wilk (Eberhard Karls Universität Tübingen), Karin und Matthias Seitz (Archäo Kooperation für Kulturvermittlung, Rottenburg), Christel Bock und Achim Lehmkuhl, Micheal Rau, Klaus Birkenmeier, Angela und Helmut Kopanitsak, Matthias Weber, Katja Bode, Seija Beckmann, Hansjörg Wilhelm, Rainer Straub und Franz Kiefer.

Für die redaktionelle Beratung, das Lektorat sowie die Projektbetreuung bedanke ich mich außerdem bei Rochus Rademacher, Kathrin Rademacher-Hengstberger, Ulrich Lenz, Sigrid Wianski, Susanne Rau und Melanie Ippach sowie Nathalie Schmitt, Julia Rietsch und Clemens Heucke von der WBG Darmstadt.

Ein weiterer Dank geht an Julia und Ares Klöble, Barbara und Reinold Zaiser, Vasiliki-Athanasia Hoursidou-Durban und Philipp Durban, Ines und Harry Magunia, Vivian van Straaten, Nicole und David Primm, Emanuel Dörner, Daniela Kaufmann, Stephanie Reifferscheid, Sabrina Zipperer, Christine Lenz, Johannes Lenz, Theresa Bonner sowie Nils Marchtaler.

Bildnachweis

S. 2–3: Michael Rau, Bopfingen | S. 10: Neanderthal Museum Mettmann © H.Neumann | S. 11: Archiv *Homo heidelbergensis* von Mauer e. V. | S. 12: Archiv *Homo heidelbergensis* von Mauer e. V. | S. 13: Staatliches Museum für Naturkunde, Stuttgart, D. Weißbecker | S. 15: Stadt Steinheim an der Murr | S. 17 o.: nach Feuerstein – Rohstoff der Steinzeit – Bergbau und Bearbeitungstechnik. Archäologisches Museum der Statd Kelheim, Museumsheft, 3, 1987. | S. 17 u.: Hannes Wiedmann | S. 18–19: Urgeschichtliches Museum Blaubeuren | S. 20: Neanderthal Museum Mettmann © H.Neumann | S. 22: Hannes Wiedmann | S. 24 o.: Archäologisches Landesmuseum Baden-Württemberg, Grafik: Bordon – Art Direktion & Design | S. 24 u., 25: Hannes Wiedmann | S. 26: Stadt Bad Schussenried | S. 28: Staatliches Museum für Naturkunde, Stuttgart, M. Rech | S. 30: Stadt Engen © Gerd Albrecht | S. 31: Lisa Rademacher | S. 33: Hannes Wiedmann | S. 34: Urgeschichtliches Museum Blaubeuren | S.35: Archäopark Vogelherd © G. Serino | S. 37: Hannes Wiedmann | S. 38: Landesamt für Denkmalpflege Baden-Württemberg/Ulmer Museum (Foto: Y. Mühleis) | S. 39: Urgeschichtliches Museum Blaubeuren © Claus Rudolph | S. 41, 43: Urgeschichtliches Museum Blaubeuren | S. 44: Eberhard Karls Universität Tübingen | S. 45: Urgeschichtliches Museum Blaubeuren | S. 46: Lisa Rademacher | S. 47: Urgeschichtliches Museum Blaubeuren | S. 48: Stadt Engen | S. 49: Hannes Wiedmann | S. 51: Lisa Rademacher | S. 53: Pfahlbaumuseum Unteruhldingen, Bild: Gunter Schöbel | S. 55: Katja Bode, Karlstr. 10, Friedrichshafen | S. 57, 59: Lisa Rademacher | S. 60: Federseemuseum Bad Buchau | S. 62: Archäologisches Landesmuseum Baden-Württemberg, Foto: Manuela Schreiner | S. 64: Wikimedia Commons / Lithothek | S. 67: Goldbergmuseum Goldburghausen | S. 69: Landesamt für Denkmalpflege, Foto: Jürgen Hald, Kreisarchäologie Landratsamt Konstanz | S. 70: Landesamt für Denkmalpflege im RP Stuttgart – Archäologische Denkmalpflege Freiburg | S. 72: Foto: H. Zwietasch; Landesmuseum Württemberg, Stuttgart | S. 74: Rekonstruktion by Kennis: © Südtiroler Archäologiemuseum/foto-dpi.com; Kolorierte Graphik der Rekonstruktion: © Südtiroler Archäologiemuseum/Sara Welponer/noparking | S. 76, 78, 80: Lisa Rademacher | S. 81: Andras Kücha | S. 82: Rainer Straub | S. 83, 85: Lisa Rademacher | S. 88–89, 90: Michael Rau, Bopfingen | S. 90: Michael Rau, Bopfingen | S. 93: Jürgen Härter | S. 95, 96: Keltenmuseum Hochdorf/Enz | S. 99: Michael Kienzler | S. 100: Foto: P. Frankenstein, H. Zwietasch; Landesmuseum Württemberg, Stuttgart | S. 102, 104: Landesamt für Denkmalpflege im Regierungspräsidium Stuttgart (Foto Y. Mühleis) | S. 105: Landesamt für Denkmalpflege im Regierungspräsidium Stuttgart (Foto Chr. Schwarzer) | S. 106: Karin Sieber-Seitz | S. 108, 110: Landesamt für Denkmalpflege Baden-Württemberg | S. 112, 114: Achim Lehmkuhl | S. 116: Landesamt für Denkmalpflege im Regierungspräsidium Stuttgart (Foto: J. Sailer) | S. 117: Lisa Rademacher | S. 120: A. Kopanitsak | S. 122: Entwurf D. van Endert/U. Timper, Foto J. Bahlo, RGK | S. 123, 124: Lisa Rademacher | S. 126–127: Ulrich Sauerborn/Limesmuseum Aalen | S. 129: Römermuseum Mengen-Ennetach | S. 131: Digitale Archäologie Freiburg/Limesmuseum Aalen | S. 133: Erwin Reiter | S. 134: Robert Hak | S. 136: Stadt Schramberg | S. 138: Stadt Köngen | S. 139: Foto: P. Frankenstein, H. Zwietasch; Landesmuseum Württemberg, Stuttgart | S. 142, 144: Lisa Rademacher | S. 145: Meikel Dörr | S. 147: Geopark Infozentrum Walldürn | S. 148: Lisa Rademacher | S. 149: Erwin Reiter | S. 150: Lisa Rademacher | S. 152: Ulrich Sauerborn/Limesmuseum Aalen | S. 154: Digitale Archäologie Freiburg/Limesmuseum Aalen | S. 155: Fotolia.de / elophotos | S. 156: Ulrich Sauerborn/Limesmuseum Aalen | S. 158–159: Jürgen Süß (MediaCultura)/Lobdengau-Museum Ladenburg 2013 | S. 160: Lobdengau-Museum Ladenburg | S. 161: Jürgen Süß (MediaCultura)/Lobdengau-Museum Ladenburg 2013 | S. 163, 164, 166: Römermuseum Güglingen | S. 167: Kulturamt Rottenburg, Abteilung Stadtarchiv und Museen | S. 169: Stadtverwaltung Rottenburg am Neckar / Steffen Schlüter | S. 170: Baden-Baden Kur & Tourismus GmbH | S. 172: Museen Weißenburg / R. Frank | S. 173: Badenweiler Thermen und Touristik GmbH, Karin Schmeißer | S. 175: Erwin Reiter | S. 177, 179: Gerlinde Bigga | S. 181: Stadt Lauffen a. N. | S. 183: Römermuseum Villa urbana Heitersheim, Foto: Juliane Güth | S. 184: Freilichtmuseum Hechingen-Stein | S. 186: ASTERIX®-OBELIX® / © 2016 LES ÉDITIONS ALBERT RENÉ/GOSCINNY - UDERZO | S. 187: Ulrich Sauerborn / Limesmuseum Aalen | S. 189: Foto: P. Frankenstein, H. Zwietasch; Landesmuseum Württemberg, Stuttgart | S. 191: ASK – Alamannisch-Suebische Kulturdarstellung | S. 193: Karin Sieber-Seitz | S. 194: Landesamt für Denkmalpflege im Regierungspräsidium Stuttgart © O. Braasch | S. 197: Karin Sieber-Seitz | S. 198: Karl-Heinz Ranz | S. 200, 201: Alamannenmuseum Ellwangen | S. 203: Landesamt für Denkmalpflege im Regierungspräsidium Stuttgart © O. Braasch | S. 206: Foto: P. Frankenstein, H. Zwietasch; Landesmuseum Württemberg, Stuttgart | S. 207: Alamannenmuseum Vörstetten | S. 210, 212: Alamannenmuseum Ellwangen | S. 214: Hans-Jörg Wilhelm | S. 216: Helmuth Scham | S. 219, 220: Daniela Wolf.